E-Book inside.

Mit folgendem persönlichen Code können Sie die E-Book-Ausgabe dieses Buches downloaden.

57018-r65p6-
xqw1l-200sh

Registrieren Sie sich unter
www.hanser-fachbuch.de/ebookinside
und nutzen Sie das E-Book
auf Ihrem Rechner*, Tablet-PC
und E-Book-Reader.

Der Download dieses Buches als E-Book unterliegt gesetzlichen Bestimmungen bzw. steuerrechtlichen Regelungen, die Sie unter www.hanser-fachbuch.de/ebookinside nachlesen können.
* Systemvoraussetzungen: Internet-Verbindung und Adobe® Reader®

Zeller

Layered Process Audit (LPA)

Elmar Zeller

Layered Process Audit (LPA)

Prozesse konsequent führen
Aus Erfahrung lernen
Ergebnisse verbessern

2., überarbeitete Auflage

HANSER

Der Autor:
Elmar Zeller, Neu-Ulm

Bibliografische Information der Deutschen Nationalbibliothek:

Die Deutsche Nationalbibliothek verzeichnet diese Publikation in der Deutschen Nationalbibliografie; detaillierte bibliografische Daten sind im Internet über <http://dnb.ddb.de> abrufbar.

Print-ISBN 978-3-446-44926-8
E-Book-ISBN 978-3-446-44952-7

Die Wiedergabe von Gebrauchsnamen, Handelsnamen, Warenbezeichnungen usw. in diesem Werk berechtigt auch ohne besondere Kennzeichnung nicht zu der Annahme, dass solche Namen im Sinne der Warenzeichen- und Markenschutzgesetzgebung als frei zu betrachten wären und daher von jedermann benutzt werden dürften.

Alle in diesem Buch enthaltenen Verfahren bzw. Daten wurden nach bestem Wissen dargestellt. Dennoch sind Fehler nicht ganz auszuschließen.

Aus diesem Grund sind die in diesem Buch enthaltenen Darstellungen und Daten mit keiner Verpflichtung oder Garantie irgendeiner Art verbunden. Autoren und Verlag übernehmen infolgedessen keine Verantwortung und werden keine daraus folgende oder sonstige Haftung übernehmen, die auf irgendeine Art aus der Benutzung dieser Darstellungen oder Daten oder Teilen davon entsteht.

Dieses Werk ist urheberrechtlich geschützt.

Alle Rechte, auch die der Übersetzung, des Nachdruckes und der Vervielfältigung des Buches oder Teilen daraus, vorbehalten. Kein Teil des Werkes darf ohne schriftliche Einwilligung des Verlages in irgendeiner Form (Fotokopie, Mikrofilm oder einem anderen Verfahren), auch nicht für Zwecke der Unterrichtsgestaltung – mit Ausnahme der in den §§ 53, 54 URG genannten Sonderfälle –, reproduziert oder unter Verwendung elektronischer Systeme verarbeitet, vervielfältigt oder verbreitet werden.

© 2018 Carl Hanser Verlag München
www.hanser-fachbuch.de
Lektorat: Lisa Hoffmann-Bäuml, Damaris Kriegs
Herstellung: Cornelia Rothenaicher
Satz: Kösel Media GmbH, Krugzell
Coverrealisierung: Stephan Rönigk
Druck und Bindung: Hubert & Co GmbH und Co KG BuchPartner, Göttingen
Printed in Germany

Inhalt

Vorwort		XI
1	**Einleitung**	1
2	**So funktioniert LPA**	7
2.1	Ablauf eines Layered Process Audits	7
2.2	Korrektur oder Maßnahmen bei Abweichungen vom Standard	10
2.3	Bewertungssystematik im LPA	11
2.4	Visualisierung der Ergebnisse am LPA-Board vor Ort	14
2.5	Integrierte Prozessverbesserung	15
3	**Layered Process Audit (LPA) einführen**	17
3.1	Fachliche Voraussetzungen	18
3.2	Organisatorische Voraussetzungen	21
	3.2.1 Aufgaben und Beteiligung der Führungskräfte	22
	3.2.2 Aufgaben und Beteiligung der Prozessverantwortlichen	26
	3.2.3 Aufgaben und Beteiligung der Mitarbeiter	26
	3.2.4 Aufgaben und Beteiligung der Mitarbeitervertreter und gesetzliche Hintergründe	27
	3.2.5 Aufgaben und Beteiligung des LPA-Koordinators	29
	3.2.6 Die Rolle des Qualitätsbereichs bei der LPA-Einführung und Umsetzung	31
3.3	Varianten einer LPA-Einführung	33
3.4	Projektschritte für die Einführung und die beteiligten Personen	35
3.5	Eignung und Prozessauswahl	37
	3.5.1 Welche Bereiche eignen sich?	39
	3.5.2 Welche Prozesse eignen sich?	41
	3.5.3 Welche Umsetzungsphasen eignen sich?	44
	3.5.4 Geeignete Prozesse auswählen	47

3.6   Typische Phasen einer LPA-Einführung 51
3.7   Leitfragen für die Einführung von LPA 54

4   LPA-Checklisten, LPA-Fragen und LPA-Visualisierung 57
4.1   LPA-Fragen formulieren 58
    4.1.1   Unterschiedliche Spalten in der LPA-Checkliste 59
    4.1.2   Varianten für die Erstellung der Fragen 61
    4.1.3   Wichtige Tätigkeiten im Prozess für die LPA-Fragen erkennen ... 63
    4.1.4   Fragen gestalten und formulieren 67
    4.1.5   Beteiligte bei der Erstellung der LPA-Fragen 72
4.2   Aufbau von LPA-Checklisten 74
    4.2.1   LPA-Checklisten mit einer unterschiedlichen Dynamik
           der Fragen 74
           4.2.1.1   Checklisten mit gleichbleibenden Fragen 75
           4.2.1.2   Checklisten mit dynamischen LPA-Fragen aus einem
                    Pool mit unterschiedlichen Themen und Fragen 77
           4.2.1.3   Checklisten mit ergebnisorientierten Fragen 79
    4.2.2   LPA-Checklisten mit und ohne Ergebnisdarstellung 81
           4.2.2.1   Checklisten ohne zeitliche Ergebnisdarstellung 82
           4.2.2.2   Checklisten mit zeitlicher Ergebnisdarstellung 85
    4.2.3   LPA-Checklisten für bereichs- oder prozessbezogenes LPA 88
    4.2.4   Unterschiedliche LPA-Checklisten kombinieren 90
    4.2.5   LPA-Checklisten aus der Automobilindustrie 95
4.3   Visualisierung der LPA-Ergebnisse 101
    4.3.1   LPA-Board gestalten 102
    4.3.2   Umsetzung visualisieren 104
    4.3.3   Umsetzung und Ergebnisse visualisieren 106

5   Unterschiedliche Auditformen im LPA 111
5.1   LPA als hierarchische Audits 111
5.2   LPA als Basis-Audits 113
5.3   LPA als Level Audits 116
5.4   LPA als Reverse Audits 117
5.5   LPA als Team-Audits 118

6   Geeignete Layer-Struktur und Frequenzen finden 119
6.1   Die LPA-Keimzelle 120
6.2   Vertikale und horizontale Struktur 123
6.3   Frequenzen für LPA-Stichproben 130

7	Externe Anforderungen an die Umsetzung von LPA	135
7.1	Vergleich zwischen LPA und internen Audits	138
7.2	Layered Process Review: Wirksamkeit eines Prozesses überprüfen	142
7.3	Anforderungen aus ISO-Normen und IATF 16949 mit LPA umsetzen	147
	7.3.1 Anforderungen der ISO 9001	149
	7.3.1.1 Risikobasiertes Audit	150
	7.3.1.2 Internes Audit	151
	7.3.2 Anforderungen der IATF 16949:2016	154
	7.3.3 Customer Specific Requirements	162
	7.3.4 Anforderungen der ISO 19011	164

8	LPA und Prozessmanagement	175
8.1	Was bedeutet Prozessmanagement?	175
8.2	LPA ohne vorhandenes Prozessmanagement einführen	179
8.3	LPA mit unterschiedlich gelebten Prozessmanagementsystemen	180
8.4	Prozessmanagement fördern mit LPA	184
	8.4.1 Prozessverantwortlichen einbinden	185
	8.4.2 Neue oder veränderte Prozesse einführen	187
	8.4.3 Prozesse über unterschiedliche Standorte steuern	195

9	Beispiel: LPA-Einführung in der Kunststoffindustrie	201
9.1	Zielsetzung und Überblick	202
9.2	Layer, Frequenz und Beteiligte	205
9.3	Layer 1	206
9.4	Nicht erfüllte Vorgabe	212
9.5	Layer 2, 3 und 4	213
9.6	Maßnahmenverfolgung	218
9.7	Auswertung	220

10	Beispiel: LPA in einer rollenorientierten Layer-Struktur	223
10.1	Phasen- und Gate-Modell	225
10.2	Rollen, Prozessbeschreibung und Templates (Formulare)	227
	10.2.1 Wer ist beteiligt?	228
	10.2.2 Prozessbeschreibungen und Templates nutzen	230
	10.2.3 Projektcockpit: Überblick schaffen	233
10.3	Auditfrequenzen, Fragen und Visualisierung	236
	10.3.1 Geschäftsleitung auditiert Quality Board	239

10.3.2 Quality Board auditiert Projektleiter 240
10.3.3 Quality Board auditiert Auftraggeber 240
10.3.4 Quality Board auditiert Bereichsleiter 241
10.3.5 Auftraggeber auditiert Projektleiter 242
10.3.6 Bereichsleiter auditiert Projektteam 242
10.4 Wirksamkeit überprüfen 243
    10.4.1 Prinzipien der Verbesserung 243
    10.4.2 Verbesserungen sicherstellen 245

Literatur 249

Index 251

Über den Autor 257

Ich widme dieses Buch meinem langjährigen
und grandiosen Geschäftspartner Florian Rösch,
der viel zu früh gestorben ist.

Vorwort

Vor einigen Jahren wurde ich durch den Vorstand eines großen Unternehmens aufgefordert, eine Qualitätsinitiative mit der Methode Layered Process Audit (LPA) zu unterstützen. Ich kannte die Methode damals noch nicht und stand dem Ganzen eher skeptisch gegenüber. Noch eine Auditmethode? Doch die Skepsis verflog und die Begeisterung wuchs. Sehr schnell erkannte ich, dass LPA einfach anzuwenden ist und enorme Verbesserungen bei der Einhaltung von Standards oder Vorgaben in allen Unternehmensbereichen erreicht werden können. Nach und nach lernte ich noch viele weitere Vorteile von LPA kennen, beispielsweise verbessert sich die Kommunikation zwischen den Beteiligten, Führungskräfte und Mitarbeiter rücken näher zusammen, was auch die Motivation und Verantwortungsbewusstsein von beiden steigert, nicht umsetzbare Vorgaben werden konsequent entdeckt und können verbessert werden etc. Viele, viele Vorteile bei vergleichsweise äußerst geringem Einsatz!

LPA wurde mittlerweile in vielen Unternehmen zum Teil äußerst erfolgreich eingeführt und die Rückmeldungen der betroffenen Führungskräfte und Mitarbeiter sind durchwegs positiv. Bei einem Anwendertreffen zogen beispielsweise die Beteiligten das Resümee, dass sich die Fehlerkosten, die durch Fehlhandlungen oder nicht eingehaltenen Standards verursacht werden, durch LPA in wenigen Wochen auf die Hälfte reduzieren ließen. In der Zwischenzeit fordern immer mehr Kunden von ihren Lieferanten die Einführung von LPA und auch in der IATF 16949:2016 wurde die Methode aufgenommen. LPA erfordert Prozesskenntnis und ist eine Methode für Menschen, die sich selber einbringen wollen, die selber überlegen wollen, was genau ist bei meinem Prozess für die Zielerreichung wichtig. Damit ist LPA auch eine Methode, die dem Zeitgeist entspricht, die eine agile Herangehensweise mit Standardisierung verbindet. LPA bringt deutlich messbare Erfolge in kurzer Zeit und braucht für seine dauerhafte Umsetzung aber auch die notwendige Pflege.

Immer häufiger taucht auch der Begriff Layered Process Confirmation (LPC) für LPA auf. Dies hängt häufig damit zusammen, dass in diesen Unternehmen der Begriff des Audits schon fest belegt ist und vielleicht ohne Vorurteile mit der Methode Erfolge erzielt werden sollen.

Dieses Buch wendet sich an alle, die sich mit der Verbesserung von Prozessen und mit der Einhaltung von Vorgaben beschäftigen. Dies können Qualitäts- oder Prozessmanager sein, aber auch Führungskräfte oder einfach schlicht an dem Thema Interessierte. Seit der ersten Auflage hat sich viel getan und es sind neue Themen dazugekommen: Funktionsweise einer LPA Keimzelle, erkennbare Phasen bei der Einführung von LPA, Differenzierung zwischen dem Hüter und dem Treiber der LPA Methode, Fragen deutlich auf verbesserte Ergebnisse und die dafür notwendigen Tätigkeiten ausrichten, Fragen nach Tätigkeiten und Fragen nach Prozesswissen, Team LPA, neue Formen von Checklisten und Visualisierungen, Single oder Multi Process, LPA als eine risikobasierte Auditform, die neue ISO 9001:2015; neue IATF 16949:2016. Es ist aus der Praxis für die Praxis geschrieben.

Das Werk zeigt, was bei der Einführung zu beachten ist, wie LPA Schritt für Schritt umgesetzt wird, stellt die Vorteile der Methode dar und beleuchtet Hintergründe. Viele Beispiele, Checklisten und Tipps erleichtern dabei den Praxistransfer. Es handelt sich also um einen konsequent praxisorientierten und konkreten „Leitfaden zur Umsetzung".

Ich wünsche Ihnen viel Erfolg mit der Methode Layered Process Audit und freue mich darauf, dass auch Ihre Prozesse durch die dargestellte Vorgehensweise in den Ergebnissen maßgeblich verbessert werden!

Neu-Ulm, Herbst 2017

Elmar Zeller

1 Einleitung

Layered Process Audit (LPA) ist eine einfache Methode, um die Umsetzung von Prozessen und Vorgaben auf allen Ebenen und Bereichen in den Unternehmen zu verbessern und damit die Leistungsfähigkeit der Organisation zu steigern. „Layer" steht dabei für die unterschiedlichen Führungsebenen im betrachteten Prozess. „Process Audit" ist eine bewährte Form der Bewertung, um zu erkennen, ob Prozesse wie vereinbart umgesetzt und die gewünschten Ergebnisse erreicht werden.

Immer mehr Unternehmen verwenden in der Zwischenzeit auch den Begriff Layered Process Confirmation (LPC) für diese Form des Audits. Ursachen liegen teilweise an dem im Unternehmen vorhandenen Image und Verständnis zu Audits und in manchen formalen externen Erwartungshaltungen an eine Methode, die das Wort Audit beinhaltet. Im weiteren Verlauf des Buches wird der Begriff LPA verwendet, der an jeder Stelle beliebig durch LPC ersetzt werden könnte.

Im Layered Process Audit überprüft der direkte Vorgesetzte bei seinen Mitarbeitern, ob die vereinbarten Tätigkeiten oder Standards im Prozess umgesetzt worden sind. Diese Audits dauern zwischen zwei und fünf Minuten und finden abhängig von Layer und Prozess in Frequenzen zwischen 1/Schicht bis 1/Monat statt.

„Bei Layered Process Audit geht es um die konsequente Einhaltung von Standards in unseren Fabriken."
Rainer E. Schmückle, Chief Operating Officer, Mercedes Car Group (2007)

Bild 1.1 zeigt eine einfache Layer-Struktur mit vier Layern. Auf Layer 1 finden sich die Mitarbeiter mit ihren unterschiedlichen Funktionen (Maschinenbediener, Einrichter, Konstrukteur, Lagerist etc.). LPA findet als Stichprobe statt und es werden im Layer 0 Arbeitsplätze, Maschinen oder Anlagen ausgewählt, an denen die Tätigkeiten der Funktion auditiert werden. Die dicken Linien zeigen hierarchische LPAs zwischen Vorgesetzen und Mitarbeitern. Die gestrichelten Linien sind Basis-LPAs, bei denen eine übergeordnete Führungskraft zusätzliche Audits im Layer 1 durchführt.

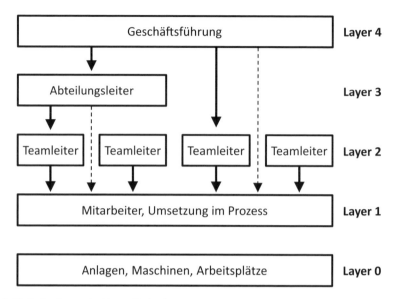

Bild 1.1 Einfache Layerstruktur mit vier Layern

 Die Methode LPA wurde ca. zur Jahrtausendwende parallel von DaimlerChrysler und Toyota entwickelt. DaimlerChrysler setzte sie zum ersten Mal im Jahr 2000 in einem Getriebewerk in Kokomo, Indiana ein und Toyota zur ähnlichen Zeit in einer Motorenfabrik in West Virginia. In der Zwischenzeit findet sich die Forderung nach LPA für Lieferanten bei immer mehr Original-Equipment-Manufacturern (OEM). Im neuen Qualitätsmanagement-System-Standard der Automobilindustrie IATF 16949:2016 wurde LPA als eine Möglichkeit zur täglichen Überprüfung von alternativen Produktionslenkungsplänen aufgenommen. Einige OEM fordern LPA eindeutig über entsprechende Customer Specific Requirements (CSR) im Rahmen der IATF 16949:2016 oder über andere individuelle Lieferantenanforderungen.

Durch die Möglichkeiten, die LPA für die Unternehmen bietet, finden sich auch immer häufiger Unternehmen aus anderen Branchen, die eine Chance in der Methode erkennen, Prozesse und Standards in ihrem Unternehmen tatsächlich umzusetzen und zu optimieren. Einen objektiven Überblick oder Zahlen über LPA-Umsetzungen zu bekommen, ist nur schwer möglich.

Häufig finden sich LPA-Umsetzungen in produzierenden Unternehmen. Es gibt aber immer mehr Beispiele auch aus Krankenhäusern, Banken und von anderen Dienstleistern, die LPA für ihre unterschiedlichen Prozesse anwenden.

Die Erfahrungen zeigen, dass sich LPA sowohl für die Verbesserung von administrativen Prozessen als auch zur Umsetzung in wertschöpfenden Prozessen eignet.

Eine eigene Schätzung ist, dass LPA zu 80 % im Bereich der Logistik und Produktion eingesetzt wird. Sehr oft ist LPA auch Teil des Shopfloor Management. Außerhalb der Logistik und Produktion findet sich LPA häufig in den Bereichen Entwicklung, Vertrieb, Personal, Finanzen.

LPA benötigt immer Führungskräfte und Mitarbeiter, die bestimmte vorhersehbare Tätigkeiten in Prozessen kennen und umsetzen. Dadurch soll und wird der Prozess seine vorgegebenen Ergebnisse erreichen.

Layered Process Audit eignet sich auch sehr gut als temporäre Methode für die Einführung von neuen und zur Absicherung von wichtigen oder riskanten Prozessen.

Nutzen bringt LPA immer dann, wenn es durch nicht umgesetzte Vorgaben, Standards oder Tätigkeiten zu Abweichungen im Prozess oder Prozessergebnis kommt.

Eine gemeinsame Erfahrung der Teilnehmer des 3. LPA-Anwendertreffens im Sommer 2017 in Ulm war, dass LPA eine Halbierung der durch Mitarbeiter verursachten Fehlerkosten innerhalb weniger Wochen erreicht hat und dass die Methode bei den Mitarbeitern gut ankommt.

Voraussetzung für solche Erfolge ist, dass Führungskräfte und Mitarbeiter wissen, welche Tätigkeiten wie umgesetzt werden müssen, und an den vorhandenen Abweichungen konsequent und täglich lernen, welche Tätigkeiten wie anders gemacht werden müssen. Diese veränderten Tätigkeiten werden konsequent als neue Fragen in tägliche Layered Process Audits aufgenommen.

Eine erfolgreiche LPA-Einführung verändert etwas bei den Mitarbeitern und bei den Führungskräften.

- Mitarbeiter werden wesentlich konsequenter und mit einer Selbstverständlichkeit vorgegebene Tätigkeiten oder Standards im Prozess einhalten.
- Führungskräfte werden wesentlich klarer die wichtigen Standards einfordern und vor allem bei Fehlern und Abweichungen (Qualität, Produktivität, Sicherheit) die nicht eingehaltenen Standards erkennen.

LPA ist genial einfach und gleichzeitig einfach genial zur Unterstützung aller Führungsebenen bei der Einhaltung von Standards.
Christian Hans, Werkleiter Gelnhausen, Veritas AG (2017)

LPA kann unterstützend, aber auch unabhängig vom klassischen Qualitätsmanagement mit seinem internen Auditsystem eingesetzt werden.

Ein konsequent eingeführtes Layered-Process-Audit-System erreicht eine verbesserte Umsetzung von Standards in den unterschiedlichsten Prozessen im Unternehmen und damit auch bessere Ergebnisse. Als Standards sind dabei festgelegte Vorgehen, deren Nichteinhaltung zu Verschlechterung in Qualität, Zeit oder Kosten führen kann, zu verstehen. In den Unternehmen werden dafür unterschiedliche Begriffe wie Standards, Prozesse, Abläufe, Vorgehen, Festlegungen, Vorgaben, Anweisungen, Prozessparameter etc. verwendet.

Prozesse ohne formulierte geeignete Standards bekommen mit Layered Process Audit sehr schnell einfache Vorgaben, die die wichtigsten Festlegungen für den Prozess beinhalten. Ebenso werden nicht umsetzbare Prozessvorgaben und -standards schnell erkannt und können entsprechend verändert werden.

Zielsetzungen von LPA sind:

- Die Umsetzung von Standards in Prozessen verbessern und sichern.
- Transparenz über den Umsetzungsstand der geprüften Standards schaffen.
- Öffentliches Einfordern der Standards als wichtigen Teil der Führungsaufgabe erreichen.
- Ungeeignete Standards erkennen und verändern.
- Die richtigen und auch veränderten Standards für eine hohe Produktqualität erkennen und einführen.

Durch die Einführung von LPA werden zusätzlich zu den Zielen weitere Vorteile erreicht:

- Die geforderten Standards werden durch die Fragen in den LPA-Checklisten eindeutig definiert und verweisen gegebenenfalls auf weitere Vorgabedokumente.
- Für die Führungskräfte und Mitarbeiter entsteht durch die Durchführung von LPA Klarheit darüber, was die wirklich wichtigen Standards oder Regeln sind.
- Systematische Ursachen, die eine Umsetzung der Standards verhindern, werden erkannt und können beseitigt werden.
- Die Führungsebenen auf den unterschiedlichen Layern erhalten ein größeres Verständnis für Prozesse, deren Anforderungen und auch Behinderungen.
- Der Fokus in der Ursachenanalyse wechselt von den Menschen, die scheinbar etwas nicht getan haben, auf die Organisation, die Führung oder die Prozesse, die das Umsetzen nicht ermöglichen.
- Betroffene Mitarbeiter können aktiv mithelfen, Lösungs- und Verbesserungsvorschläge zu finden.

Zentrale Elemente von Layered Process Audit
- Führungskraft als Auditor
- LPA-Checklisten mit begrenzter Anzahl geschlossener Fragen
- Durchführung der Audits sowie Korrektur und Maßnahmen bei nicht umsetzbaren Vorgaben
- Visualisierung der Ergebnisse und Maßnahmen anhand der Ampelfarben:
  - Grün: Die abgefragte Vorgabe ist umgesetzt.
  - Gelb: Die abgefragte Vorgabe war nicht umgesetzt, konnte aber während des Audits korrigiert werden.
  - Rot: Die abgefragte Vorgabe war nicht umgesetzt und konnte durch die direkt Beteiligten auch nicht umgesetzt werden (Maßnahme nötig).

Bei der profine GmbH in Pirmasens werden jeden Monat alleine auf Layer 1 ca. 270 LPAs durchgeführt. Andreas von Borstel (Layer 4), Leiter des Fertigungsbereichs, in dem LPA eingeführt worden war, antwortete auf die Frage, welchen Nutzen LPA für ihn bringe:

„Durch LPA habe ich schnell einen Überblick über mögliche Verbesserungen, Probleme und Stagnationen. Diesen verschaffe ich mir einmal in der Woche."

Der direkt von den monatlich 270 Audits betroffene Fertigungskoordinator, Jens Zimmermann, gab auf die Frage, wie viel Mehraufwand es für ihn sei, folgende Antwort:

„LPA ist kein zusätzlicher Aufwand. Abweichungen hinterherzurennen, wäre aufwendiger, als die LPAs tatsächlich durchzuführen."

2 So funktioniert LPA

Der Ablauf der LPA-Methode setzt sich aus vier aufeinander aufbauenden Prinzipien zusammen.

■ 2.1 Ablauf eines Layered Process Audits

Vorgesetzte aus definierten unterschiedlichen Hierarchieebenen (Layer) überprüfen mit Hilfe von einfachen Checklisten in Stichproben die Einhaltung von Standards, Regeln und Vorgaben (Process) im betrachteten Prozess. Die Fragen in der Checkliste werden idealerweise gemeinsam zwischen Vorgesetzten und Mitarbeiter erstellt. In den meisten Fällen dauern die Audits nur wenige Minuten.

Durch unternehmensspezifische Zielsetzungen, Prozesse und Führungsstrukturen gibt es unterschiedliche Varianten in der Durchführung von Audits. Sehr erfolgreich sind die hierarchischen Audits. Der direkte Vorgesetzte führt das Audit direkt bei seinem Mitarbeiter, unabhängig vom Layer, durch.

Häufig finden in der Automobilindustrie nur die sogenannten Basisaudits statt. Dabei führt der direkte Vorgesetzte sowie Vorgesetzte einer höheren Ebene beim Mitarbeiter am betreffenden Prozess auf Layer 1 LPAs durch.

Über die Rolle, die die Führungskraft hat, lassen sich unterschiedliche Varianten für das Audit erkennen. Bild 2.1 zeigt die grundsätzlichen Varianten, wer von wem auditiert werden kann:

- Fall 1: Die direkte Führungskraft auditiert ihren Mitarbeiter im ausgewählten Prozess.
- Fall 2: Die übergeordnete Führungskraft auditiert die direkte Führungskraft.
- Fall 3: Die übergeordnete Führungskraft auditiert den Mitarbeiter im ausgewählten Prozess.

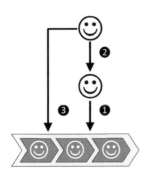

Bild 2.1 Grundsätzliche Varianten in der Auditdurchführung

Die LPA-Fragen ergeben sich dabei aus den wichtigen Vorgaben, die für das Erreichen eines guten Ergebnisses notwendig sind. Idealerweise werden die Fragen gemeinsam zwischen Führungskraft und Mitarbeiter erstellt. Forderungen an den Prozess von parallelen Fachabteilungen sollten dabei durch die Führungskraft bewertet und in der Checkliste aufgenommen werden und nicht durch die Fachabteilung direkt in die LPA-Checkliste (Trojanisches Pferd) eingefügt werden.

Anhand der LPA-Checkliste wird überprüft, ob die vorgegebenen Standards im Prozess eingehalten werden.

 Standards werden durch LPA zur Routine.

Vier wesentliche Schritte in einem Layered Process Audit

1. Der Vorgesetzte geht in festgelegten Abständen mit einer vorbereiteten Checkliste zu einem ausgewählten Prozess mit seinen Mitarbeitern.
2. Auf der LPA-Checkliste (max. 1 Seite) findet sich für die wichtigen Standards oder Vorgehen des Prozesses eine Frage.
3. Am Prozess wird jede Frage auf Umsetzung überprüft und dementsprechend mit ja oder nein beantwortet:
   - Wenn eine Frage mit nein beantwortet wird, muss der Vorgesetzte mit den Mitarbeitern korrigieren und das dafür notwendige Vorgehen nachträglich umsetzen. In der Bewertung gibt es die Farbe Gelb.
   - Wenn es nicht möglich ist, den Standard oder das Vorgehen umzusetzen, muss eine grundsätzliche, neue Maßnahme installiert werden. In der Bewertung gibt es die Farbe Rot.
4. Das Ergebnis des Layered Process Audit wird zusammengefasst am LPA-Board visualisiert. In diesem Beispiel würde beim wöchentlichen LPA in der jeweiligen Kalenderwoche die Durchführung mit einem farbigen Symbol und das Ergebnis des Layered Process Audit markiert werden.

Ergebnis aus dem LPA wird sein, dass der Vorgesetzte und seine Mitarbeiter Sicherheit über die Standards haben, dadurch,

- dass die Mitarbeiter die vereinbarten Standards umgesetzt haben oder
- dass der Standard umgesetzt ist, weil es nachträglich gemeinsam geschaffen und den Mitarbeitern die Bedeutung des Standards verdeutlich worden ist,
- dass ein Standard in dem Prozess nicht umsetzbar war und immer noch nicht ist und jetzt eine Maßnahme eingeleitet wurde, um den Standard zu ändern oder ihn umsetzbar zu machen.

Diese Sicherheit und Klarheit über die Standards wird nicht nur der Vorgesetzte bekommen, sondern auch andere Verantwortliche und Mitarbeiter in der Organisation, die sich auf die Ergebnisse aus den Prozessen oder auf die korrekte Umsetzung von Prozessen und vielleicht auch Vereinbarungen verlassen wollen.

 Wenn Layered Process Audit konsequent durchgeführt wird, werden die Prozesse in die Umsetzung kommen und bleiben.

Bild 2.2 zeigt den grundsätzlichen Ablauf in einem LPA an einem Prozess mit der beteiligten Führungskraft und einem Mitarbeiter, der auditiert wird.

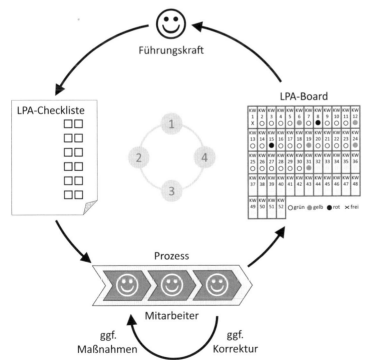

Bild 2.2
Ablauf eines Layered Process Audit

Die LPA-Fragen resultieren aus den Prozessergebnissen, der Zielsetzung des Audits, der jeweiligen Vorgabedokumentation, der Erfahrung der beteiligten Führungskräfte und Mitarbeiter, Anforderungen von Kunden und aktuellen Ergebnissen des Prozesses.

■ 2.2 Korrektur oder Maßnahmen bei Abweichungen vom Standard

Wenn die Führungskraft (Auditor) während des Audits Prozessabweichungen oder nicht umgesetzte Vorgaben feststellt, werden diese sofort gemeinsam mit dem Mitarbeiter (Auditierten) korrigiert.

Wenn geforderte Standards auch gemeinsam mit dem Vorgesetzten nicht umsetzbar sind, müssen entsprechende Maßnahmen in einem Maßnahmenplan formuliert und eine Veränderung in dem Bereich eingeleitet werden.

Bild 2.3 zeigt die unterschiedlichen Möglichkeiten, die sich ergeben, wenn eine Frage in einem Layered Process Audit nicht erfüllt ist.

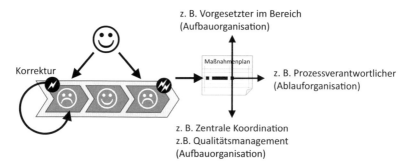

Bild 2.3 Korrekturen und Maßnahmen durch das Layered Process Audit

Während der Durchführung der Layered Process Audits werden neben umgesetzten Vorgaben auch nicht umgesetzte Vorgaben auftauchen. Der Vorgesetzte bzw. der Auditor ist verpflichtet, mit dem Mitarbeiter gemeinsam diese nicht umgesetzte Vorgabe (✗, siehe Bild 2.3) zu korrigieren.

Es wird auch die Situationen geben, in denen der Vorgesetzte und der Mitarbeiter nicht in der Lage sind, die nicht umgesetzte Vorgabe zu korrigieren (✗ ✗, siehe Bild 2.3). Die Gründe dafür können unterschiedlich sein und müssen ernst genommen werden. Immerhin wird durch die Führung etwas Wichtiges gefordert, das so von den Mitarbeitern nicht umsetzbar ist. In diesem Fall (✗ ✗) muss auf einem Maßnahmenplan eine Veränderung über eine entsprechende Maßnahme eingeleitet werden.

Abhängig von den Unternehmen gibt es unterschiedliche Varianten, wer sich um die Umsetzung der Maßnahme kümmert. Der Auditor und der Auditierte sollten es nicht sein, denn sie haben es ja im Audit nicht geschafft, die Vorgabe mit ihren Möglichkeiten umzusetzen. Es gibt grundsätzlich drei Möglichkeiten:

1. Der Vorgesetzte im betroffenen Bereich muss entsprechende Mittel zur Verfügung stellen, damit es zu einer Umsetzbarkeit kommt.
2. Eine zentrale Stelle kümmert sich um die Abstellung und beteiligt die relevanten Stellen.
3. Der Prozessverantwortliche aus der Ablauforganisation muss darüber informiert werden und übernimmt die Verantwortung für die Gestaltung und Umsetzung der Maßnahme.

■ 2.3 Bewertungssystematik im LPA

In allen Fällen führt die geschlossene Fragetechnik im Layered Process Audit am Ende zu einer Entscheidung:

- Ja – der Standard ist jetzt umgesetzt oder
- Nein – der Standard ist jetzt nicht umgesetzt.

Dies geschieht bei der Frage nach der Umsetzung von Prozessschritten oder dem Einstellen von konkreten Prozessparametern. Diese wenigen Möglichkeiten der Antworten helfen im Layered Process Audit, Zeit zu sparen und zu konkreten Maßnahmen zu kommen.

Eine klare Farbgebung informiert dabei auf einen Blick über den Umsetzungsstand (Tabelle 2.1). Grün bedeutet, dass eine Vorgabe vor dem Audit umgesetzt war. Ist die Bewertung gelb, ist die Vorgabe zwar jetzt umgesetzt, aber es war die Unterstützung der direkten Führungskraft im Audit notwendig. Rot bedeutet, dass die Vorgabe auch mit Unterstützung der Führungskraft nicht umsetzbar war. Rot zeigt damit an, dass eine zusätzliche Maßnahme notwendig ist.

Tabelle 2.1 Die Logik der Ampelfarben im Layered Process Audit

Farbe	Bewertung	Interpretation und notwendige Maßnahmen
Grün	Die überprüfte Vorgabe ist umgesetzt.	Dem Mitarbeiter ist die Vorgabe bewusst und er ist auch in der Lage, sie umzusetzen. Es ist keine weitere Maßnahme nötig.
Gelb	Die überprüfte Vorgabe war nicht umgesetzt, konnte aber während des Audits korrigiert werden. Im Audit wurde die Vorgabe durch die Führungskraft (Auditor) und den Mitarbeiter (Auditierter) gemeinsam umgesetzt. (Just do it)	Die Vorgabe ist umsetzbar, da sie in Anwesenheit der Führungskraft machbar ist. Es muss aber bestimmte Defizite gegeben haben, dass der Mitarbeiter die Maßnahme nicht alleine umsetzen konnte. Bei einer Häufung sind noch nicht definierbare Veränderungen in der Führung des Mitarbeiters notwendig.
Rot	Die überprüfte Vorgabe war nicht umgesetzt und im Audit konnte die Vorgabe durch die Führungskraft (Auditor) und den Mitarbeiter (Auditierter) auch nicht gemeinsam umgesetzt werden. Die Vorgabe ist, auch mit Unterstützung durch die Führungskraft, NICHT UMSETZBAR.	Es wird von den Mitarbeitern etwas gefordert, was offensichtlich nicht machbar ist. Auch gemeinsam mit der direkten Führungskraft kann der Prozess nicht umgesetzt werden. Dadurch, dass eine Vorgabe gefordert wird, die nicht machbar ist, gefährdet die Organisation auch die Glaubwürdigkeit aller anderen machbaren Vorgaben. Im Sinne der grundsätzlichen Glaubhaftigkeit der Vorgaben ist es dringend notwendig, dass entsprechende Maßnahmen im auditierten Bereich, in den zuliefernden Prozessen oder in der Organisation eingeleitet werden. Vorgaben müssen durch Mitarbeiter selbstständig umgesetzt werden können.

Die Farben Gelb und Rot verweisen auf notwendige Verbesserungen:

- Gelb: Die Vorgabe ist umsetzbar und die Ursache für die Nichtumsetzung liegt im direkten Einflussbereich zwischen Führungskraft und Mitarbeiter. Gelb bedeutet, Führungskraft und Mitarbeiter können gemeinsam zu einer Lösung kommen.
- Rot: Die Vorgabe ist auch gemeinsam mit Führungskraft und Mitarbeiter vor Ort nicht umsetzbar. Es wäre für den Mitarbeiter nicht möglich gewesen, selbst mit bestem Training und bester Führung die Vorgabe umzusetzen, weil irgendetwas fehlt oder nicht passt. Mit einer hohen Wahrscheinlichkeit ist jetzt die Organisation mit ihren zuliefernden Prozessen oder der Vorgesetzte der betroffenen Führungskraft gefordert. Rot bedeutet, die direkte Führungskraft und Mitarbeiter kommen auch gemeinsam zu keiner Umsetzung.

Der Unterschied zwischen Gelb und Grün ist für die Organisation und das Prozessmanagement nicht wirklich wichtig. Der Prozess ist bei beiden Farben nach dem Audit umgesetzt und es ist keine weitere Maßnahme durch die Organisation notwendig. Die Farbe Gelb hat allerdings für die betroffenen Mitarbeiter und die Führungskraft zentrale Bedeutung. Durch die gemeinsame Lösungssuche der Führungskraft mit den betroffenen Mitarbeitern wird deutlich, dass die Vorgabe wichtig ist und etwaige Defizite ernst genommen werden. Vielleicht war die Vorgabe nicht klar genug formuliert, vielleicht waren die Mitarbeiter noch nicht gut genug eingearbeitet etc. Da die Lösung gemeinsam mit den Mitarbeitern erarbeitet wird, fühlen sich diese wertgeschätzt und werden eher geneigt sein, die Vorgaben zu erfüllen und vielleicht sogar weitere Verbesserungsvorschläge einzubringen.

Bei der Bewertung Gelb kann in manchen Fällen die Zeit für die sofortige Korrektur eine Rolle spielen. Gelb bedeutet, dass die Vorgabe im Audit umgesetzt wird, aber wie lange darf der Zeitraum „im Audit" tatsächlich sein? Wichtig ist, sich an die eigentliche Zielsetzung zu erinnern, und deshalb sollte die nicht umgesetzte Vorgabe in der Schicht, an dem Arbeitstag und auf alle Fälle vor dem nächsten LPA erledigt sein.

Im LPA-Farbbewertungssystem gibt es hauptsächlich nur positive Bewertungen für die Mitarbeiter. Die Farbgebung sorgt nicht dafür, dass „Schuldige enttarnt" werden, sondern dass auf unterschiedlichen Ebenen (Führung oder Organisation) nach Lösungen gesucht wird:

- **Grün:** Der **Mitarbeiter** hat die Vorgabe eigenständig umgesetzt. Er bekommt im Audit durch die grüne Bewertung Anerkennung durch den Vorgesetzten und in der Visualisierung durch die beteiligte Organisation.
- **Gelb:** Die **Führungskraft** hat es nachträglich gemeinsam mit dem Mitarbeiter umgesetzt. Bei einer Häufung muss nachhaltig nach Ursachen und Verbesserungen vor allem bei der Führungskraft gesucht werden.
- **Rot:** Mitarbeiter und Führung werden durch Umstände außerhalb ihres Einflussbereichs an der Umsetzung der Vorgabe gehindert. Die Ursachen oder die Behinderung liegen in erster Linie „irgendwo" in der **Organisation** und dort finden sich auch die notwendigen Maßnahmen zur Verbesserung. Auch hier geht es um Lösungs- und nicht um Problemorientierung.

Mitarbeiter sollten beim LPA befähigt werden, ihre Aufgaben möglichst gut erfüllen zu können – ohne dass sie dabei gegängelt oder an den Pranger gestellt werden. Zentral ist die Erfüllung der Aufgabe. Wenn dies verstanden wird, wird die Methode auch unterstützt und „gelebt" werden.

Dem Mitarbeiter müssen die Chancen der Ampelfarben vermittelt werden. Rot bedeutet, dass eine Vorgabe aufgedeckt wurde, die so nicht umsetzbar ist, und daher die Vorgabe verändert werden muss. Rot verweist nicht auf ein Fehlverhalten des Mitarbeiters oder der direkten Führungskraft, sondern bedeutet, dass hier etwas entdeckt worden ist, dass außerhalb des Einflussbereichs der Beteiligten liegt.
Rot ist daher keine negative Bewertung, sondern „Rot ist gut und bewegt!"

„Ich bin begeistert, wie mit dem LPA auch Kleinigkeiten im Prozess entdeckt werden. Die Mitarbeiter fühlen sich als Teil des Systems und werden mit einbezogen. Als Führungskraft bekommt man im LPA einen ganz anderen Kontakt zu dem Mitarbeiter und macht ihn zur wichtigsten Person. Durch diese Einbeziehung wird eine viel höhere Bereitschaft erreicht, die Fehler sofort abzustellen, und wir suchen richtig nach Möglichkeiten, nicht funktionierende Vorgaben und Prozesse zu entdecken, um sie abzustellen und damit das Ergebnis unserer Arbeit zu verbessern. Der Mitarbeiter erkennt plötzlich, dass er es selbst ändern kann. Diese Dynamik haben wir mit unseren alten Prozessbeschreibungen und internen Audits nicht erreicht. Wichtig ist, das LPA-Vorgehen mit anderen Aktivitäten wie KVP und Verbesserungsschmiede gut abzustimmen."

Dr. Almudena Amoedo (Sales Manager Export), Mazurczak Elektrowärme GmbH

■ 2.4 Visualisierung der Ergebnisse am LPA-Board vor Ort

Die Durchführung und Ergebnisse aus den Audits des betreffenden Bereichs werden anhand einer Farblogik (grün, gelb, rot) bewertet und visuell an einem LPA-Board sichtbar und transparent für alle Mitarbeiter und Vorgesetzte dargestellt.

Die LPA-Checklisten mit den LPA-Fragen werden über die unterschiedlichen Layer an dem LPA-Board zur Verfügung gestellt.

An diesem LPA-Board ist auch für alle Mitarbeiter der Umsetzungstand der Maßnahmen erkennbar.

Ein Erfolgsfaktor bei der Umsetzung von Layered Process Audit ist diese Transparenz über die Umsetzung der Audits, deren Ergebnisse und gegebenenfalls die erforderlichen Maßnahmen.

Wenn nur ein Layer vorhanden ist und die Prozesse mit geringer Frequenz und wenig Mitarbeitern ausgeführt werden, kann es ausreichen, die LPA-Checklisten ausgefüllt an einer Wand in beispielsweise einer Klarsichthülle bereitzustellen. Sobald mehr Mitarbeiter beteiligt sind, empfiehlt sich ein stationäres LPA-Board. Dort finden sich dann die einzelnen Ergebnisdarstellungen pro Layer, die LPA-Checklisten pro Layer, das Stichprobensystem und übergreifende Auswertungen der LPA-Ergebnisse.

Bild 2.4 zeigt die Verknüpfung zwischen Layered Process Audit und LPA-Board. Für jeden Layer, der auditiert wird, gibt es eine Bereitstellung der Checklisten und eine Ergebnisdarstellung. Der Maßnahmenplan gilt für beide im LPA-Board angesprochenen Layer.

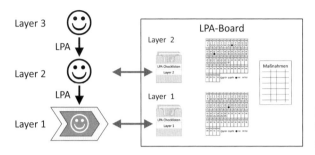

Bild 2.4
Visualisieren der Auditergebnisse am LPA-Board

■ 2.5 Integrierte Prozessverbesserung

Die Dynamik in LPA und der Erfolg für den Prozess entstehen durch die konsequente Ausrichtung auf die Ergebnisse des Prozesses. Jeder neue Fehler oder jede neue Abweichung ist eine Chance, die eigentliche Ursache zu erkennen und mit einem geeigneten Vorgehen die Wiederholung des Fehlers oder der Abweichung zu verhindern.

LPA systematisiert und fordert in diesem Fall die Suche nach der Veränderung oder Verbesserung und überprüft dann die Umsetzung des veränderten Vorgehens. Erkennbar ist in den Unternehmen, die LPA eingeführt haben, dass die Anwendung analytischer Methoden zur Ursachensuche zunimmt.

In der Kombination und Wirkung der vier Vorgehensweisen sowie der einfachen Logik und systematischen Konsequenz werden Prozesse mit ihren Vorgaben zwangsläufig zur Umsetzung gebracht. Dieses fördert die Dynamik in der Prozessverbesserung und das Prozessverständnis bei Mitarbeitern und Vorgesetzten.

Bild 2.5 zeigt, wie aus Abweichung Lösungen erkannt und umgesetzt werden müssen. Aus den umgesetzten Lösungen entstehen dann die neuen LPA-Fragen, die die Umsetzung dieser Lösungen überprüfen werden.

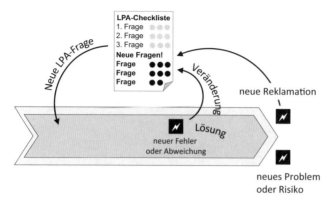

Bild 2.5
Neue Fragen aus Abweichungen erkennen und formulieren

> *Seit der LPA-Einführung haben sich die Kundenreklamationen um 40 % reduziert und die operativen Ergebnisse um 500 000 Euro verbessert.*
>
> Geschäftsführer eines mittelständischen First-Tier-Lieferanten in der Automobilindustrie

Diese Prinzipien sind einzeln angewandt nichts Neues für die Unternehmen. Neu ist an der Methode, dass in einer einfachen Logik und systematischen Konsequenz Prozesse mit ihren Vorgaben zwangsläufig zur Umsetzung gebracht werden. Es wird zum Standard, dass die Führungskraft die Einhaltung der Regeln in einer Konsequenz überprüft und entsprechend reagiert. Und für den Mitarbeiter wird es zum Standard, die festgelegten Regeln täglich und tatsächlich zu erfüllen.

Erfreulich auch, dass die Methode sehr schnell von den betroffenen Bereichen auf- und angenommen wird.

Durch die Einbindung der Führungskräfte der unterschiedlichen Hierarchieebenen wird deutlich, dass die Umsetzung der gemeinsamen Vorgaben keine freiwillige Leistung eines Mitarbeiters ist, sondern eine Voraussetzung für leistungs- und qualitätsfähige Prozesse. Die Standards werden regelmäßig von den Führungskräften gefordert und müssen von den Mitarbeitern tatsächlich umgesetzt werden.

3 Layered Process Audit (LPA) einführen

Das notwendige Fundament für die erfolgreiche Durchführung von LPA wird in der Einführungsphase im Unternehmen errichtet. Es sollte daher ausreichend Zeit für alle notwendigen Vorbereitungen eingeplant werden. Für die Vorarbeiten und vor allem für die Beteiligung der betroffenen Führungskräfte und relevanten Mitarbeiter sollte ein Zeitraum von acht bis zwölf Wochen eingeplant werden. Dieser Zeitraum müsste gegebenenfalls vergrößert werden, wenn in der Einführungsphase viele unterschiedliche Bereiche, organisatorische Einheiten oder auch räumlich getrennte Standorte beteiligt werden. Die Einführungszeit von LPA in einem sehr kleinen Bereich einschließlich der Beteiligung der Führungskräfte und Mitarbeiter könnte auch in einem kürzeren Zeitraum stattfinden. Aber vier Wochen Vorbereitungs- und Beteiligungszeit sollten in jedem Fall eingeplant werden.

Die eigentliche LPA-Umsetzung passiert in einem relativ kurzen Zeitraum und wird durch die Anzahl der beteiligten Mitarbeiter und einen gegebenenfalls vorhandenen Schichtbetrieb beeinflusst. Ein angemessener Zeitraum für die LPA-Einführung in einem Prozess wird zwischen einem Tag und ein bis zwei Wochen schwanken.

Damit LPA leistungsfähig funktionieren kann, müssen in dieser Vorbereitungszeit drei wichtige Elemente ausreichend entwickelt, vorbereitet und umgesetzt werden:

- **Fachliche Voraussetzungen:** Die notwendigen inhaltlichen, fachlichen und methodischen LPA-Aspekte müssen richtig entwickelt, vorbereitet und umgesetzt sein. Dazu gehören alle Vorlagen für Checklisten und Möglichkeiten der Visualisierung.
- **Menschliche Voraussetzungen:** Die betroffenen Menschen im Unternehmen müssen in einer angemessenen Art und Weise beteiligt sein, damit die Absicht von LPA erkannt und genutzt wird. Die Führungskräfte und Mitarbeiter sollen verstanden haben, dass eine Verbesserung des Prozesses über die Umsetzung der Vorgaben und das Erkennen und Verändern der nicht umsetzbaren Vorgaben erreicht wird. (Rot ist gut und bewegt!)
- **Organisatorische Voraussetzungen:** Die LPA-Einführung muss in den geeigneten Bereichen und Prozessen beginnen und in der Einführungsphase muss für

die weitere Verbreitung im Unternehmen gelernt werden. Die Führungskraft, in deren Bereich begonnen werden soll, muss einen hohen Nutzen für ihren Bereich erkennen.

3.1 Fachliche Voraussetzungen

LPA wird zwar immer in einem Prozess eingeführt, trotzdem sollten bestimmte Vorbereitungen und Festlegungen unternehmerische Interessen beinhalten. Wird die Unternehmenssicht vernachlässigt, besteht die Gefahr, dass das Ganze zu isoliert betrachtet wird. Es werden dann vielleicht Dinge festgelegt und Vorgehen beschrieben, die zwar für den jeweiligen Prozess passen, aber die Herausforderungen des Unternehmens nicht ausreichend berücksichtigen. Bei der Ausweitung der Methode LPA auf andere Prozesse kann es dann notwendig werden, die allgemeingültigen Vorgehen, Vorgaben, Formulare o. Ä. wieder anzupassen und diese in den schon eingeführten Prozessen wieder zu korrigieren. Auch wenn sich Korrekturen nicht vermeiden lassen, so sollten sie doch möglichst verhindert werden. Deshalb sollten bei der Einführung von LPA in einem Prozess immer die grundsätzlich für das Unternehmen wichtigen Dinge prozessübergreifend gelöst werden. Diese Tätigkeiten sind in der Tabelle 3.1 aufgelistet.

Die notwendigen inhaltlichen Vorarbeiten betreffen also zum einen das Unternehmen und zum anderen den Prozess: Die unternehmensorientierten Vorarbeiten betreffen alle Inhalte, die eine unternehmensweite Relevanz für LPA haben oder bekommen sollen. Wenn Vorgehen, Vorgaben, Formulare o. Ä. allgemeingültig für LPA im Unternehmen sind, sollten diese auch allgemeingültig erstellt worden sein. Prozessorientierte Vorarbeiten betreffen alle notwendigen LPA-Werkzeuge in den betroffenen oder ausgewählten Prozessen wie z. B. die aufgebaute Visualisierung oder die einzelnen LPA-Fragen der LPA-Checklisten. Bild 3.1 zeigt die notwendigen unternehmensweiten (durchgezogener Pfeil) und prozessbezogenen (gestrichelter Pfeil) inhaltlichen Überlegungen und Tätigkeiten für eine LPA-Einführung.

Tabelle 3.1 Unternehmensrelevante Überlegungen und Tätigkeiten bei einer LPA-Einführung

Tätigkeit	Fragestellung	Verantwortung
Zielsetzung	Welche Veränderungen sollen mit dem Layered Process Audit erreicht und welche Themen sollen verbessert werden?	Leiter des betroffenen Bereichs und der LPA-Koordinator
Anforderungen	Welche Anforderungen von welchen Kunden nach Layered Process Audit liegen dem Unternehmen vor und wer ist der Ansprechpartner?	Leiter des betroffenen Bereichs und der LPA-Koordinator

Tabelle 3.1 *Fortsetzung*

Tätigkeit	Fragestellung	Verantwortung
Bereiche	In welchen Bereichen oder Abteilungen des Unternehmens soll die Methode eingeführt werden und wer sind die verantwortlichen Führungskräfte?	Leiter des betroffenen Bereichs und der LPA-Koordinator
Layer-Struktur	In welche Layer kann der ausgewählte organisatorische Bereich unterteilt werden?	LPA-Koordinator
Verantwortungen	Wer hat die Verantwortung für den LPA-Prozess und wer kümmert sich um die Abarbeitung der festgelegten Maßnahmen?	LPA-Koordinator
Auditformen	Welche unterschiedlichen Auditformen sollen im Unternehmen in welcher zeitlichen Reihenfolge eingeführt werden?	LPA-Koordinator
Visualisierung	Wo sind Visualisierungen im Unternehmen möglich und welche Möglichkeiten können dafür genutzt werden?	LPA-Koordinator
Dynamisierung	Welche Form von LPA-Checklisten können verwendet werden und wie kann eine Dynamisierung der Fragen erfolgen?	LPA-Koordinator
Training	Wie werden die Führungskräfte und Mitarbeiter in der Methode LPA trainiert?	Leiter des betroffenen Bereichs und der LPA-Koordinator
Prozesse	Welche Prozesse stehen zur Auswahl bereit und wie viele Mitarbeiter sind beteiligt?	Leiter des betroffenen Bereichs und der LPA-Koordinator

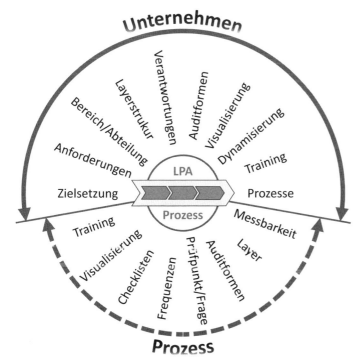

Bild 3.1
Unternehmens- und prozessorientierte Überlegungen und Tätigkeiten während einer LPA-Einführung

Die allgemeingültigen, unternehmensrelevanten LPA-Vorarbeiten können parallel mit der LPA-Einführung im ersten Prozess erledigt werden. Bevor in einem zweiten Prozess LPA eingeführt werden soll, sollten alle unternehmens- und prozessorientierten LPA-Vorbereitungen abgeschlossen sein.

Tabelle 3.1 stellt die notwendigen unternehmensrelevanten Überlegungen und Tätigkeiten für eine LPA-Einführung mit den gegebenenfalls Verantwortlichen dar. Diese Inhalte beeinflussen die LPA-Einführung und die Umsetzung in den Prozessen direkt. Tabelle 3.2 bezieht sich auf die notwendigen prozessspezifischen Tätigkeiten mit den gegebenenfalls Verantwortlichen. An vielen Stellen werden die Vorarbeiten aus Tabelle 3.1 direkt genutzt und gegebenenfalls auf den Prozess angepasst.

Tabelle 3.2 Prozessrelevante Überlegungen und Tätigkeiten bei einer LPA-Einführung

Tätigkeit	Beschreibung	Verantwortung
Messbarkeit	Wo und an welchen Ergebnissen oder Kennzahlen kann die Leistung des Prozesses gemessen werden? Wer fordert auf Grund von negativen Abweichungen in den Prozessergebnissen neue LPA-Fragen?	Leiter des Bereichs, Prozessverantwortlicher, LPA-Koordinator
Layer	Welche Layer sind in dem Prozess vorhanden?	Leiter des Bereichs, LPA-Koordinator
Auditformen	Welche Auditformen sollen in dem Prozess zum Einsatz kommen?	Leiter des Bereichs, LPA-Koordinator
LPA-Fragen	Welche LPA-Fragen lassen sich aus der Zielsetzung und den Prozessergebnissen ableiten?	Führungskräfte, LPA-Koordinator
Frequenzen	In welcher Frequenz sollen auf welchen Layern welche Audits durchgeführt werden?	Leiter des Bereichs, LPA-Koordinator
Checklisten	Welche Checklisten mit welchen dynamisierten Fragen sollen verwendet werden?	LPA-Koordinator
Visualisierung	Wie soll die Visualisierung aufgebaut sein und wo soll sie im Bereich oder in der Abteilung stehen?	Leiter des Bereichs, LPA-Koordinator
Training	Wer, wie und wann werden die beteiligten Führungskräfte und Auditoren in der Methode Layered Process Audit trainiert?	Leiter des Bereichs, LPA-Koordinator

Beispiele von ersten Erfolgen bei der Einführung von LPA
- Mitarbeiter und Führungskräfte diskutieren gemeinsam über für den Prozess notwendige Standards.
- Führungskräfte stoßen auf bis dato unbekannte Probleme.
- Mitarbeiter sind neugierig und bemerken, dass man sich für ihre Arbeit interessiert.
- Mitarbeiter können die vorhandenen Dokumente und Arbeitsanweisungen besser ihren Tätigkeiten zuordnen.

3.2 Organisatorische Voraussetzungen

Neben der inhaltlich richtigen Ausgestaltung des Layered Process Audit und einer geeigneten Form der Visualisierung im betroffenen Bereich ist ein weiterer wichtiger Erfolgsfaktor die Art und Weise, wie die Methode Layered Process Audit im Unternehmen und damit bei den Mitarbeitern eingeführt wird.

Layered Process Audit beteiligt die Führungskräfte und die Mitarbeiter eines Prozesses intensiv an der transparenten Auditierung des Prozesses. Damit die Bereitschaft zur Beteiligung bei den betroffenen Personen vorhanden ist, müssen die beteiligten Personen die Absicht und die Funktionsweise von Layered Process Audit und auch ihren eigenen Nutzen und Vorteil aus der Methode verstanden haben.

Die an der LPA-Umsetzung beteiligten Personen können folgenden Gruppen zugeordnet werden:

- Führungskräfte, in deren Bereich die Methode Layered Process Audit eingeführt werden soll. Dabei kann unterschieden werden zwischen der ranghöchsten Führungskraft oder dem Leiter des Bereichs, der bestimmte Zielsetzungen mit der Einführung der Methode erreichen will, sowie den einzelnen Führungskräften, die sehr stark an der Auditierung des Layers 1 beteiligt sind.
- Prozessverantwortliche, die übergreifende Aufgaben für die Gestaltung und Umsetzung von Prozessen im Rahmen des Managementsystems des Unternehmens wahrnehmen. Die Bedeutung dieser Gruppe für LPA hängt von der Bedeutung des Prozessmanagementsystems und der Prozessverantwortlichen im Unternehmen ab.
- Mitarbeiter auf Layer 1, die als Auditierte die Umsetzung der Vorgaben zeigen werden.
- Mitarbeitervertreter oder Betriebsrat, der gegebenenfalls die Einführung von Layered Process Audit als mitbestimmungspflichtige Entscheidung sieht. Grund-

lage für seine Beteiligung kann an bestimmten Stellen das Betriebsverfassungsgesetz sein.
- LPA-Experte oder Koordinator, der im Unternehmen die Einführung fachlich begleitet und in den Bereichen oder Abteilungen bei der Bereitstellung der geeigneten Checklisten und Visualisierung unterstützt.
- Qualitätsbereich, der bisher die Gestaltung und die Auditierung von Prozessen gestaltet und begleitet hat. Häufig ist es der Qualitätsbereich, der über die vorhandenen Qualitätskennzahlen die notwendige Veränderung in dem Prozess aufzeigen kann. Damit wird er zum Treiber von LPA und fordert die dynamische Ausrichtung der LPA-Fragen auf die Prozessabweichungen.
- Shopfloormanagement oder Produktionssystem, für das LPA in der Produktion durchaus ein fester Bestandteil sein kann. Im Zusammenspiel kann Shopfloormanagement die Abarbeitung der „roten" Maßnahmen übernehmen. LPA kümmert sich darum, dass die wichtigen Regeln des Produktionssystems überprüft werden:

Ein funktionierendes Layered Process Audit braucht die Beteiligung dieser Menschen im Unternehmen. Durch LPA wird die Verantwortung für die Umsetzung von Regeln in einer einfachen Art und Weise wieder direkt an die Menschen als Führungskräfte und Mitarbeiter gegeben.

 „Begeistert haben mich die aktive Einbeziehung der Führungskräfte und die gemeinsame Entwicklung der Fragenkataloge. Die Mitarbeiter haben wieder die Chance gesehen, aktiv an Verbesserungen mitzuarbeiten."
Friedrich Marquardt (Leiter Corporate Quality Management) profine group

3.2.1 Aufgaben und Beteiligung der Führungskräfte

Die Führungskräfte haben als die Auditoren in der Durchführung der Audits eine wichtige Schlüsselrolle und beeinflussen den Erfolg der Methode maßgeblich.

Es wird nicht möglich sein, dass alle beteiligten Führungskräfte zu Beginn der Einführung von der Methode überzeugt sind. Manche Führungskräfte werden diesen Audits in ihrem eigenen Bereich kritisch gegenüberstehen. Die Gründe dafür können vielfältig sein. Die wenigsten Führungskräfte haben eigene Erfahrungen mit der Methode. Manchmal haben sie in ihrer beruflichen Vergangenheit LPA mit gleichbleibenden Checklisten kennengelernt und damit keine Erfolge erlebt. Über die entsprechende Information, Training und Einbindung kann allerdings eine grundsätzliche Bereitschaft gewonnen werden.

Wichtig für die erste erfolgreiche Umsetzung von LPA im Unternehmen ist, dass die ranghöchste Führungskraft oder der Leiter des Bereichs einen eigenen oder einen für seinen Bereich relevanten Nutzen aus der Methode erkennen kann und dieser Nutzen auch als Zielsetzung mit dem LPA-Koordinator formuliert wird. Je größer der tatsächliche Nutzen aus der LPA-Umsetzung ist, desto höher sind Akzeptanz und Motivation der Beteiligten.

Beispiele für Nutzen durch LPA aus Sicht von Führungskräften

- Es gibt Potenziale in der einheitlichen Umsetzung von Prozessen, deren Ursachen sowohl bei Mitarbeitern als auch den zuständigen Führungskräften liegen können.
- LPA hilft, die Prozesse in eine Umsetzung und die Führungskräfte in eine Verantwortung zu bringen.
- Es gibt zu wenig Transparenz über die tatsächliche Prozessumsetzung und es ist nicht nachvollziehbar, welche Prozesse im Unternehmen wie konsequent gelebt werden und wo Veränderungen notwendig sind.
- LPA hilft, die Transparenz über die Prozessumsetzung mit den daraus notwendigen Maßnahmen herzustellen.
- Die Prozessergebnisse sind unzureichend und es fehlt noch die Bereitschaft und die Klarheit für eine notwendige Verbesserung.
- LPA fordert systematisch durch den gestaltbaren Regelkreis zwischen Ergebnissen und Fragen das Bewusstsein für eine notwendige Prozessverbesserung und deren abgeleiteten Prozessschritte sowie Maßnahmen bei den Führungskräften und den jeweiligen Mitarbeitern.
- Der Bereich leidet unter unzureichenden Zulieferleistungen aus anderen Bereichen oder Prozessen und ist dadurch in seiner eigenen Leistungsfähigkeit behindert.
- LPA zeigt über das Identifizieren von nicht umsetzbaren Prozessvorgaben solche Behinderungen auf.
- Die Führungskräfte übernehmen unzureichend ihre Führungsaufgaben, um Mitarbeiter in den Prozessen zu führen und die Leistungsfähigkeit und die Umsetzung von Prozessen zu verbessern.
- LPA bringt über die systematischen und häufigen Audits die Führungskräfte in eine Transparenz.
- Die Einführung von Layered Process Audit ist eine Kundenforderung. Auch in diesem Fall sollten darüber hinausgehende Vorteile erkannt werden und die LPA-Vorgehensweise entsprechend darauf ausgerichtet sein.

„Im Zeitraum der LPA-Einführung haben sich die internen Ausschusskosten um 20 % und die Reklamationskosten um 25 % verbessert.

Was lässt sich von diesen Erfolgen auf LPA zurückführen: Standards wurden wesentlich besser eingehalten und schlechte haben sich verbessert. Die Produktion hat mit LPA und seiner Transparenz ein Mittel bekommen, um gemeinsam mit der Betriebstechnik viele Verbesserungen an den Anlagen umzusetzen. Die dadurch erreichte Prozessstabilität reduzierte den Ausschuss und damit auch die Kundenreklamationen."

Friedrich Marquardt (Leiter Corporate Quality Management) profine group

Der erkannte Nutzen hat einen direkten Einfluss auf die LPA-Zielsetzung und auf die im LPA zu behandelnden Themen (z. B. Qualität, Produktivität, Sicherheit). Weitere Möglichkeiten, die LPA-Einführung auf den gewünschten Nutzen auszurichten, sind Dynamik in den Fragen, Anbindung an die Prozessergebnisse, Layer-Struktur mit hierarchischen Audits und Basis-Audits, Frequenzen etc.

Bild 3.2 zeigt zwei unterschiedliche Varianten (Strichpunktlinie und Strichlinie) für die Einführung von Layered Process Audit in einem Unternehmensbereich. Die unterschiedlichen Smileys sind die Führungskräfte auf unterschiedlichen Layern und der Gesichtsausdruck des Smileys verdeutlicht die Einstellung der jeweiligen Führungskraft zu LPA und den Nutzen in seinem Bereich. In Variante 1 (Strichpunktlinie) wird LPA im gesamten Bereich eingeführt werden und die ranghöchste Führungskraft erkennt nicht den Nutzen aus der LPA-Einführung für sich. Empfehlung wäre, die Variante 2 (Strichlinie) zu bevorzugen. Dort hat die ranghöchste Führungskraft eine positive Einstellung zu der Einführung von LPA und es besteht eine höhere Wahrscheinlichkeit, dass die LPA-Einführung und die Umsetzung mit größerem Erfolg und Nutzen zu gestalten ist.

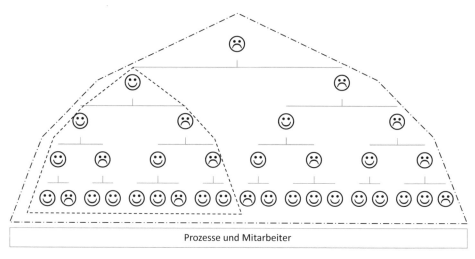

Bild 3.2 Auswahl eines geeigneten Pilotbereichs für die Einführung von LPA

3.2 Organisatorische Voraussetzungen

Vor der inhaltlichen Ausgestaltung der LPA-Einführung ist es notwendig, genau die eigentlichen Motive der Führungskraft zu erkennen und zu verstehen. Die Umsetzung der Methode wird dann auf das Erreichen dieser Ziele oder Motive ausgerichtet und in einem späteren LPA-Review wird überprüft, inwieweit die Methode die Erfolge erreicht hat und welche weiteren Veränderungen noch erforderlich sind.

An folgenden LPA-Tätigkeiten in der Einführungsphase sollte der Leiter des betroffenen Bereichs beteiligt sein:
- Zielsetzung und Nutzen für die LPA-Einführung formulieren.
- Layer-Struktur und Auditformen festlegen.
- Pilotbereich und -prozess für die LPA-Einführung definieren.
- Messbarkeit des Prozessergebnisses in Abstimmung mit der gewählten LPA-Zielsetzung entwickeln.
- LPA-Fragen für die Führungslayer mitgestalten.
- Geplante LPA-Basis-Audits durchführen.
- Umsetzung der notwendigen Maßnahmen und Veränderungen aus den Audits im Prozess unterstützen.
- LPA-Reviews durchführen.
- Teilnahme an den Trainings in der Durchführung der hierarchischen und Basis-LPAs.
- LPA-Zielsetzung bei den LPA-Trainings für Führungskräfte und Mitarbeiter vorstellen.

Die Führungskräfte unterhalb des Leiters des Bereichs sollten an folgenden Tätigkeiten in der Einführungsphase beteiligt werden:
- Geeignete Form der LPA-Checklisten mit entwickeln.
- LPA-Visualisierung am Prozess vorbereiten.
- LPA-Fragen formulieren.
- LPA-Prüffrequenz mit festlegen.
- LPA-Visualisierung mitgestalten und Umsetzung begleiten.
- Hierarchische Layered Process Audits durchführen.
- Umsetzung der notwendigen Maßnahmen und Veränderungen im Prozess durchführen.
- LPA-Reviews durchführen.
- Teilnahme an den Trainings in der Durchführung der hierarchischen und Basis-LPAs.

3.2.2 Aufgaben und Beteiligung der Prozessverantwortlichen

Die Führungs- oder Layer-Struktur bei der Einführung von Layered Process Audit orientiert sich zu einem großen Teil an der Aufbauorganisation und dadurch auch am Organigramm. Diese Führungsstruktur ist die Grundlage für die Durchführung der hierarchischen Layered Process Audits.

Es gibt darüber hinaus häufig Prozesse, die mit ihrem Vorgehen und Vorgaben identisch in unterschiedlichen organisatorischen Einheiten umgesetzt werden müssen. Wenn für solche Prozesse Layered Process Audit eingeführt werden soll, kommt dem Prozessverantwortlichen eine wichtige Rolle in der Gestaltung der bereichs- und abteilungsübergreifenden Fragen zu. In prozessorientierten Unternehmen wird die Verantwortung für diese abteilungsübergreifend geltenden Prozesse eine wichtige Rolle bei der Verbesserung und Umsetzung spielen.

Die Prozessverantwortlichen sollten bei folgenden Punkten an der Einführung von Layered Process Audit beteiligt werden:
- Absicht, Zielsetzung und Nutzen für die Einführung von Layered Process Audit in dem Prozess formulieren.
- Auswahl von LPA-geeigneten Teilprozessen.
- Entscheiden, in welchen organisatorischen Einheiten der Prozess oder Teilprozess mit LPA auditiert werden soll.
- Potenziale und notwendige Verbesserungen oder Veränderungen im Prozess definieren.
- Bereichsübergreifende und bereichsspezifische LPA-Fragen mitgestalten.
- LPA-Prüffrequenz festlegen.
- Training der Führungskräfte und Mitarbeiter in der LPA-Durchführung.
- Umsetzung von neuen oder veränderten Prozessen in der Organisation mit LPA.
- LPA-Reviews im Prozess durchführen.
- Erkannte Veränderungen in den Prozessvorgaben oder der LPA-Durchführung umsetzen.

3.2.3 Aufgaben und Beteiligung der Mitarbeiter

Die Mitarbeiter werden LPA in der Umsetzung in einer relativ hohen Dichte spüren und die Audits können sehr leicht als misstrauische Kontrolle durch Führungskräfte verstanden werden. Umso wichtiger ist es, sich ausreichend Zeit zu nehmen und den Mitarbeitern die eigentliche Absicht und auch die Vorgehensweise von

LPA so zu vermitteln, dass der betroffene Mitarbeiter seinen möglichen Nutzen aus der Methode erkennen kann. Möglicher Nutzen aus Sicht der Mitarbeiter kann sein:

- Klare Vorgaben, was tatsächlich zu tun ist, was warum wichtig ist und dass auch darauf geachtet wird.
- Bei wechselnden Prozessen hilft es, sich an die wichtigen Tätigkeiten zu erinnern.
- Die öffentliche Transparenz über die umgesetzten Prozessstandards ist eine Anerkennung für den Mitarbeiter, das Team und auch den Vorgesetzten.
- Behinderungen durch zuliefernde Prozesse werden deutlich gemacht und können zu einer Verbesserung geführt werden.
- Nicht funktionierende oder nicht umsetzbare Vorgaben werden transparent und notwendige Entscheidungen über eine Veränderung werden getroffen.

Die Mitarbeiter sollten bei folgenden Punkten in der Einführungsphase von Layered Process Audit beteiligt werden:
- Information über die Methode Layered Process Audit, die Zielsetzung und die Einführung im Unternehmen.
- Auswahl der möglichen und geeigneten Teilprozesse für LPA.
- Gestaltung der LPA-Checklisten.
- Entwicklung und Umsetzung der Visualisierung.
- Definition der Messbarkeit des Prozesses.
- Diskussion und Festlegung der vorhandenen Potenziale im Prozess.
- Formulierung der LPA-Fragen.
- Umsetzung der notwendigen Maßnahmen.
- Überarbeitung der Prozessvorgaben und LPA-Vorgehen.

3.2.4 Aufgaben und Beteiligung der Mitarbeitervertreter und gesetzliche Hintergründe

Durch die frühzeitige systematische Beteiligung der Mitarbeitervertretung oder des Betriebsrats eines Unternehmens kann den beteiligten Mitarbeitern und Mitarbeitervertretern gegebenenfalls die Sorge genommen werden, dass LPA sich zu einem neuen Überwachungssystem für Mitarbeiter entwickelt. Diese Beteiligung sollte vor allem dann aktiv gesucht werden, wenn LPA als Methode für Prozessaudits unternehmensweit installiert werden soll. Es gibt im Wesentlichen zwei Gesetze, die für die Einführung von Layered Process Audit relevant sind.

Diese sind

- das Bundesdatenschutzgesetz (BDSG) und
- das Betriebsverfassungsgesetz (BetrVG).

Tabelle 3.3 zeigt, für welche Tätigkeiten bei einer LPA-Einführung welche Gesetze und welche Inhalte daraus relevant sind.

Tabelle 3.3 Relevante Gesetze und Paragraphen für unterschiedliche LPA-Tätigkeiten

LPA-Tätigkeiten	Gesetz	Relevante Paragraphen
Schulung der Mitarbeiter in der Methode Layered Process Audit	BetrVG	§ 96 Förderung der Berufsbildung § 97 Einrichtungen und Maßnahmen der Berufsbildung § 98 Durchführung betrieblicher Bildungsmaßnahmen
Gestaltung der LPA-Visualisierung, Checklisten, Fragen durch Mitarbeiter	BetrVG	§ 87 Mitbestimmungsrechte Abs. 1 Nr. 13 (Gruppenarbeit)
Ableiten von Verbesserungsmaßnahmen aus dem LPA und deren Integration oder Abgrenzung zu vorhandenen Systemen der Mitarbeiterbeteiligung	BetrVG	§ 87 Mitbestimmungsrechte Abs. 1 Nr. 12 (Betriebliches Vorschlagswesen)
Einführung und Veränderung von Vorgabedokumenten (AA, VA, Formulare) und Dokumentationsmethoden (Visualisierung)	BetrVG	§ 87 Mitbestimmungsrechte Abs. 1 Nr. 1 (Fragen der Ordnung im Betrieb)
Erhebung von personenbeziehbaren Daten durch die Durchführung von LPA mit den entsprechenden LPA-Fragen	BetrVG	§ 87 Mitbestimmungsrechte Abs. 1 Nr. 6 (Leistungs- und Verhaltenskontrolle) Nach einer Rechtsprechung des Bundesarbeitsgerichts liegt eine Leistungs- und Verhaltenskontrolle nach BetrVG § 87 Abs. 1 Nr. 6 vor, wenn eine Gruppe von bis zu fünf Arbeitnehmern ein Gesamtergebnis erbringt.
	BDSG	§ 28 Datenerhebung und -speicherung für eigene Geschäftszwecke § 32 Datenerhebung, -verarbeitung und -nutzung für Zwecke des Beschäftigungsverhältnisses

Anhand dieser Liste kann mit den Mitarbeitervertretern für alle relevanten Gesetze und Paragraphen eine geeignete Lösung gefunden werden und diese durch geeignete Regelungen in einer Betriebsvereinbarung formuliert, verankert und entsprechend umgesetzt werden. Sollte es keine entsprechende Mitarbeitervertretung geben, empfiehlt es sich grundsätzlich,

- das berechtigte Interesse des Unternehmens an der Datenerhebung zu formulieren,
- durch den Mitarbeiter die Datenerhebung schriftlich bewilligen zu lassen,
- in den individuellen Arbeitsverträgen eine entsprechende Passage für die Datenerhebung zu formulieren.

„Die Einführung von Layered Process Audit bei der profine in Pirmasens ist sehr gut gelaufen. Die Dichte der Audits hat sich über LPA stark erhöht und die ursprüngliche Angst vor einem Kontrollaspekt hat sich überhaupt nicht bestätigt. Die anfängliche Skepsis über die Dichte von LPA (1 x Schicht) ist nicht mehr vorhanden. LPA kommt bei den Mitarbeitern sehr gut an. Die Beteiligung der Mitarbeiter bei der Erstellung des LPA-Fragenkatalogs war richtig und hat die positive Akzeptanz der Methode unterstützt. Es wurden alle beteiligt, die beteiligt werden mussten.

Die betroffenen Betriebsräte berichten positiv über die Umsetzung der Methode. LPA gehört inzwischen zum Alltag, es ist Normalität.

Es war wichtig, dass es so gelaufen ist, wie der Einführungsprozess gemeinsam mit dem Betriebsrat entwickelt und vereinbart worden ist."

Holger Bargmann TBS Rheinland-Pfalz gGmbH

Die Mitarbeitervertretung oder der Betriebsrat sollte an folgenden LPA-Aktivitäten beteiligt werden; teilweise ist die Beteiligung identisch mit Tätigkeiten aus der Beteiligung der Mitarbeiter:

- Zielsetzung und Nutzen für die LPA-Einführung mit erarbeiten.
- Pilotbereich und -prozess für die LPA-Einführung zustimmen.
- Messbarkeit des Prozessergebnisses in Abstimmung mit der gewählten LPA-Zielsetzung zustimmen.
- LPA-Fragen für Layer 1 mitgestalten.
- LPA-Reviews begleiten.

3.2.5 Aufgaben und Beteiligung des LPA-Koordinators

In den meisten Unternehmen, die sich für eine LPA-Einführung entschieden haben, hat sich der Bedarf nach einer Person ergeben, welche die LPA-Einführung und die Umsetzung in der Einführungsphase als Projektleiter und in der späteren Umsetzung als Prozessbegleiter unterstützt und weiterentwickelt. Die Bezeichnung für diese Funktion kann vielfältig sein und je nach Zielsetzung und Aufgabenstellung variieren wie beispielsweise LPA-Koordinator, LPA-Coach, LPA-Begleiter, LPA-Prozessverantwortlicher oder LPA-Projektleiter. In diesem Buch wird für diese Funktion der Begriff LPA-Koordinator verwendet.

Die Aufgaben des LPA-Koordinators sind vielfältig und er begleitet die gesamte LPA-Einführung. In manchen Unternehmen übernimmt bereits eine Person ohne formelle Benennung die Rolle des LPA-Koordinators, bevor das Unternehmen sich für LPA entschieden hat. Diese Person war vielleicht diejenige, die den Gedanken des Layered Process Audit in das Unternehmen gebracht und die notwendigen Führungskräfte dafür gewonnen hat.

Der LPA-Koordinator soll der fachliche Experte für die Methode LPA sein, die Führungskräfte und Mitarbeiter begleiten und darin unterstützen, LPA in ihrem Bereich erfolgreich umzusetzen, und die positiven und negativen Erfahrungen und Erfolge sammeln, um das eigene LPA-System ständig zu verbessern und zukünftige LPA-Umsetzungen zu erleichtern.

Der LPA-Koordinator sollte an folgenden LPA-Tätigkeiten nicht nur beteiligt sein, sondern sie zu einem großen Teil gestalten und andere darin führen und moderieren:

- Zielsetzung und Nutzen für die LPA-Einführung entwickeln und formulieren.
- Layer-Struktur und mögliche Auditformen entwickeln.
- Mögliche Pilotbereiche und -prozesse für die LPA-Einführung vorbereiten und Entscheidungen herbeiführen.
- Relevante Prozesse im Pilotbereich ableiten und bewerten.
- Messbarkeit des Prozessergebnisses in Abstimmung mit der gewählten LPA-Zielsetzung entwickeln.
- Geeignete Formen der LPA-Checklisten entwickeln.
- LPA-Fragen mitgestalten und überprüfen.
- LPA-Prüffrequenz festlegen.
- LPA-Visualisierung für die Prozesse organisieren.
- LPA-Training durchführen.
- Führungskräfte in ihren ersten LPAs begleiten.
- Controlling der LPA-Umsetzung und der daraus resultierenden Maßnahmen und Veränderungen im Prozess kontrollieren.
- LPA-Umsetzung und Ergebnisse auswerten.
- LPA-Reviews vorbereiten und moderieren.
- Veränderungen in den LPA-Prozess einarbeiten.

Der LPA-Koordinator muss dafür die Methode verstanden haben. Er muss die betroffenen Personen für die Methode gewinnen können und zudem in der Lage sein, die entsprechenden Unterlagen zu erstellen. Und er braucht selbstverständlich auch die dafür notwendige Zeit.

Die Beteiligung und die Rückmeldungen aus allen LPA-Anwendungen an den LPA-Koordinator müssen sicher erfolgen und es darf keine Holschuld durch den LPA-Koordinator sein.

3.2.6 Die Rolle des Qualitätsbereichs bei der LPA-Einführung und Umsetzung

In den meisten Fällen ist der Qualitätsbereich der Initiator der Methode LPA und häufig wird auch die Rolle des LPA-Koordinators von einem Mitarbeiter aus diesem Bereich übernommen. Dies ist gut, denn der Qualitätsbereich hat an sehr vielen Stellen die Stellschrauben für eine erfolgreiche Prozessumsetzung und -verbesserung mit LPA in der Hand. Zu diesen wichtigen Stellschrauben mit ihrem positiven und wichtigen Einfluss auf LPA gehören:

- das Managementsystem mit seiner Prozessverantwortung, welches hilft, die richtigen übergreifenden Standards mit dem Prozessverantwortlichen und die notwendigen Veränderungen in den Prozessen umzusetzen,
- die Qualitätskennzahlen über Produkte und Prozesse, welche helfen, die richtigen LPA-Fragen für eine Verbesserung der Prozesse zu finden,
- die LPA-Anforderungen von Kunden oder aus unterschiedlichen Zertifizierungsnormen, welche helfen, den Impuls für eine LPA-Einführung zu geben und die LPA-Umsetzung zu unterstützen,
- das Auditsystem mit seinen unterschiedlichen Systemen und Prozessaudits, welches hilft, durch die Integration der LPAs in das vorhandene Auditsystem die Standardisierung von LPAs zu verbessen und den Nutzen des vorhandenen Auditsystems zu erhöhen und dessen Aufwände zu reduzieren,
- das im Unternehmen erprobte Vorgehen für Korrektur- und Verbesserungsmaßnahmen, welches hilft, die im LPA erkannten, nicht umsetzbaren Prozessvorgehen zu verändern und die dafür notwendigen Maßnahmen systematisch umzusetzen.

 Die Gestaltungsverantwortung für das LPA-System ist im Qualitätsbereich sehr gut aufgehoben. Die Umsetzungsverantwortung einschließlich der inhaltlichen Gestaltung der LPA-Fragen hingegen muss im betroffenen Bereich liegen.

Bild 3.3 zeigt die klassischen Aufgaben des Qualitätsmanagements im Zusammenhang mit LPA und wie zusätzlich der Qualitätsbereich LPA unterstützen kann. LPA ist in diesem Bild als eine zusätzliche Methode (Kreis) für eine Verbesserung der Qualität dargestellt.

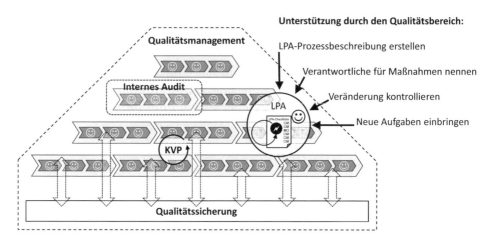

Bild 3.3 Zusammenhang und Unterstützung zwischen Qualitätsmanagement und LPA

 Unabhängig von der Rolle des LPA-Koordinators sollte sich der Qualitätsbereich mit seiner Erfahrung folgender Aufgaben annehmen:

- LPA-Prozessbeschreibung für die komplette Umsetzung der LPAs, einschließlich der Art und Weise für die richtige Formulierung der LPA-Fragen, erstellen und in die Vorgabedokumentation des Unternehmens aufnehmen.
- Die richtigen Ansprechpartner und Verantwortlichen für die im LPA erkannten, nicht umsetzbaren Prozessstandards finden und helfen, diese in die Verantwortung zu bringen.
- Beim Finden der wichtigen Tätigkeiten im Prozess und der Formulierung der LPA-Fragen mit der vorhandenen Vorgabedokumentation aus dem Qualitätsmanagementsystem helfen und den jeweiligen Experten aus dem Qualitätsbereich unterstützen.
- Für neue Abweichungen an den Produkten oder in den Prozessergebnissen die gegebenenfalls vorhandenen Prozessabweichungen identifizieren und als neue LPA-Fragen an die entsprechenden Stellen weiterleiten.
- Das Controlling für die konsequente und zügige Umsetzung der im LPA ermittelten Maßnahmen durchführen und über das geeignete Reporting an den richtigen Stellen die Aufmerksamkeit des Managements auf die wichtigen Stellen für die Prozessumsetzung lenken.
- Erkannte neue Fehler oder Probleme an Produkten und Prozessen sowie deren Ursachen in den jeweiligen Prozessabweichungen in die LPAs einbringen, damit die betroffenen Bereiche neue LPA-Fragen erstellen und die Umsetzung dieser Punkte mit LPAs überprüfen können.
- Das eigene Auditsystem mit den Erfahrungen aus der LPA-Umsetzung weiterentwickeln und die LPAs als erfolgreiche Prozessauditmethode integrieren.

In der Einführungsphase von LPA wirkt es auf den ersten Blick erleichternd, wenn der Qualitätsbereich die Formulierung der Fragen übernimmt und ganze Fragenkataloge aufstellt, aus denen sich dann die nächsten Führungskräfte für ihre LPAs bedienen können. Dies wird auch von den Führungskräften der betroffenen Bereiche oder Abteilungen gerne angenommen. Die erfolgreiche Umsetzung benötigt aber genau diese individuelle Auseinandersetzung der jeweiligen Prozessverantwortlichen und Führungskräfte mit den wichtigen Vorgaben im Prozess, die dann mit LPA durch sie selbst abgefragt werden.

 Es ist kontraproduktiv für den Erfolg von LPA, wenn der Qualitätsbereich die LPA-Fragen für die Prozesse erstellt oder sich zum Bottleneck macht, indem er die Fragen freigeben will.

Durch die Dynamik über die direkte Beteiligung der Führungskräfte und Mitarbeiter im Prozess kann Layered Process Audit zum „Turbolader" für das Qualitätsmanagement werden:

- Bei der Gestaltung von neuen oder veränderten Prozessen bringt LPA die Prozesse wesentlich konkreter und schneller in eine Umsetzung und unterstützt das Bestreben des Qualitätsmanagements.
- Bei der Prozessverbesserung bekommt die Einhaltung von Standards eine hohe Priorität durch die beteiligten Führungskräfte und unterstützt bei der Suche nach den eigentlichen Ursachen.

Der Qualitätsbereich kann durch das Aufzeigen nicht umsetzbarer Standards und der daraus resultierenden „roten" Maßnahmen unterstützen. Dabei sind sie nicht diejenigen, die selbst aktiv das Problem abstellen oder die Maßnahme umsetzen. Viel größer wird der Erfolg werden, wenn sie die im Unternehmen vorhandenen Systeme, Vorgehen und Methoden nutzen, um die eigentlichen Prozessverantwortlichen für die Verbesserung der Prozesse zu aktivieren und diese dann auch zu fordern.

3.3 Varianten einer LPA-Einführung

Eine Layered-Process-Einführung kann im Unternehmen in mehreren Varianten durchgeführt werden:

- **Organisatorische Einheit:**
  Es werden eine oder mehrere geeignete organisatorische Einheiten anhand der Aufbauorganisation ausgewählt. Dies kann ein Werk, eine Abteilung, ein Ferti-

gungsbereich, ein Team oder Ähnliches sein. Dort wird für die relevanten Prozesse und die darüberliegenden Layer LPA eingeführt. Nach den ersten Erfahrungen kann die weitere Einführung im Unternehmen entwickelt und beschlossen werden.

- **Produkt:**

  Es wird ein geeignetes Produkt ausgewählt. In den dafür notwendigen Produktentstehungsprozessen wird an den geeigneten Stellen Layered Process Audit in den unterschiedlichen Bereichen der Organisation eingeführt. Diese Methode eignet sich insbesondere dafür, wenn ein Kunde die Einführung von LPA fordert.

- **Prozess:**

  Es werden ein oder mehrere geeignete Prozesse ausgewählt und in diesen und den darüberliegenden Layern werden Layered Process Audits eingeführt. Diese Prozesse können dann unterschiedliche organisatorische Bereiche oder auch unterschiedliche Prozesse betreffen.

- **Top-down:**

  Im obersten Layer wird die LPA-Einführung begonnen und dann systematisch über alle Layer bis zum Layer 1 eingeführt. Ein großer Vorteil dieser Variante ist, dass die Führungskräfte die Methode sehr gut verstanden haben, bevor auf den Prozessen auf Layer 1 die LPA-Einführung beginnt.

- **Bottom-up:**

  Layered Process Audit wird auf der Prozessebene auf Layer 1 eingeführt und die Umsetzung wird begonnen. Die beteiligten Führungslayer beginnen anschließend die Umsetzung von LPA für ihre eigenen Aufgaben.

Es können sich auch sinnvolle Kombinationen für die Einführung im Unternehmen daraus ergeben. Zum Beispiel kombiniert ein Unternehmen die Variante 1 (organisatorische Einheit), Variante 3 (Prozess) und die Variante 5 (Bottom-up). In einer organisatorischen Einheit werden so geeignete Prozesse oder Teilprozesse ausgewählt und dort auf Layer 1 mit den LPAs begonnen. Ein anderes Beispiel ist die Kombination von Variante 2 (Produkt), Variante 4 (Top-down) und Variante 3 (Prozess). Für ein Produkt werden dann auf dem obersten Layer die Führungsaudits mit der geeigneten Frequenz durchgeführt und in einer zweiten Stufe werden die LPA bis zu den relevanten Prozessen umgesetzt.

Die Art und Weise einer LPA-Einführung sollte sich an der Zielsetzung von Layered Process Audit im Unternehmen orientieren und daran, welche Führungskräfte für die Methode gewonnen werden konnten.

3.4 Projektschritte für die Einführung und die beteiligten Personen

Nach der getroffenen Entscheidung, Layered Process Audit einzuführen, und der Auswahl einer grundsätzlichen Vorgehensweise entsteht für den eventuell schon vorhandenen LPA-Koordinator die Aufgabe, einen Projektplan mit den zeitlich geplanten Projektschritten, Meilensteinen, Gates und notwendigen gemeinsamen Terminen zu erstellen.

Tabelle 3.4 zeigt die nötigen Schritte, um Layered Process Audit im Unternehmen einzuführen, und welche Personen daran beteiligt sein sollten. Dabei wird unterschieden zwischen Projektschritten und Meilensteinen. Die Projektschritte werden zeitlich in einem Projektplan eingeplant und Meilensteine sind notwendige Ergebnisse und Voraussetzungen für eine erfolgreiche Umsetzung der LPA-Einführung. Als Meilenstein kann auch ein negierter Stolperstein im Projekt verstanden werden. Stolperstein in dem Sinne, dass das Projekt ins Stolpern geraten kann, wenn der „Stein" nicht erreicht wird.

Tabelle 3.4 Projektschritte und Meilensteine für die Einführung von Layered Process Audit und deren Beteiligte

LPA-Projektschritte und Meilensteine	GF	FK	PV	LK	MA	BR	Q
Meilenstein: (Einstiegsbedingung) Grundsätzliche Bereitschaft für LPA im Unternehmen vorhanden	x	o	o	x			x
Zielsetzung und Nutzen für die LPA-Einführung entwickeln und formulieren	x	o		x		o	
Layer-Struktur und mögliche Auditformen entwickeln und festlegen	x	o		x			
Projektplan erstellen	o			x			o
LPA-Kick-off durchführen	x	o	o	x		o	
Betriebsrat beteiligen und gegebenenfalls Betriebsvereinbarung abschließen	x			o		x	
Mögliche Pilotbereiche und -prozesse für die LPA-Einführung vorbereiten und festlegen	x	o		x		o	
Pilotbereiche vor Entscheidung informieren und beteiligen	o	o		x			
Meilenstein: Projektauftrag erteilt							
Relevante Prozesse im Pilotbereich ableiten und bewerten	o	x	x	x			
Messbarkeit des Prozessergebnisses in Abstimmung mit der gewählten LPA-Zielsetzung entwickeln	o	x	x	x			
Absicht, Zielsetzung und Nutzen für die Einführung von Layered Process Audit in dem Prozess formulieren		x	x	x			

Tabelle 3.4 *Fortsetzung*

LPA-Projektschritte und Meilensteine	GF	FK	PV	LK	MA	BR	Q
Bewertung und Auswahl von LPA-geeigneten Teilprozessen		o	x	x			
Geeignete Formen der LPA-Checklisten und Visualisierung entwickeln				x	o		o
Meilenstein: Pilotbereiche und Prozesse entschieden und Beteiligte informiert, LPA-Formulare vorbereitet							
LPA-Information über die Zielsetzung, die Methode und die Einführung im Unternehmen durchführen	o	o	o	x	o	o	
Entscheiden, in welchen organisatorischen Einheiten der Prozess oder Teilprozess mit LPA auditiert werden soll		x	x	x			
Potenziale und notwendige Verbesserungen oder Veränderungen im Prozess definieren		x	x	x	o		
Definition der Messbarkeit des Prozesses		o	x	x	o		x
Diskussion und Festlegung der vorhandenen Potenziale im Prozess		x	x	o	o		
LPA-Fragen und Frequenz für die Führungslayer gestalten	x	x		x			
LPA-Fragen mitgestalten		x		x	x	x	
Bereichsübergreifende und bereichsspezifische LPA-Fragen für den Prozess mitgestalten		o	x	x	o	o	
LPA-Prüffrequenz festlegen		x		x	o		o
LPA-Visualisierung für die Prozesse gestalten, vorbereiten und organisieren				x	x		x
LPA-Prozessbeschreibung für die komplette Umsetzung der LPAs einschließlich der Formulierung der richtigen LPA-Fragen erstellen und in die Vorgabedokumentation des Unternehmens aufnehmen		o		x			x
Meilenstein: Alle Vorarbeiten abgeschlossen							
LPA-Training für Führungskräfte und Mitarbeiter im Pilotbereich durchführen	o	o	o	x	o	o	o
Die richtigen Ansprechpartner und Verantwortlichen für die im LPA erkannten nicht umsetzbaren Prozessstandards finden und helfen, diese in die Verantwortung zu bringen	x			x			x
Führungskräfte in ihren ersten hierarchischen LPAs begleiten	o	x		x	o	o	
Unterstützung der Maßnahmen und Veränderungen im Prozess	x	x	x	x	x	x	x
Stand der LPA-Umsetzung und der daraus resultierenden Maßnahmen und Veränderungen im Prozess kontrollieren		o	o	x	o	o	o
LPA-Umsetzung und Ergebnisse auswerten				x			o
Stand der LPA-Umsetzung, Maßnahmen und Prozessveränderung berichten	x			x			o

Tabelle 3.4 *Fortsetzung*

LPA-Projektschritte und Meilensteine	GF	FK	PV	LK	MA	BR	Q
Geplante LPA-Basis-Audits vorbereiten und durchführen	x			x	o		
Erkannte Veränderungen in den Prozessvorgaben oder der LPA-Durchführung umsetzen		o	x	x	o		x
Neue Fehler oder Probleme an Produkten und Prozessen und deren Ursachen in den jeweiligen Prozessabweichungen in die LPAs einbringen	x	x	x	x	x	x	x
LPA-Reviews vorbereiten, moderieren und durchführen	x	x	x	x	o	x	x
Meilenstein: Entscheidung über die weitere Vorgehensweise treffen	x	x	x	x	o	x	x
Vorhandene Auditsysteme mit den Erfahrungen aus der LPA-Umsetzung weiterentwickeln					x		x
LPA im Unternehmen ausrollen							

GF = Geschäftsführung; FK = Führungskräfte; PV = Prozessverantwortliche; LK = LPA-Koordinator; MA = Mitarbeiter; BR = Betriebsrat; Q = Qualitätsbereich
x = gestaltet; o = informiert und beteiligt

Ein wichtiger Erfolgsfaktor für die Umsetzung der Methode LPA ist die Art und Weise, wie LPA in dem Unternehmen eingeführt wird. Überprüfen Sie, ob alle notwendigen Vorarbeiten vollständig, richtig und zeitgerecht erledigt sind.

3.5 Eignung und Prozessauswahl

„LPA ist ein sehr gutes Werkzeug, um eines der größten Probleme in Unternehmen, die Einhaltung und Umsetzung von Regeln, zu lösen."

Michael Mohr, Fertigungsleiter Zerspanung ZF Friedrichshafen AG

Am Anfang jeder LPA-Einführung sollte die Frage stehen, warum LPA im Unternehmen eingeführt werden soll oder eingeführt wird. Ein häufiger Auslöser ist die Forderung eines OEM (Original-Equipment-Manufacturer) an seinen „Tier one"- oder „Tier two"-Lieferanten (Rang in der Lieferkette), Layered Process Audit in den für ihn relevanten Fertigungsprozessen für seine Produkte einzuführen.

Mit LPA können administrative und operative Prozesse mit ihren Vorgaben und Standards konsequent in die Umsetzung gebracht und dadurch die geplanten und gewünschten Prozessergebnisse erreicht werden. Erreicht wird dies, wenn sich die LPA-Ausrichtung, Gestaltung und Umsetzung konsequent an den Prozessergebnissen orientieren. Tabelle 3.4 zeigt die möglichen Zusammenhänge zwischen den unterschiedlichen Ergebnissen eines Prozesses und den dafür relevanten und notwendigen Vorgaben und Standards.

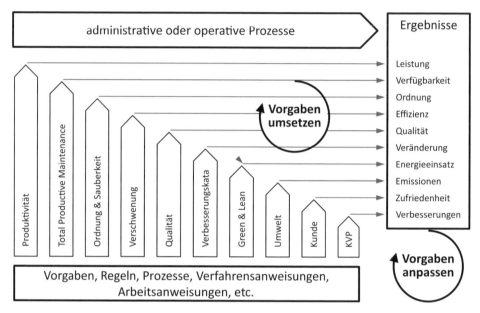

Bild 3.4 Verknüpfung zwischen Ergebnissen und Vorgaben im Prozess

Ein wichtiger Punkt bei der Einführung ist, vom gewünschten Ergebnis oder von der Verbesserung kommend das LPA entsprechend zu entwickeln. Damit können genauso die Forderungen der OEM erfüllt und zusätzlich für das Unternehmen Erfolge erreicht werden, die eine dauerhafte oder eine weitere Umsetzung erleichtern.

Es gibt unterschiedliche Möglichkeiten, LPA für das Unternehmen auszurichten und zu nutzen. Folgende Fragen helfen, die Möglichkeiten von LPA für das eigene Unternehmen zu erkennen und in eine Struktur zu bringen:

- Welche Themen oder Verbesserungen sollen mit LPA in den Prozessen verfolgt werden (z. B. Qualität, Reklamationen, Produktivität, Stillstände, Rüstzeiten, Arbeitssicherheit)?
- Für welche Prozessgruppen oder -arten soll LPA eingeführt werden (z. B. Kernprozesse, Supportprozesse, Managementprozesse, operative oder administrative Prozesse)?
- Zu welchem Zeitpunkt sollte LPA für die Prozesse eingesetzt werden (z. B. neue Prozesse in Einführung, Absicherung von riskanten Prozessen, Prozesse mit unzureichendem Ergebnis, Prozesse mit Umsetzungsschwierigkeiten)?

- Welche Veränderungen sollen im Führungsverhalten auf welchem Layer erreicht werden (z. B. stärkere Beteiligung einer Führungsebene über die Durchführung von LPAs in diesem Layer, Unterstützung durch Vorstand durch Aufbau eines Basisaudits vom obersten Layer)?

3.5.1 Welche Bereiche eignen sich?

Es können mit dem LPA unterschiedliche Themen überprüft werden. Klassischerweise werden die LPAs eingeführt, um Qualitätsstandards abzusichern. Dabei geht es nicht um die prüfbare Qualität am Produkt, sondern um die Tätigkeiten, Prozesse und Vorgehen, die notwendig sind, um die Qualität am Produkt zu erreichen.

Beispiele für Fragen zum Thema Qualität

- Haben Sie die Kundenstammdaten vollständig im CRM-System eingegeben (CRM = Customer Relationship Management)?
- Haben Sie die Profile entsprechend der Legeanweisung verpackt?
- Haben Sie die Messmittelfähigkeit am Monatsanfang überprüft?

Es ist aber möglich, auch andere Standards abzufragen. Zum Beispiel lassen sich gut die Prüfpunkte eines 5S oder 6S Audits in das LPA integrieren.

Beispiele für Fragen zum Thema Ordnung und Sauberkeit

- Haben Sie die Werkzeuge nach Gebrauch zurückgebracht?
- Haben Sie die Transportwägen vor jedem Beladen auf Sauberkeit überprüft?
- Haben Sie die Reinigungsarbeiten am Arbeitsplatz wie geplant nach Auftragsabschluss durchgeführt?

Genauso ist es möglich, Vorgehen abzufragen, die eine Voraussetzung für die Produktivität im Prozess sind.

Beispiele für Fragen zum Thema Produktivität

- Haben Sie die Aufträge in der nach Arbeitsplan vorgegebenen Reihenfolge bearbeitet?
- Haben Sie den Prozessschritt „Dateneingabe" für alle Zeichnungen parallel durchgeführt?
- Haben Sie sich vor Rüstbeginn im BDE abgemeldet?

Eine weitere Zielsetzung kann die Reduzierung von Arbeitsunfällen sein. Wiederum konzentrieren sich die LPA-Fragen auf die dafür notwendigen Regeln oder Vorgaben.

Beispiele für Fragen zum Thema Arbeitssicherheit

- Haben Sie die Spezialhandschuhe zum Umfüllen des Konzentrats verwendet?
- Haben Sie die Schutzeinrichtungen an den Maschinen wöchentlich überprüft?
- Haben Sie die erforderlichen Absturzsicherungen verwendet?

In einigen Unternehmen ist es relevant, die notwendigen Standards für die Wartung und Instandhaltung von Maschinen abzusichern.

Beispiele für Fragen zum Thema Total Productive Maintenance (TPM)

- Haben Sie die definierten Schraubverbindungen auf Festigkeit überprüft?
- Haben Sie alle Ölvorratsbehälter inklusive Hydraulik auf den Sollstand gefüllt?
- Haben Sie die Maschine täglich auf Abweichungen (Geräusche, Leistung, Vibrationen) überprüft?

Ebenso können umweltrelevante Fragen aufgenommen werden.

Beispiele für Fragen zum Thema Umwelt

- Haben Sie die Reststoffe entsprechend der Anweisung in die entsprechenden Behälter gebracht?
- Haben Sie bei der Beschaffung der Bauteile die Umweltrelevanz überprüft?
- Haben Sie die in der Betriebsanweisung gelisteten notwendigen Schutzmaßnahmen für Gefahrstoffe verwendet?
- Haben Sie in den ausgewiesenen explosionsgefährdeten Bereichen die Vorschriften eingehalten?

Weitere Themen oder Schwerpunkte für die Durchführung der LPAs können beispielsweise sein:

- Energiemanagement,
- IT-Sicherheit,
- Green and Lean,
- Kontinuierlicher Verbesserungsprozess (KVP) oder
- Verschwendungsreduzierung.

Häufig findet sich in den LPA-Checklisten eine Mischung aus unterschiedlichen Themen. Es ist genauso möglich, mit täglichen oder wöchentlichen Schwerpunkten die Themen zu wechseln. Grundsätzlich besteht die Möglichkeit, die Fragen mit einem integrierten LPA in einem Audit zu mischen oder abwechselnd die Themen für die LPA zu verwenden.

Bild 3.5 zeigt eine LPA-Checkliste mit wöchentlich wechselnden LPA-Schwerpunkten in einem Unternehmen. In der Folgewoche werden, zusätzlich zum neuen Schwerpunkt, alle Fragen der Vorwoche überprüft, die nicht grün waren. Die Fragen in einem Schwerpunkt wechseln über die Zeit.

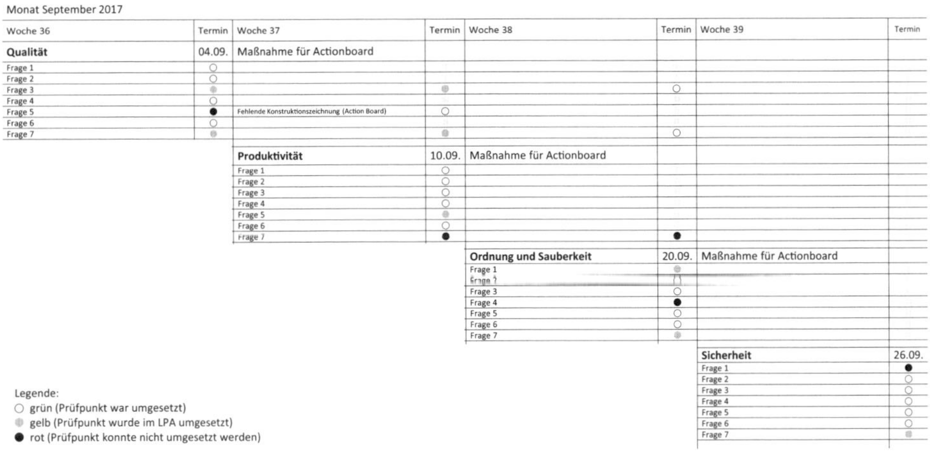

Bild 3.5 LPA-Checkliste mit wöchentlich wechselnden LPA-Schwerpunkten

3.5.2 Welche Prozesse eignen sich?

LPA ist grundsätzlich für jeden Prozess geeignet, in dem Mitarbeiter Regeln oder standardisierte Tätigkeiten umsetzen müssen und gegebenenfalls auch die Möglichkeit haben, diesen Regeln auszuweichen und sie nicht zu befolgen. Voraussetzung ist, dass es auf Papier oder in den Köpfen Standards gibt und die Menschen sich im Prozess auch in der Verantwortung fühlen, diese Vorgaben umzusetzen.

Es spielt dabei keine Rolle, ob es sich bei den Prozessen um operative oder administrative Prozesse aus der Ablauforganisation handelt oder ob es um definierte Funktionen oder Aufgaben aus der Aufbauorganisation geht.

Bei operativen Prozessen gibt es häufig mehr Wiederholungen mit klareren Aufgaben und Regeln. Diese lassen sich auch in den administrativen Prozessen erkennen. Ein Überblick über operative und administrative Prozesse ist häufig in Prozessmodellen im Managementsystem des Unternehmens dargestellt. Meistens werden die Prozesse dort in Management-, Kern- und Unterstützungsprozesse unterteilt und deren Regeln darunter in Prozessbeschreibungen wie Swimlanes oder Flowcharts dargestellt.

Bild 3.6 zeigt ein Prozessmodell mit der Struktur des Managementsystems in Ergebnisse, Strategie, Systeme, Prozesse, Projekte und Assessment und Review. Auch in diesem Prozessmodell ist es möglich, für alle gelisteten Prozesse Layered Process Audit durchzuführen. Es werden sich unter jedem Prozess Regeln oder Standards finden, die durch die betroffenen Mitarbeiter umgesetzt werden müssen.

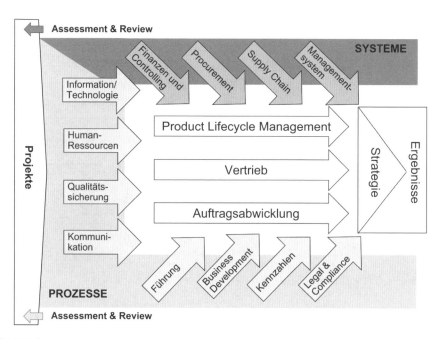

Bild 3.6 Prozessmodell mit unterschiedlichen Prozessen und Regelkreisen (Beispiel)

Zusätzlich zu den Standards, die in den Prozessbeschreibungen formuliert sind, ergeben sich durch die beteiligten Mitarbeiter weitere Aufgaben, die vertikal zu dem Prozess aus der Aufbauorganisation einfließen. Dies kann einen direkten Einfluss auf die Durchführung des LPA über die Definition und Ausrichtung der unterschiedlichen Layer haben. Es ist aber genauso möglich, dass in einem bestimmten Prozess Tätigkeiten über die Funktion einer Person definiert sind, die nicht in der Prozessbeschreibung erwähnt werden.

> **Beispiel: Aufgaben eines Projektleiters**
>
> In einem Product Life Cycle Management Process müssen viele unterschiedliche Dinge durch die Projektteams und den Projektleiter getan werden. Zum Beispiel muss der Projektleiter regelmäßig seinen aktuellen Projektstand in ein zentrales Cockpit übertragen und Aufwandszahlen in der Buchhaltung abgeben. Diese Aufgaben sind in der Regel in einem Projektleiterhandbuch formuliert, werden aber in der Prozessbeschreibung nicht erwähnt.
>
> Für die Durchführung eines LPA beim Projektleiter können diese Aufgabenbeschreibungen wichtige Punkte für die LPA-Checkliste darstellen.

Bild 3.7 zeigt, wie aus der Aufbau- und Ablauforganisation unterschiedliche Vorgaben auf den Prozess einwirken und wie daraus drei Regelkreise für die Weiterentwicklung der LPA-Checklisten entstehen können.

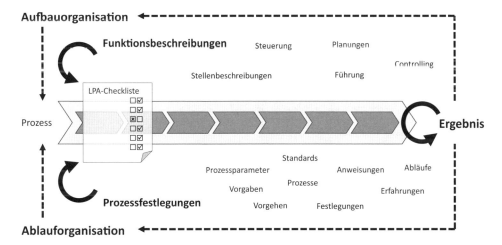

Bild 3.7 Layered Process Audit für Aufbau- und Ablauforganisation

LPA ist bei sehr unterschiedlich vorhandener Detaillierung der Regeln oder Prozessbeschreibungen möglich. Wenn keine formulierten Regeln vorhanden sind, werden diese mit der Erstellung der LPA-Checkliste festgelegt. Wichtig dabei ist, dass diese formulierten Regeln oder Vorgaben eng mit dem geplanten Ergebnis des Prozesses verknüpft sind. Es besteht sonst die Gefahr, dass etwas über LPA in eine sichere Umsetzung gebracht wird, was keinen Einfluss auf das eigentliche Prozessergebnis hat, und andere, vielleicht wichtigere Dinge übersehen werden.

3.5.3 Welche Umsetzungsphasen eignen sich?

Es gibt viele Methoden, einen Prozess einer zeitlichen Phase zuzuordnen. Viele dieser Modelle lassen sich auf den Deming Cycle oder PDCA-Zyklus zurückführen. Bild 3.8 zeigt den Deming Cycle mit den Schritten plan – do – check – act. Diesen Schritten sind mögliche Phasen zugeordnet, in denen sich ein Prozess befinden kann. Diese Phasen erheben keinen Anspruch auf Vollständigkeit und sollen andere Modelle nicht ersetzen.

LPA ist eine Methode, die sich auf die Umsetzung von Prozessen konzentriert, und ist deshalb für die Planungsphase nicht besonders gut geeignet. Gut geeignet ist LPA für die Phasen „do" (Durchführen) und „act" (Agieren), bedingt geeignet für die Phase „check" (Check).

Bild 3.8 Prozessumsetzungsphasen nach dem Deming Cycle

LPA in der Deming-Cycle-Phase „do"

LPA bietet sich sehr gut für die Einführungsphase eines Prozesses an. Es gibt in dieser Einführungsphase aus den unterschiedlichsten Gründen neue Regeln, die noch nicht in die tägliche Routine der Beteiligten übergangen sind oder vielleicht auch noch nicht bekannt sind. LPA kann in dieser Phase eines neuen Prozesses unterschiedliche positive Ergebnisse für den Prozess erreichen:

- Alle neuen Prozessvorgaben werden auf wenige wichtige und auch zusammenfassende Regeln in den LPA-Checklisten reduziert und der Bezug zu den detaillierten Anweisungen wird behalten.
- LPA kann unterschiedliche Führungsebenen bei der Durchführung der Audits (als Auditor und Auditierte) beteiligen und damit die Rollen und notwendige Unterstützungen für die Prozessumsetzung verdeutlichen.

- Es werden in geplanten, zeitlich kurzen Abständen die Umsetzungen der Regeln auf den unterschiedlichen Layern überprüft. Die Frequenz der LPAs kann mit erfolgreicher Umsetzung verringert und damit die Eigenständigkeit der erfolgreichen Umsetzung unterstützt werden.
- Die erfolgreiche Umsetzung des Prozesses wird auf den definierten unterschiedlichen Ebenen und Details deutlich visualisiert.
- Abweichungen werden erkannt und geeignete Korrekturmaßnahmen werden eingeführt.

Gerade in der Einführung wird über die Regelmäßigkeit der LPAs ein deutlicher Lerneffekt für die beteiligten Mitarbeiter erreicht werden.

LPA kann als standardisiertes Prozesseinführungstool im Unternehmen verwendet werden. Die jeweiligen Prozessgestalter oder -verantwortlichen definieren zusätzlich zu der Prozessbeschreibung schon die Vorgaben für die LPA-Checklisten. Sobald die Visualisierung der LPA-Ergebnisse nur noch grüne Ergebnisse zeigt und über die gewählte Stichprobenauswahl die meisten beteiligten Mitarbeiter überprüft sind, ist es Zeit, die Einführungsphase zu beenden. Eine Weiterführung der LPAs benötigt dann eine andere Notwendigkeit oder einen zu erreichenden Nutzen für den Prozess oder das Unternehmen. LPA selbst zeigt in diesem Fall, dass es jetzt für die Einführungsphase nicht mehr notwendig ist.

Solch eine einfache und nachvollziehbare Regelung verbessert auch die Akzeptanz der Methode bei den betroffenen Mitarbeitern.

LPA für die Deming-Cycle-Phase „check"

In der Check-Phase geht es im Wesentlichen darum, ob der Prozess verbessert werden kann oder soll. Eine geplante Prozessverbesserung kann aus zwei unterschiedlichen Gründen notwendig werden:

1. **Eine Verschlechterung in Leistung, Qualität oder Kosten ist eingetreten.**

    Das bisher erreichte oder auch geplante Prozessergebnis wird nicht mehr erreicht.

    a) Im Prozess müssen die Gründe gefunden werden, warum das Ergebnis nicht mehr erreicht wird.

    b) Der Prozess soll wieder in den Zustand gebracht werden, wie er erfolgreich war.

    Layered Process Audit kann in diesem Fall nur herausfinden, ob der Prozess nach den vorgegebenen Regeln umgesetzt wurde. Wenn die Verschlechterung durch eine andere Ursache ausgelöst wurde, kann LPA nicht zur Lösungssuche beitragen. Für die Umsetzung der Lösung ist LPA hingegen wieder eine geeignete Methode.

2. **Eine Verbesserung in Leistung, Qualität oder Kosten ist notwendig.**

    Es werden höhere Anforderungen an das Prozessergebnis gestellt.

    a) Es muss herausgefunden werden, wie und über welche Veränderungen der Prozess leistungsfähiger wird.

    b) Es wird ein neuer oder veränderter Prozess entstehen und in die Umsetzung kommen.

    c) LPA kann hier nur dazu beitragen, den verbesserten neuen Prozess in eine Umsetzung zu bringen, und diese entspricht wieder der Deming-Cycle-Phase „do".

LPA für die Deming-Cycle-Phase „act"

LPA hilft, die Umsetzung eines Prozesses zu unterstützen. Dabei ist es nicht sinnvoll, jeden Prozess in seinen kleinsten Teilprozessen und Prozessschritten in einem Unternehmen über ein LPA-System abzusichern. Erfüllt ein Prozess eine der nachstehenden Eigenschaften, dann empfiehlt sich eine Absicherung durch LPAs:

- *Umsetzungsschwäche im Prozess*

    Durch unterschiedliche Umstände bedingt, wird ein Prozess nicht in der Konsequenz umgesetzt. Auslöser können das Management, unerfahrene Mitarbeiter, nicht ausreichend klare Vorgaben, wechselnde Mitarbeiter, Schwankungen in der Auslastung des Prozesses oder anderes sein.

    Die Transparenz und Frequenz des LPA über seine Layer und Fragen hilft, solche Prozesse zu stabilisieren.

- *Hohe Risiken durch den Prozess*

    Der Prozess und seine Umsetzung haben eine hohe Auswirkung auf das Ergebnis oder auf nachfolgende Prozesse oder Produkte. Die Nichtumsetzung eines Prozessschritts könnte dadurch große Auswirkung haben oder auch Schaden verursachen.

    LPA baut in dem Sinne genau an den riskanten Stellen ein „Geländer", um durch eine Nichtumsetzung eines Prozessschritts Schaden zu verhindern.

- *Weiterentwicklung des Prozesses*

    Durch LPA kann der Prozess weiterentwickelt werden. Die Messung des Prozessergebnisses zeigt die Abweichungen auf. Jede Abweichung kann auf einen nicht umgesetzten oder nicht geeigneten Standard hinweisen. Wenn jede Abweichung im Ergebnis eine Weiterentwicklung der LPA-Fragen bewirkt, würden über das LPA ständig die weiterentwickelten Standards in eine Umsetzung kommen und damit das Ergebnis des Prozesses verbessert.

- *Anforderung durch Kunden*

    Die OEMs (Original-Equipment-Manufacturer) verlangen meist, dass LPA in den Produktions- und Montageprozessen eingeführt wird, wo Produkte oder Teile für sie hergestellt werden. Wenn in diesen Prozessen mit den gleichen Prozessvorgaben auch andere Teile für andere Kunden hergestellt werden, sollte auch dafür die Methode LPA eingesetzt werden. Es würde vermutlich den Ablauf mehr stören, wenn LPA nur dann durchgeführt wird, wenn gerade die Produkte für den LPA fordernden OEM laufen.

3.5.4 Geeignete Prozesse auswählen

Durch die Zielsetzung und das Vorgehen von LPA ergeben sich Kriterien, die helfen, die Eignung eines Prozesses und den Nutzen für das Unternehmen zu definieren. Diese Kriterien können dabei aus zwei Perspektiven betrachtet werden:

1. **Eignung des Prozesses für Layered Process Audit**

    Folgende Merkmale geben Auskunft, ob sich ein Prozess eignet:
    - größere Anzahl von Mitarbeitern,
    - Vielfalt der Tätigkeiten des Mitarbeiters,
    - Schichtbetrieb,
    - klare Struktur von unterschiedlichen Führungsebenen,
    - viele unterschiedliche Prozessschritte,
    - hohe Wiederholungsfrequenz,
    - klar beschriebene Vorgaben,
    - wenig unterschiedliche Varianten und
    - einfache Messbarkeit der Prozessleistung.

2. **Nutzen für das Unternehmen aus der Anwendung von Layered Process Audit in diesem Prozess**

    Die Bewertung folgender Merkmale zeigt, wie hoch der erreichte Nutzen sein kann:
    - hohe Fluktuation der Mitarbeiter,
    - hohe fachliche Kompetenz der Führungskräfte,
    - keine klar beschriebenen Vorgaben,
    - häufige Abweichung in der Umsetzung,
    - Fehler in der Prozesskette,
    - unzureichende Prozessleistung,
    - ein Mitarbeiter wechselt häufig den Arbeitsplatz oder Prozess und
    - Umsetzungsschwäche im Unternehmen.

Jeder der in Betracht kommenden Prozesse wird anhand der Kriterien bewertet und das Ergebnis für Nutzen und Eignung wird in dem Portfolio eingetragen. Bild 3.9 zeigt ein Bewertungsbeispiel für 19 Prozesse eines Unternehmens mit ca.

100 Mitarbeitern. In der Matrix wurden die Prozesse mit den Kriterien für die Eignung eines Prozesses für Layered Process Audit bewertet:

- 2: Das Kriterium der Eignung trifft voll auf den Prozess zu.
- 1: Das Kriterium der Eignung trifft teilweise auf den Prozess zu.
- 0: Das Kriterium der Eignung trifft nicht auf den Prozess zu.

Kriterien für Eignung	Wareneingangsprüfung	Endprüfung	Sägerei	Lager	Einkauf	Arbeitsvorbereitung	Mechanische Fertigung	Sensorik	Endmontage	HE-Team	Vertrieb Inland	Vertrieb Ausland	Kalkulation	Marketing	Dokumentation	Neuentwicklung	Kundenanpassung	Personal	Buchhaltung
Größere Anzahl von Mitarbeitern	0	0	0	0	0	0	2	1	1	2	2	1	1	0	0	1	2	0	0
Vielfalt der Tätigkeiten des Mitarbeiters	2	2	0	1	2	1	2	1	1	2	1	1	1	2	0	2	2	1	0
Schichtbetrieb	0	0	0	1	0	0	1	0	1	1	0	0	0	0	0	0	0	0	0
Klare Struktur von Führungsebenen	1	1	1	1	1	0	2	2	2	2	2	0	0	0	0	2	2	1	1
Viele unterschiedliche Prozessschritte	1	0	0	1	1	1	2	1	1	2	1	1	0	2	1	2	1	1	1
Hohe Wiederholungsfrequenz	2	2	2	1	1	1	2	2	2	2	2	1	2	1	2	0	2	0	2
Klar beschriebene Vorgaben	2	1	0	0	0	0	2	1	1	1	0	0	1	0	2	1	1	0	1
Wenig unterschiedliche Varianten	2	2	2	1	0	1	2	2	1	2	1	0	0	0	2	1	0	1	2
Einfache Messbarkeit der Prozessleistung	1	1	2	0	0	0	2	2	2	2	1	0	0	0	1	2	2	0	1
Summe Eignung:	11	9	7	6	5	4	17	12	12	16	10	4	5	5	8	11	12	4	8
Prozentwert (%)	61	50	39	33	28	22	94	67	67	89	56	22	28	28	44	61	67	22	44

Bild 3.9 Bewertung des Prozesses auf seine LPA-Eignung

Es wird jeder Prozess mit jedem Kriterium bewertet und anschließend die Summe über jede Prozessspalte gebildet. Der Prozentwert drückt aus, wie viel Prozent vom maximal möglichen Ergebnis der Prozess erreicht hat. Würde ein Prozess bei jedem Kriterium zwei Punkte bekommen, hätte er 100 % als Prozentwert erreicht.

Bild 3.10 zeigt ein Bewertungsbeispiel für 19 Prozesse eines Unternehmens mit ca. 150 Mitarbeitern. In der Matrix wurden die Prozesse mit den Kriterien für die Eignung eines Prozesses für Layered Process Audit bewertet:

- 2: Das Kriterium des Nutzens trifft voll auf den Prozess zu,
- 1: Das Kriterium des Nutzens trifft teilweise auf den Prozess zu,
- 0: Das Kriterium des Nutzens trifft nicht auf den Prozess zu.

3.5 Eignung und Prozessauswahl

Kriterien für Nutzen	Wareneingangsprüfung	Endprüfung	Sägerei	Lager	Einkauf	Arbeitsvorbereitung	Mechanische Fertigung	Sensorik	Endmontage	HE-Team	Vertrieb Inland	Vertrieb Ausland	Kalkulation	Marketing	Dokumentation	Neuentwicklung	Kundenanpassung	Personal	Buchhaltung
Hohe Fluktuation der Mitarbeiter	0	0	2	1	1	1	0	1	1	1	2	1	1	0	0	1	0	0	0
Hohe fachliche Kompetenz der Führungskräfte	2	2	1	1	2	2	2	1	1	2	2	2	2	2	1	2	2	2	1
Keine klar beschriebenen Vorgaben	1	1	1	1	2	1	0	0	0	1	2	2	0	2	0	2	2	2	1
Häufige Abweichung in der Umsetzung	1	1	0	1	1	1	1	1	1	2	1	0	0	1	0	2	2	2	1
Fehler in der Prozesskette	0	0	1	1	1	0	1	1	1	2	1	0	1	0	0	1	1	0	2
Unzureichende Prozessleistung	2	1	1	1	2	0	0	1	1	1	2	1	0	0	0	2	2	0	0
Ein Mitarbeiter wechselt häufig den Arbeitsplatz oder Prozess	0	0	0	0	0	0	0	2	2	2	0	0	0	0	0	2	2	0	0
Umsetzungsschwäche im Unternehmen	2	2	1	1	2	1	0	0	0	0	2	2	2	1	1	0	0	0	0
Summe Nutzen:	8	7	7	7	11	6	4	7	7	11	12	8	6	6	2	12	11	6	5
Prozentwert (%)	50	44	44	44	69	38	25	44	44	69	75	50	38	38	13	75	69	38	31

Bild 3.10 Bewertung des Prozesses bezüglich seines Nutzens für das Unternehmen

Es wird jeder Prozess mit jedem Kriterium bewertet und anschließend die Summe über jede Prozessspalte gebildet. Der Prozentwert drückt aus, wie viel Prozent von 100 der Prozess erreicht hat. Würde ein Prozess bei jedem Kriterium zwei Punkte bekommen, hätte er 100 % als Prozentwert erreicht.

Bild 3.11 zeigt für jeden Prozess das Wertepaar Eignung und Nutzen für die grafische Darstellung im Portfolio. Bild 3.12 zeigt das Portfolio mit allen bewerteten Prozessen. Jeder Prozess wird anhand seiner beiden erhaltenen Werte (Eignung und Nutzen) in das Portfolio eingetragen. Nachfolgend werden einige auffällige Bereiche exemplarisch erläutert:

- *Mechanische Fertigung*

    Der Prozess scheint sehr gut für LPA geeignet. Die Nutzenbewertung zeigt aber, dass es nicht viel für das Unternehmen bringen würde, dafür LPA einzuführen.

- *Heizelemente-Team*

    Der Prozess scheint ebenfalls sehr gut geeignet zu sein und gleichzeitig würde es für das Unternehmen viel bringen, dort LPA einzuführen. Dort empfiehlt sich eine LPA-Einführung.

- *Sensorik, Endmontage, Neuentwicklung, Vertrieb Inland*

    Auch diese Prozesse sind geeignet und nutzen dem Unternehmen. Eine LPA-Einführung scheint hier sinnvoll zu sein. Der Vertrieb Inland weist allerdings nur bedingt gute Eignungswerte aus, daher kann es sein, dass hier anspruchsvollere LPA-Vorgehensweisen genutzt werden müssen.

- *Dokumentation*

  Das Unternehmen hätte aus der LPA-Einführung in diesem Prozess nur einen sehr geringen Nutzen und die Eignung liegt auch unter dem Mittelwert. Es gibt keinen Grund, in diesem Prozess LPA einzuführen, und es sollte daher auch nicht getan werden.

- *Einkauf*

  Hier könnte zwar ein großer Nutzen für das Unternehmen erzielt werden, allerdings eignet sich dieser Prozess nicht für die Einführung von LPA.

Bild 3.13 zeigt im Überblick, welche Möglichkeiten es in den vier Feldern im Portfolio gibt. Abhängig ist dies von der Eignung und dem Nutzen des Prozesses.

Prozesse	Wareneingangsprüfung	Endprüfung	Sägerei	Lager	Einkauf	Arbeitsvorbereitung	Mechanische Fertigung	Sensorik	Endmontage	HE-Team	Vertrieb Inland	Vertrieb Ausland	Kalkulation	Marketing	Dokumentation	Neuentwicklung	Kundenanpassung	Personal	Buchhaltung
Eignung des Prozesses	61	50	39	33	28	22	94	67	67	89	56	22	28	28	44	61	67	22	44
Nutzen für den Prozess	50	44	44	44	69	38	25	44	44	69	75	50	38	38	13	75	69	38	31

Bild 3.11 Bewertungsergebnis Eignung/Nutzen für die Prozesse

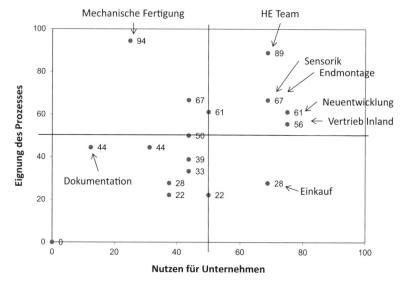

Bild 3.12 Portfolio Eignung/Nutzen für die Prozesse

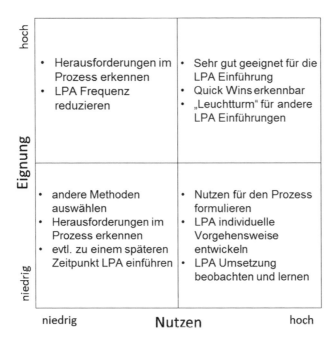

Bild 3.13 Behandlung eines Prozesses aufgrund seiner LPA-Eignung und seines Nutzens

■ 3.6 Typische Phasen einer LPA-Einführung

Wenn in einem Unternehmen LPA ernsthaft eingeführt wird, lassen sich immer wieder bestimmte wiederkehrende Muster in den beteiligten Prozessen erkennen.

Voraussetzung dafür ist, dass alle beteiligten Führungskräfte und Mitarbeiter die Chance bekommen haben, LPA und dessen Wirkung zu verstehen. Bild 3.14 zeigt drei Phasen mit unterschiedlicher Wirkung, unterschiedlich langen Laufzeiten und auch unterschiedlichen Häufigkeiten bei den Farbbewertungen.

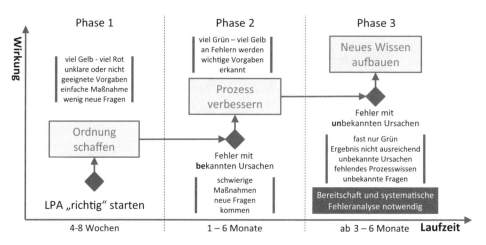

Bild 3.14 Erkennbare Phasen bei einer LPA-Einführung

Es zeigt sich, dass ein richtig betreutes LPA-System mit der Zeit zunehmenden Fokus auf die Prozessergebnisse legt und diese Ergebnisse auch mit jeder Phase besser werden.

Phase 1

Führungskräfte und Mitarbeiter beschäftigen sich damit, die für sie und für das Ergebnis wichtigen Fragen zu formulieren. Manchmal werden dort zum ersten Mal bisher nie wirklich gestellte Fragen gestellt und geklärt.

> **Beispiel**
>
> In einem Prozess wurde die Durchführung von der Erststückprüfung abgefragt, weil diese sehr wichtig für die Absicherung bei fehlerhaften Prozessen ist und diese auch nicht konsequent durchgeführt wurde. Am zweiten Tag der LPA-Einführung gab es in der Nachtschicht für die Frage ein Rot, weil der befragte Mitarbeiter und der Schichtführer nicht sicher wussten, ob bei einem verketteten Prozess nur ein Erststück am Ende oder mehrere Erststücke nach jedem Teilprozess geprüft werden müssen. Sie haben richtigerweise die Frage mit Rot bewertet, da sie es nicht richtig machen konnten. Der Meister konnte am nächsten Tag den Punkt schnell klären und alle Schichtführer und deren Mitarbeiter entsprechend informieren. Es wurde nur ein Erststück am Ende des verketteten Prozesses geprüft.

Typisch für diese erste Phase ist, dass viele gelbe und rote Bewertungen in den Visualisierungen stehen. Meistens sind die Maßnahmen bei Rot sehr einfach und alle erleben LPA als einfaches Instrument, das **Ordnung schafft**. Diese Phase dauert meist zwischen vier und acht Wochen.

Phase 2

Nach dieser ersten Phase laufen die Prozesse sehr kontrolliert. Es kommt immer noch sehr viel Gelb vor und Mitarbeiter lernen die Bedeutung der gemeinsamen Standards kennen. Rote Bewertungen sind selten und werden häufig bei der Durchführung von Basisaudits erkannt. In dieser Zeit lernen die Führungskräfte, neue Fragen auf Grund von Fehlern mit bekannten Ursachen zu formulieren. Sie kennen die Ursachen der Fehler und weisen ihre Mitarbeiter mit neuen Fragen auf die Einhaltung dieser wichtigen Tätigkeiten hin. Die **Prozesse werden verbessert**. Die immer seltener werdenden nicht umsetzbaren Vorgaben benötigen immer schwieriger umzusetzende Maßnahmen und die schnellen Erfolge werden seltener.

Phase 3

Irgendwann werden die Fehler mit den bekannten Ursachen weniger und die Führungskräfte wissen nicht mehr, was im Prozess passieren müsste, dass der Fehler nicht mehr auftaucht. Es dominiert die grüne Bewertung und die Fragen ändern sich selten. Jetzt gilt es zwei Hürden zu überwinden. Die erste ist, überhaupt die Bereitschaft für weitere Verbesserungen bei der Führungskraft zu haben. Wenn diese der Meinung ist, dass die Verbesserungen im Prozessergebnis nicht mehr möglich sind und genug getan ist, wird LPA nicht mehr weiterhelfen. Es braucht durch übergeordnete Ebenen anspruchsvollere Zielsetzungen für die Prozessverbesserung.

Die zweite Hürde ist das fehlende Wissen für die Verbesserung. Jetzt sind die zur Verfügung stehenden Methoden und Werkzeuge für die Ursachensuche und Prozessverbesserung nötig. Die Führungskräfte wissen die Ursachen nicht mehr und brauchen Unterstützung. Wenn beides klappt, wird über die Verbesserungen **neues Wissen aufgebaut**. Jetzt wird es wichtig sein, dass über die Transparenz der Ergebniszahlen der Anspruch an LPA weiter steigt und konsequent alle erkannten Verbesserungen in neue LPA-Fragen münden.

3.7 Leitfragen für die Einführung von LPA

1.	Was soll mit der LPA-Einführung erreicht werden?
	Was sind die Auslöser für die LPA-Einführung?
	Welche Details aus der LPA-Methodik waren die Gründe, die die Entscheidung beeinflusst haben?
	Was soll sich durch die LPA-Methodik im Unternehmen verbessern?
	Vor welchen Herausforderungen in Prozessen steht das Unternehmen?
	Welche Art von Prozessmanagement betreibt das Unternehmen?
	Wer hat in dem Unternehmen welche Verantwortung für die Prozessvorgaben?
	Woran würde sich eine Verbesserung nach der Einführung von LPA messen lassen?
2.	**In welchen Prozess soll LPA eingeführt werden und warum? (Auslöser und Prozess)**
	Welche Prozesse oder auch Produkte könnten durch die Einführung von LPA einen großen Nutzen (bessere Umsetzung, bessere Qualität, riskanter oder neuer Prozess) für das Unternehmen bringen?
	In welche Teilprozesse lässt sich der Prozess sinnvoll zerlegen?
	In welcher Phase oder welchem Zustand befindet sich der Prozess (Einführung, tägliche Umsetzung, Probleme)?
	Was sind die Erwartungen, Herausforderungen oder Potenziale in oder an dem ausgewählten Prozess, weshalb LPA eingeführt werden soll?
	Welche Standards gibt es in dem Prozess und welche Mittel werden bisher für die Umsetzung dieser Standards angewandt?
	Welche umsetzungsorientierten Audits wie z. B. 5S werden auf dem Layer 1 bereits durchgeführt und lassen sich in LPA integrieren?
	Gibt es eine gelebte Prozessverantwortung und in welchem Prozesssystem ist der Prozess eingebettet?
	Gibt es eine Kundenanforderung, LPA einzuführen, und wenn ja, was sind die betroffenen Produkte und Prozesse und wie viele Bereiche, Kostenstellen oder Mitarbeiter sind betroffen?
	Gibt es weitere Vorgaben oder Konzepte für die LPA-Einführung oder Durchführung in Ihrem Unternehmen?
	Gibt es eigene LPA-Erfahrungen aus der Vergangenheit oder anderen Werken?
	Wer sind die wichtigen Führungskräfte, die für die LPA-Einführung in dem ausgewählten Prozess gewonnen werden sollten?
3.	**Was sind die Layer, in welcher organisatorischen Einheit wird LPA eingeführt, wer sind die Auditoren und in welcher Frequenz soll auditiert werden? (Auditoren und Frequenz)**
	Welche vertikale und horizontale Struktur gibt es in dem durch den Prozess ausgewählten Bereich?
	Welcher vertikale Teilbereich deckt den ausgewählten Prozess am besten ab und bietet sich als Pilotbereich an?
	Welche Layer können aus der horizontalen Struktur abgeleitet werden?
	Welche Layer sollten an dem LPA beteiligt werden?
	Welche hierarchischen Audits und Basis-Audits sollen durchgeführt werden?
	Wie viele Auditbereiche oder auch Mitarbeiter sind auf den unterschiedlichen Layern beteiligt?

Fortsetzung

3.	**Was sind die Layer, in welcher organisatorischen Einheit wird LPA eingeführt, wer sind die Auditoren und in welcher Frequenz soll auditiert werden? (Auditoren und Frequenz)**
	Wie oft sollte jeder Auditbereich oder Mitarbeiter in einem definierten Zeitraum mit den LPA auditiert werden?
	Welche zeitlichen Frequenzen ergeben sich für die unterschiedlichen Audits?
	Wer sind die Auditoren auf den unterschiedlichen Layern?
4.	**Was sind die LPA-Fragen in den Checklisten, wie werden sie dynamisiert und wie sind die Checklisten aufgebaut? (LPA-Fragen und Checkliste)**
	In welchen Layern gibt es welche unterschiedlichen Aufgaben, die mit separaten Checklisten auditiert werden sollten?
	Was sind die Verbesserungen, die durch das LPA in dem ausgewählten Prozess und Bereich erreicht werden sollen oder welche Verschlechterungen sollen verhindert werden?
	Welche Standards müssen dafür konsequent umgesetzt werden?
	Welche LPA-Fragen ergeben sich dadurch für das LPA in dem Bereich, Layer oder der Aufgabe?
	Welche Fragen aus bisherigen umsetzungsorientierten Audits können übernommen werden?
	Wie muss die Checkliste aufgebaut sein,
	• dass die Fragen verständlich gestellt und mit ja oder nein beantworten können?
	• dass eine Abweichung notiert und die gegebenenfalls stattfindende Korrektur beschrieben werden kann?
	• dass notwendige grundsätzliche Veränderungen oder Maßnahmen außerhalb des Bereichs beschrieben werden können?
	Welchen Einfluss haben aktuelle Fehlerbilder oder auch Reklamationen auf die LPA-Fragen?
	Welche grundsätzlichen Themen oder Gruppen (Qualität, Sicherheit, Produktivität, Risiko, Kosten) gibt es für LPA-Fragen und bieten sich diese für geplante Wechsel der LPA-Checklisten an?
	Welche Auswertungen sollen auf Ebene der Vorgaben erfolgen?
5.	**Wie ist die Visualisierung (LPA-Wand) aufgebaut, welche Layer sind damit abgebildet und wer ist alles davon betroffen? (Visualisierung)**
	Für welche Bereiche oder Prozesse sollte eine eigene Visualisierung zur Verfügung stehen und welche Bereiche lassen sich zusammenfassen?
	Für welche Bereiche sollte die Visualisierung online (Wiki, Sharepoint, Intranet) zur Verfügung stehen?
	Wie soll das LPA visualisiert werden? (Tafeln, Bildschirme etc.)
	Welche Elemente und wie viel sollten auf dem LPA-Board vorhanden sein?
	• Ergebnisblatt für jeden Layer
	• Checkliste für jeden Layer
	• Stichprobenauswahl für Layer 1 und eventuell noch für andere Layer
	• Maßnahmenblatt für Korrekturen außerhalb des Bereichs bei der Bewertung „rot"
	• Auswertung der LPA-Ergebnisse mit geeigneten Kennzahlen
	• Action Board zur Überwachung der laufenden Korrekturen
	• Ablagemöglichkeit für die durchgeführten LPAs
	Was soll mit den ausgefüllten Checklisten geschehen?
	Wie kann das LPA mit elektronischen Hilfsmitteln durchgeführt werden?

6.	Wie ist der gesamte LPA-Ablauf und wie werden die Audits organisatorisch und zeitlich durchgeführt? (Durchführung)
	Auswahl der Teams, in denen das Audit durchgeführt wird (Stichprobe)?
	Wo wird der eigentliche Auditablauf definiert?
	Was geschieht bei einer Abweichung, die sofort korrigiert werden kann?
	Wie wird das LPA mit dem Qualitäts- oder Prozessmanagementsystem bei roter Bewertung verknüpft?
	Wie werden Veränderungen in zuliefernden Prozessen eingeleitet und umgesetzt, sodass der Standard im LPA-Bereich umgesetzt werden kann?
7.	Wer ist der Eigentümer des LPA-Prozesses, was sind seine Aufgaben, wo wird der LPA-Prozess beschrieben und anhand welcher Kennzahlen wird er gesteuert? (Führung und Steuerung)
	Wer ist der Eigentümer des LPA-Prozesses?
	Welche Tätigkeiten hat der Eigentümer innerhalb des Prozesses?
	Ist der Prozess umfassend beschrieben und durch Standards definiert?
	Sind diese Prozessstandards fähig, dokumentiert und können abgefragt werden?
	Welche Aktivitäten zur Auswertung von LPA finden statt?
	Was sind die geeigneten Kennzahlen zur Steuerung der LPA-Aktivitäten?
	Wer wertet die Kennzahlen wie aus?
	Wie finden Reviews über den LPA-Prozess mit den Kennzahlen statt?
8.	Wie soll LPA im Unternehmen bis wann eingeführt werden? (Rahmenbedingungen)
	Bis wann soll mit dem LPA was erreicht werden?
	Welche konkreten Anforderungen hat der Kunde?
	Wie wird der Betriebsrat eingebunden?
	Wo sollte mit den ersten LPA auf welchem Layer oder mit welchem Audit (A oder B) begonnen werden? (Pilotbereiche)
	Wer ist das LPA-Team?
	Wer sind die LPA-Auftraggeber und wie führen sie ihre Reviews durch?
	Wie werden die Auditoren trainiert?
	Wie werden alle Beteiligten informiert?
	Wie werden die Audits von den Auditierten wahrgenommen?

4 LPA-Checklisten, LPA-Fragen und LPA-Visualisierung

Den deutlich sichtbaren Teil einer LPA-Umsetzung machen die LPA-Visualisierung und die LPA-Checklisten aus. Diese sollten auf das Unternehmen angepasst und mit der entsprechenden Erfahrung auch für das Unternehmen auf wenige Varianten standardisiert werden. Die Standardisierung macht auch insofern Sinn, als dass Führungskräfte und Mitarbeiter auch in anderen Bereichen schnell in der Lage sind, die entsprechenden Visualisierungen zu verstehen.

Die LPA-Fragen sollten möglichst nur in einem geringen Umfang standardisiert werden. Es muss möglich sein, dass die Führungskräfte mit ihren Mitarbeitern individuell ihre eigenen wichtigen Fragen erarbeiten und diese dynamisch über die Zeit auf die neuen Prozesserkenntnisse oder auch neuen Reklamationen, Fehler oder andere Abweichungen anpassen.

Bild 4.1 zeigt, wie mit zwei unterschiedlichen Arten von Fragen LPA in den Unternehmen durchgeführt wird. Ziel von beiden Arten ist die Umsetzung der wichtigen Tätigkeiten im Prozess.

1. LPA wird mit zentralen oder standardisierten LPA-Fragen durchgeführt.
2. LPA wird mit individuellen Fragen, die von den direkten Führungskräften der Prozesse gestaltet sind, durchgeführt.

   Es lässt sich ganz gut mit der Schneide eines Messers vergleichen. Die individuellen Fragen (1) „schneiden" besser und es muss weniger „Druck" ausgeübt werden. Als Bewertungssystem passt die Logik Grün/Gelb/Rot, wobei Rot bedeutet, dass die Tätigkeit hinter der Frage überhaupt nicht umsetzbar ist.

   Bei den standardisierten LPA-Checklisten ist der Zeitaufwand, die Fragen zu definieren, sicherlich geringer. Es braucht aber zur Umsetzung deutlich mehr „Kraft". Auch am Bewertungssystem kann man diese Art von Fragengestaltung gut erkennen. Es ist ein „nicht relevant" notwendig, da ja die Fragen nicht unbedingt genau auf den Prozess ausgerichtet sind.

4 LPA-Checklisten, LPA-Fragen und LPA-Visualisierung

Standardisierte LPA-Fragen	Individuelle LPA-Fragen
Kraft: • Auftrag • Controlling • Terminverfolgung	Kraft: • Verständnis • Beteiligung • Dynamik
Bewertung: ja nein nicht relevant	Bewertung: ja korrigiert geht nicht
Fragen (häufig): • allgemein • übergreifend • nach Ergebnissen • an Führungskräfte	Fragen: • individuell und dynamisch • nach Tätigkeiten und Wissen • aus Ergebnis abgeleitet • an Mitarbeiter

Bild 4.1 Unterschied und Wirkung von standardisierten und individuellen Fragen

Es ist durchaus möglich, dass ein kleiner Teil (< 25 %) der Fragen zum Beispiel aus Zentralfunktionen vorgegeben wird.

> Die LPA-Visualisierung und die LPA-Checklisten müssen die erfolgreiche LPA-Umsetzung unterstützen und entsprechend angepasst und weiterentwickelt werden.

4.1 LPA-Fragen formulieren

Die LPA-Fragen sind der Schlüssel, um Prozesse richtig in Gang zu bringen. Es gilt dabei, die wichtigen Tätigkeiten im Prozess zu erkennen und die geeigneten Fragen dazu zu formulieren. Eine richtige und gute LPA-Frage sichert über die Beantwortung die Umsetzung des jeweiligen Prozessvorgehens ab.

Bild 4.2 zeigt, worauf sich die LPA-Fragen ausrichten können. Zielsetzung von LPA ist, dass die Tätigkeiten so umgesetzt werden, dass die Ergebnisse erreicht werden. Deshalb macht es keinen Sinn, im LPA nach den Ergebnissen zu fragen. Es kann dann nichts mehr geändert werden. Die LPA-Fragen müssen sich auf die Tätigkeiten ausrichten. Dabei ist es möglich, nach der direkten Tätigkeit und/oder nach dem dazu notwendigen Wissen zu fragen.

4.1 LPA-Fragen formulieren

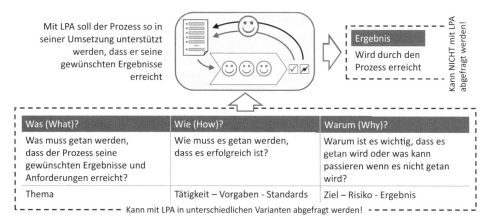

Bild 4.2 Unterschiedliche Varianten, mit LPA Inhalte in einem Prozess abzufragen

> Je komplizierter der Prozess, desto eher sollte nach Tätigkeiten gefragt werden! (Kompliziert bedeutet, dass die Tätigkeit vorhersehbar ist.)
>
> Je komplexer der Prozess ist, desto eher sollte das Wissen abgefragt werden! (Komplex bedeutet, dass der Prozess nicht vorhersehbar ist und mit Überraschungen gerechnet werden muss.)

Für die Differenzierung zwischen komplexen und komplizierten Tätigkeiten gibt es von Dr. Gerhard Wohland hilfreiche Erklärungen (www.dynamikrobust.com).

4.1.1 Unterschiedliche Spalten in der LPA-Checkliste

Die Spalten in der LPA-Checkliste haben einen hohen Einfluss auf die Durchführung und Wirksamkeit des Layered Process Audit.

Bild 4.3 zeigt eine LPA-Checkliste mit möglichen Spalten. In den meisten Fällen kommen die Spalten Frage, Ziel und Bewertung zum Einsatz.

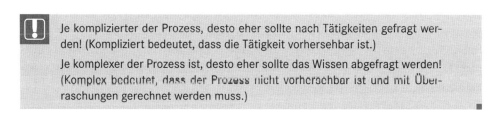

Bild 4.3 Unterschiedliche Spalten in der LPA Checkliste

Nr.: Im einfachen Fall ist dies eine fortlaufende Nummerierung der Fragen. Die Fragen können auch mit einem Schlüssel benannt werden, aus dem das Thema, Bedeutung, betroffener Bereich oder Personen abgeleitet werden kann. Dieser Schlüssel sollte aber nicht auf dem normalen LPA-Formular ausgedruckt werden, sondern im betroffenen IT-Tool im Hintergrund verwendet werden.

Frage: Die für das Ergebnis notwendige Tätigkeit wird hier abgefragt. Was soll getan werden, dass das Ziel oder Ergebnis erreicht wird. Es werden dabei keine Ergebnisse abgefragt. Eine Ausnahme kann die Abfrage von eingestellten Prozessparametern sein. (siehe Bild 4.25)

Ziel, Ergebnis, Risiko: Diese Spalte beschreibt, was passiert, wenn die Tätigkeit der Spalte davor korrekt durchgeführt wird oder was passieren könnte, wenn die Tätigkeit nicht korrekt durchgeführt wird. Diese Spalte hilft zu verstehen, warum die Tätigkeit wichtig ist. Bei der Durchführung von LPA kann stichprobenhaft das vorhandene Wissen des befragten Mitarbeiters zu der Tätigkeit und ihrer Bedeutung abgefragt werden. In der Automobilindustrie existiert teilweise schon die Forderung, dass dies durch die auditierenden Führungskräfte gemacht wird. Diese Spalte hilft auch bei komplexeren Tätigkeiten LPA durchzuführen, indem nicht direkt die Tätigkeit abgefragt wird, sondern überprüft wird, ob der Mitarbeiter verstanden hat, was er mit der Tätigkeit erreichen soll.

Übergeordnetes Thema: LPA könnte auch themenbezogen die Fragen wechseln. In der einen Woche werden Qualitätsthemen abgefragt und in der nächsten Woche dann andere Themen, wie Prozesse, Produktivität, etc.

Gewichtung: Alle Fragen und die Tätigkeiten dahinter können eine unterschiedliche Bedeutung haben. Die Fragen können dann nach ihrer Gewichtung ausgewählt werden (10 sehr wichtig – 0 überhaupt nicht wichtig).

Der Mittelwert der Gewichtung der Fragen in der vorbereiteten Checkliste sagt etwas über die Wichtigkeit des Audits mit dieser Checkliste aus. Es sollte darauf geachtet werden einen VPS (Van Pee Skala) größer 7 zu erreichen. Bei einem VPS kleiner 5 stellt sich die Frage, ob eine Durchführung dieses Audits Sinn macht, da viele unbedeutende Fragen dabei sind. Diese Bewertung der Fragen hilft auch in der Einführungsphase von LPA die wirklich wichtigen Fragen zu finden und unwichtige Fragen aus der Checkliste auszusortieren.

Bewertung (erfüllt, korrigiert, geht nicht): Die Bewertung ist ausführlich in Tabelle 4.1 erklärt.

Problembeschreibung: Bei der Bewertung Rot ist die Führungskraft mit ihren Mitarbeitern nicht in der Lage einen notwendigen Standard umzusetzen. Deshalb besteht auch die Wahrscheinlichkeit, dass sie die Maßnahme nicht formulieren können. Um die Formulierung der notwendigen Maßnahme zu unterstützen, sollte das Problem des nicht umsetzbaren Standards beschrieben werden. Falls die Maßnahme klar ist, kann diese direkt in diese Spalte geschrieben werden.

Sofortmaßnahme: Bei Rot kann ein notwendiger Standard nicht umgesetzt werden. Deshalb muss eine Maßnahme eingeleitet werden. Es stellt sich die Frage, was passiert, bis die Maßnahme wirkt und der Standard wieder umsetzbar ist. Für diesen Zeitraum ist eine Sofortmaßnahme notwendig. Die Sofortmaßnahme sollte von der Führungskraft mit ihrem Mitarbeiter festgelegt und sofort umgesetzt werden. Es macht keinen Sinn, die Fragen nach dem nicht umsetzbaren Standard wiederholt zu stellen, solange der Standard nicht umsetzbar ist. Besser wäre es, nach der Sofortmaßnahme zu fragen.

Übertrag: Bei einer roten Bewertung soll die Problembeschreibung auf den Maßnahmenplan auf dem LPA-Board übertragen werden. Hier kann mit einem Kreuz markiert werden, dass dies passiert ist.

4.1.2 Varianten für die Erstellung der Fragen

Es gibt dabei zwei grundsätzlich zeitlich unterschiedliche Varianten oder Richtungen, die wichtigen Tätigkeiten zu erkennen und daraus die Frage zu formulieren.

1. **Vom Prozessstart zum Prozessende:** Aus dem Prozessablauf werden vom Prozessstart bis zum Prozessende in der zeitlichen Reihenfolge die wichtigen Tätigkeiten erkannt und aufgelistet. Diese werden dann als Fragen in die LPA-Checkliste aufgenommen.
2. **Vom Prozessergebnis zur wichtigen Tätigkeit:** Jede Ergebnisabweichung im Prozess soll zu einer veränderten Tätigkeit führen. Dafür ist es notwendig, mit der erforderlichen Kompetenz die Ursache der Abweichung zu erkennen und als Lösung eine zukünftig veränderte Tätigkeit zu formulieren. Diese wird dann als Frage in die LPA-Checkliste aufgenommen.

Variante 1 bietet sich an und man kommt damit schnell auf eine geeignete Checkliste. Es ist auch in Ordnung, diesen Weg am Anfang zu beschreiten. Die Gefahr dabei ist, dass Selbstverständlichkeiten abgefragt werden und der Prozess sich im Ergebnis nicht wirklich verbessert. Nach spätestens zwei bis drei Wochen sollte aber immer mehr Richtung Variante 2 gewechselt werden. In dieser Variante wird es sehr konkret und die neuen Fragen orientieren sich an tatsächlichen Ergebnisabweichungen.

Jede Reklamation, jeder Fehler oder jede sonstige Abweichung im Ergebnis könnte Input für eine neue LPA-Frage sein. Voraussetzung ist, dass die Abweichung durch eine nicht richtig umgesetzte Tätigkeit durch Führungskräfte oder Mitarbeiter entstanden ist.

Bild 4.4 zeigt die zwei grundsätzlich unterschiedlichen Richtungen, wie in einem Prozess die wichtigen Tätigkeiten und damit auch die LPA-Fragen gefunden werden können.

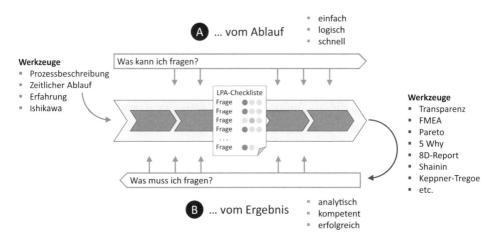

Bild 4.4 Zeitliche Richtungen für die Entwicklung von LPA-Fragen

Beim Finden der wichtigen Tätigkeiten und der entsprechenden LPA-Fragen lässt sich auch noch unterscheiden, von wem die Fragen kommen. Vereinfacht kann dies auch in zwei Richtungen unterteilt werden.

1. **Von oben:** Aus Zentralfunktionen oder aus höherliegenden Führungspositionen werden Anforderungen an die Prozessumsetzungen festgelegt und diese über LPA-Fragen in die LPA-Checklisten aufgenommen.
2. **Von unten:** Die direkte Führungskraft erkennt gemeinsam mit ihrem Mitarbeiter die wichtigen Tätigkeiten und formuliert die geeigneten LPA-Fragen.

Bild 4.5 zeigt zwei unterschiedliche Richtungen, aus denen Vorgaben für die LPA-Fragen entstehen können.

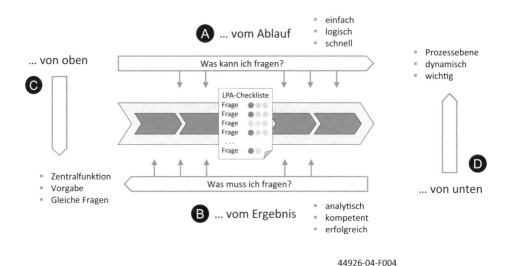

Bild 4.5 Unterschiedliche hierarchische Ebenen für die Vorgabe der LPA-Fragen

Durch diese unterschiedlichen Vorgehensweisen für die Vorgabe und Entwicklung der LPA-Fragen entstehen vier grundsätzlich unterschiedliche Möglichkeiten mit Vor- und Nachteilen.

Bild 4.6 zeigt die vier Möglichkeiten für die Entwicklung der Fragen. Auf der vertikalen Achse ist dargestellt, wer die Vorgaben festlegt und die Fragen formuliert, und auf der horizontalen Achse, ob die Fragen aus dem Betrachten des Prozessablaufs oder aus der Analyse der Ergebnisse des Prozesses entstehen.

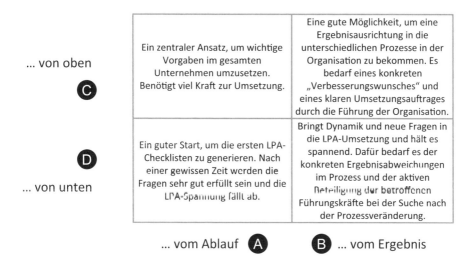

Bild 4.6 Kombination für die Vorgabe und Entwicklung von LPA-Fragen

Erfolgreiche LPA-Umsetzungen schaffen es, dass zwei Drittel der Fragen aus dem Feld rechts unten entstehen.

 LPA wird immer mehr zum Selbstläufer, wenn die Führungskräfte für ihren eigenen Prozess die Fragen aus den Abweichungen im Ergebnis ableiten.

4.1.3 Wichtige Tätigkeiten im Prozess für die LPA-Fragen erkennen

Die Beantwortung einer LPA-Frage zeigt, ob die Tätigkeit erfüllt worden ist. Tätigkeit und LPA-Fragen sind also direkt miteinander verknüpft.

Bild 4.7 veranschaulicht, wie sich aus den wichtigsten Prozessschritten, Vorgehen oder Standards des Prozesses die Fragen für das LPA ergeben.

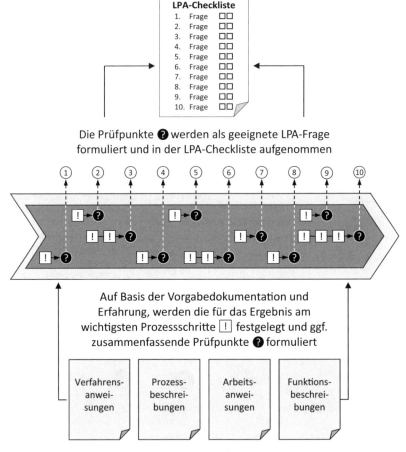

Bild 4.7 Zusammenhang zwischen Prozess, Vorgehen und Frage

An der LPA-Frage kann erkannt werden, ob die Vorgabe oder Tätigkeit im Prozess eingehalten wird. Jede LPA-Frage bezieht sich auf bestimmte Tätigkeiten, welche im Audit dahingehend überprüft werden, ob sie entsprechend den Anforderungen umgesetzt wurden.

 Beispiel

In einer Arbeitsvorbereitung (AV) müssen unterschiedliche Berechnungen für die Prozesssteuerung durchgeführt werden. Diese Berechnungen sind aufwendig und haben großen Einfluss darauf, ob die geplanten Stückzahlen in der Produktion erreicht werden. Mit LPAs sollen in regelmäßigen Abständen diese unterschiedlichen Tätigkeiten überprüft werden. Die Ergebnisse der Berechnungen müssen in einem bestimmten Formular AV-12007-2 eingetragen werden. Diese Eintragung in das Formular wird als ausreichender Nachweis

> für die Umsetzung definiert und als Vorgabe festgelegt. Die entsprechende LPA-Frage lautet: „Haben sie alle Ergebnisse der Berechnungen im Formular AV-12007-2 eingetragen?" Wird die Frage mit ja beantwortet, gilt die Anforderung als erfüllt.

Wäre in dem Beispiel wichtig, dass ausgewählte Berechnungen nach einem bestimmten Verfahren erfolgen, könnten auch die Verfahrensschritte als separate Fragen aufgenommen werden.

Die LPA-Fragen für die Checkliste werden nicht nur durch die klassischen Vorgabedokumente der Ablauforganisation (Prozessmanagement, QM-System etc.) beeinflusst. Auch die Vorgabedokumente der Aufbauorganisation mit ihren Funktions- und Stellenbeschreibungen können helfen, die richtigen Fragen zu identifizieren. Vor allem für das Finden der richtigen LPA-Fragen der Führungslayer (ab Layer 2) sind die Vorgaben aus der Aufbauorganisation wichtig.

Beispielsweise hat ein Projektleiter in einem Entwicklungsprozess Aufgaben, die nicht in dem Entwicklungsprozess beschrieben werden. Sollten LPA-Checklisten mit Fragen für den Projektleiter aufgebaut werden, müssen auch alle Aufgaben berücksichtigt werden. Dies gilt für Funktionen wie Fertigungsleiter oder Betriebsleiter genauso. Die Fragen können sich also auch an Stellen- und Arbeitsbeschreibungen oder anderen Dokumentationsbeschreibungen oder Verfahrensanweisungen orientieren.

Zusätzlich zu allen Dokumenten, die eine Erstellung von LPA-Fragen unterstützen, sollte auch noch die Erfahrung der jeweiligen Führungskräfte und Mitarbeiter genutzt werden. Es ist genauso möglich, dass aufgrund der Erfahrung zusätzliche LPA-Fragen mit aufgenommen werden können. Zudem kann es sinnvoll sein, wenn Mitarbeiter aus dem Qualitätsbereich hinzugezogen werden.

LPA-Checklisten aufzubauen und mit ihnen zu arbeiten, erfordert immer die Sicherheit, dass die beschriebenen Prozesse die richtigen Vorgehensweisen, die den Prozess erfolgreich machen, beinhalten. Es braucht das Vertrauen in die Vorgabedokumentation und den Mut zu fordern, jetzt machen wir es so, wie wir es beschrieben und festgelegt haben.

Bild 4.8 stellt anhand eines Flussdiagramms dar, wie LPA-Fragen auch aus einer guten Prozessbeschreibung identifiziert werden können.

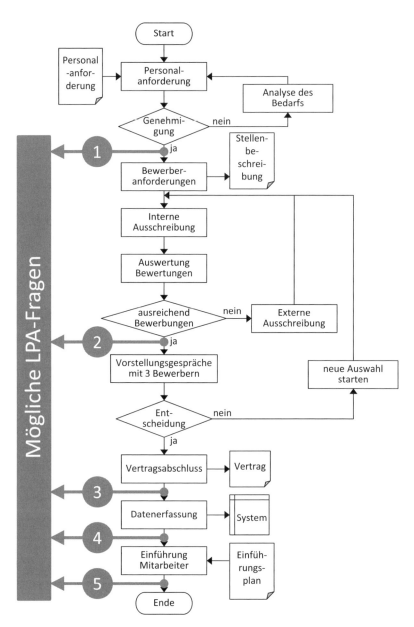

Bild 4.8 Ableiten von LPA-Fragen aus einem Flussdiagramm

In der Vorgabe des Flussdiagramms werden die Stellen gesucht, deren Erreichen eine Aussage über den davor umgesetzten Prozess und dessen Tätigkeiten zulässt und die wichtig für das Ergebnis sind. Mögliche LPA-Fragen, die sich aus diesem Flussdiagramm ableiten lassen, könnten folgende sein:

- Haben Sie die Personalanforderung genehmigt?

- Haben Sie ausreichend interne und externe Bewerbungen für drei Vorstellungsgespräche eingereicht?
- Haben Sie den Vertrag korrekt geschlossen?
- Haben Sie die persönlichen Daten im System korrekt eingepflegt?
- Haben Sie überprüft, ob die Einführung des neuen Mitarbeiters nach dem Einführungsplan durchgeführt worden ist?

Entscheidende Kriterien für die Eignung der Vorgabedokumentation sind Aktualität und Bedeutung im Unternehmen. Es reicht nicht aus, dass alles gut beschrieben und dokumentiert ist. Es geht um die Vorgehen und Standards, die mit Layered Process Audit verbindlich in eine Umsetzung kommen sollen und deshalb die richtigen Vorgehen sein müssen. Vorgehen, die von veralteten oder bedeutungslosen Vorgaben abgeleitet werden, lassen sich kaum sinnvoll umsetzen.

Bei der Erstellung der Checklisten in einem Unternehmen mit ca. 150 Mitarbeitern konnten beispielsweise direkt die Überschriften einer Verfahrensanweisung als wichtige Tätigkeiten übernommen werden. Der Aufwand lag dann nur noch in der geeigneten Formulierung der LPA-Fragen. In einem anderen Fall in einem größeren Unternehmen mit über 2000 Mitarbeitern war zwar eine umfassende Dokumentation des Qualitätsmanagementsystems vorhanden, diese wurde aber nicht für die Formulierung der LPA-Fragen verwendet. Für die Mitarbeiter bedeutete die QM-Dokumentation lediglich ein Füllen der Ordner und den Nachweis für externe Audits. Die LPA-Checklisten wurden von den Mitarbeitern völlig neu erarbeitet und dann auch von allen Mitarbeitern akzeptiert. In diesem Unternehmen passte der QM-Beauftragte dann auch die bislang ignorierten Verfahrensanweisungen des QM-Systems den ständig eingesetzten LPA-Checklisten an.

LPA kann helfen, dass Prozessmanagement „gelebt" wird.

4.1.4 Fragen gestalten und formulieren

Die Fragen im LPA sollten geeignet sein, eine Auditdurchführung in wenigen Minuten zu gewährleisten und die wichtigen Punkte im Prozess auf Umsetzung zu überprüfen. Im Unterschied zu den internen Audits verwenden die Layered Process Audits deshalb geschlossene Fragen, die immer auf die Umsetzung eines Prozessvorgehens oder in manchen Fällen auf die Einhaltung von messbaren Prozessparametern zielen.

Geschlossene Fragen im LPA halten das Audit kurz und machen die Fragen einfacher überprüfbar.

Sie sollen sich immer mit ja oder nein beantworten lassen und auch bewertbar sein. Bewertbar bedeutet, dass die Führungskraft als Auditor selbst erkennen muss, ob die Vorgabe oder die Tätigkeit hinter der LPA-Frage umgesetzt ist, die entsprechende Aussage des Mitarbeiters genügt nicht. Ein weiterer Unterschied bei der Fragestellung ist, dass im Gegensatz zu den internen Audits immer eine Person als Auditor beteiligt ist, die als Führungskraft Verantwortung und Kompetenz für den Prozess zeigt.

Tabelle 4.1 zeigt noch mal die drei grundsätzlich möglichen Antworten auf die LPA-Fragen, die daraus resultierenden Farbbewertungen im Layered Process Audit und deren Bedeutung für die Antworten. Die Fragen müssen so gestellt sein, dass diese Antworten möglich sind. In der Tabelle wird dabei zwischen LPA-Fragen nach Tätigkeiten und nach Prozessparameter unterschieden.

 Bei der farblichen Bewertung der Antworten sollte immer die Verlässlichkeit da sein, dass Grün und Gelb bedeuten, „der Prozess ist (jetzt) umgesetzt", und bei Rot der Prozess auch nach dem Audit „nicht umsetzbar ist".

Tabelle 4.1 Unterschiedliche Antwortmöglichkeiten bei der Frage nach Vorgehen und Prozessparameter

Farbe	Antwort	Situation Tätigkeiten	Situation Prozessparameter
Grün	Die Frage wurde mit **ja** beantwortet.	Die abgefragte Tätigkeit war in dieser Stichprobe durch den befragten Mitarbeiter **umgesetzt.**	Der abgefragte Prozessparameter war bei dieser Stichprobe **innerhalb** der vorgegebenen zulässigen Grenzen.
Gelb	Die Frage wurde mit **nein** beantwortet.	Die abgefragte Tätigkeit war in dieser Stichprobe durch den befragten Mitarbeiter **nicht umgesetzt.** Gemeinsam konnte die Führungskraft mit dem Mitarbeiter die Tätigkeit im Audit umsetzen.	Der abgefragte Prozessparameter war bei dieser Stichprobe **außerhalb** der vorgegebenen zulässigen Grenzen. Gemeinsam konnte die Führungskraft mit dem Mitarbeiter den Prozess korrigieren und den Prozessparameter zwischen den zulässigen Grenzen steuern.
Rot	Die Frage wurde mit **nein** beantwortet.	Die abgefragte Tätigkeit war in dieser Stichprobe durch den befragten Mitarbeiter **nicht umgesetzt.** Es war auch nicht möglich, die Tätigkeit gemeinsam mit der Führungskraft und dem Mitarbeiter umzusetzen.	Der abgefragte Prozessparameter war bei dieser Stichprobe **außerhalb** der vorgegebenen zulässigen Grenzen. Es war auch nicht möglich, gemeinsam mit der Führungskraft und dem Mitarbeiter den Prozess zu korrigieren und den Prozessparameter zwischen den zulässigen Grenzen zu steuern. Das bedeutet, es gibt eine Vorgabe, die so überhaupt nicht umsetzbar ist. Es ist eine Maßnahme notwendig und es macht keinen Sinn, die Frage bis zur Abarbeitung der Maßnahme weiter zu stellen.

Wenn eine LPA-Frage nicht umsetzbar ist und mit Rot beantwortet wird, ist eine Maßnahme notwendig. Solange die Maßnahme nicht umgesetzt ist, braucht es vernünftigerweise als Ersatz eine Sofortmaßnahme. Solange die Maßnahme nicht greift, sollte die LPA-Frage nicht mehr gestellt werden.

Beispiel: An einer Lackierkabine war es nicht möglich, eine Schutzklappe gegen Verunreinigungen (z. B. Staubkörner) zu schließen. Die Frage wurde mit Rot beantwortet und die Maßnahme „Reparatur durch Betriebstechnik" wurde gestartet. Solange die Reparatur der Klappe nicht abgeschlossen ist, wird als Sofortmaßnahme eine 100 %-Prüfung der lackierten Bauteile nach dem Lackieren durchgeführt. Es macht logischerweise erst wieder Sinn, im LPA nach dem Schließen der Klappe zu fragen, wenn sie repariert ist. Es könnte so lange nach der Sofortmaßnahme „100 %-Prüfung" gefragt werden.

 Im LPA werden den Mitarbeitern nur die Fragen gestellt, deren Inhalt (Tätigkeit) sie auch selbst umsetzen.

Folgende Regeln sollten bei der Formulierung der Fragen beachtet werden:

1. Nach dem Vorgehen oder der Tätigkeit im Prozess fragen

Bei der Formulierung der Fragen passiert es leicht, dass die Frage das Erreichen eines Ergebnisses abfragt und nicht mehr das dafür notwendige Vorgehen oder die Tätigkeit im Fokus hat. Es scheint manchmal keinen großen Unterschied zu machen, ob jetzt nach dem Ergebnis oder nach dem Vorgehen gefragt wird. Wenn LPA die Umsetzung des vorhandenen Standards unterstützen soll, ist es zentral, genau nach diesem Standard zu fragen. Dafür ist es wiederum notwendig, dass alle Beteiligten den relevanten Standard kennen. Deshalb ist es umso wichtiger, genau nach diesen Standards oder genau nach der entsprechenden Tätigkeit zu fragen.

 Beispiel

Die Formulierung für eine Frage nach dem Ergebnis wäre bei der Patientenaufnahme in einem Krankenhaus beispielsweise:

„Sind die Allergien des aufgenommenen Patienten bekannt?"

Es gibt viele Möglichkeiten, die Allergien des zu behandelnden Patienten herauszufinden. Dies birgt aber eine gewisse Anzahl von Risiken, dass nicht die korrekten Allergien aufgenommen werden. Deshalb ist festgelegt, in welcher Art und Weise an dieser Prozessstelle die Allergien aufgenommen werden, und genau dieses Vorgehen muss im LPA abgefragt werden. Die bessere Frage nach dem Vorgehen wäre:

„Haben Sie die Allergien des aufgenommenen Patienten von seiner Krankenakte in das Pflegebuch übernommen?"

In bestimmten Fällen kann es sinnvoll sein, nach bestimmten Prozesskennzahlen zu fragen. Wenn zum Beispiel ein Prozess über Prozessparameter korrekt eingestellt werden muss, bietet es sich an, diese Parameter im LPA abzufragen und dies als Frage in der LPA-Checkliste aufzunehmen. In Bild 4.25 ist ein Beispiel für eine LPA-Checkliste für Prozessparameter dargestellt. Genauso wie bei allen anderen LPA-Fragen gilt hier die Logik der drei Farben Grün/Gelb/Rot. Damit eine Bewertung überhaupt möglich ist, müssen für diesen Parameter Sollvorgaben vorhanden sein, mit denen dann der Istwert verglichen und bewertet werden kann.

 LPA-Fragen sind immer so zu formulieren und zu stellen, dass eine Korrektur (Gelb) der Tätigkeit im LPA noch möglich ist.

2. Die Antwort auf die Frage sollte überprüfbar sein

Die Führungskraft soll im LPA in der Lage sein zu bewerten, ob das abgefragte Vorgehen oder die Tätigkeit durch den Mitarbeiter umgesetzt ist. Deshalb sollten dem Mitarbeiter immer nur die Fragen gestellt werden, die er auch selber umsetzt. Manchmal kann die Umsetzung des Vorgehens anhand des Ergebnisses überprüft werden. Dies ist aber nicht immer der Fall. Die korrekte Durchführung eines Materialbehandlungsprozesses oder eines mündlichen Kommunikationsprozesses zum Beispiel kann nachträglich nur schwer festgestellt werden. Wenn die Antworten des Mitarbeiters nicht überprüfbar sind, besteht die Gefahr, dass die LPA-Ergebnisse manipulierbar sind und keine Sicherheit für umgesetzte Prozesse mehr vorhanden ist. Gleichzeit besteht eine weitere Gefahr, dass bei unterschiedlichen Auditoren aus den übergeordneten Layern die Bewertungen nicht mehr vergleichbar sind.

Wenn eine nachträgliche Überprüfung des Vorgehens nicht möglich ist, kann es eine Variante sein, das LPA parallel zur Durchführung des Prozesses stattfinden zu lassen.

Das Audit und die Beantwortung der Frage können zeitunabhängig erfolgen. Über gegebenenfalls vorhandene Ergebnisse kann die Führungskraft auch nachträglich beurteilen, ob das Vorgehen so umgesetzt ist (Bild 4.18 zeigt ein Beispiel für zeitabhängige und zeitunabhängige LPA-Fragen).

Es kann zudem notwendig sein, die Umsetzung der Tätigkeit für die Beantwortung der Frage zu beobachten. Dies kann zum einen während der normalen Führungstätigkeit durch Beobachten bei Rundgängen oder Besuchen erfolgen. Zum anderen ist es möglich, das Audit so zu legen, dass eine parallele Beobachtung der Tätigkeit während des Audits erfolgen kann.

3. Keine zwei Aspekte in einer Frage verarbeiten

Wenn eine Frage mit zwei unterschiedlichen Aspekten gestellt wird, gibt es Unsicherheit bei der Bewertung. Wie soll die Antwort lauten, wenn ein Teil der Frage erfüllt und der andere nicht erfüllt ist? Jede Frage sollte sich also nur auf einen Aspekt beziehen.

4. Wenig abhängige Fragen stellen

Die Fragen sollten immer eindeutig zu verstehen und auch zu beantworten sein. „Wenn-Dann-Formulierungen" oder „Oder-Fragen" sollten vermieden werden. Fragen, die nur dann beantwortet werden können, wenn irgendetwas vorher eingetreten ist, oder mehrere Alternativen anbieten, lassen sich kaum eindeutig beantworten.

Beispiel

„Haben Sie die aufgrund falscher Kennzeichnung nicht richtig gelagerten Behälter an den Abfüller zurückgesendet?"

Welche Bewertung gibt es, wenn kein Behälter mit falscher Kennzeichnung oder kein nicht richtig gelagerter Behälter da war? Es ist schwer, sich für eine Bewertung – Grün, Gelb oder Rot – zu entscheiden.

Falls so eine Frage wirklich notwendig sein sollte, könnte dann dafür die Bewertung „nicht relevant" eingeführt werden. Eine eindeutige Farbbewertung ist allerdings so nicht mehr möglich und deshalb wird davon abgeraten.

In vielen Fällen beinhalten diese „Wenn-Dann"-Fragen das Verhalten von Mitarbeitern im Falle einer Prozessabweichung oder eines Produktfehlers. In der Automobilindustrie werden für diese Form von Fragen separate LPA-Checklisten geführt und die entsprechenden Audits werden dann nicht durch die Vorgesetzten, sondern durch Qualitätsexperten durchgeführt (Bild 4.11 zeigt ein Beispiel für ein Error & Mistake Proofing and Verification Audit, das durch einen Qualitätsexperten durchgeführt wird).

5. Fragen weiterentwickeln und immer konkreter werden

Die Fragen dürfen und sollen sich über die Zeit weiterentwickeln und immer konkreter werden. Beim Stellen einer Frage in der Auditsituation stellt sich häufig erst heraus, dass der Prozessinhalt noch zu grob abgefragt wird und die eigentliche umzusetzende Vorgabe noch nicht ausreichend mit der Frage überprüft wird. Das vorhandene LPA-System muss es sehr einfach ermöglichen, dass sich Fragen weiterentwickeln können.

Bei Chrysler findet sich in den Anforderungen des Layered Process-Audit-Systems bei ihren Lieferanten der Hinweis, jede LPA-Frage nach folgender inhaltlichen Unterteilung zu beschreiben (DaimlerChrysler 2004):

- **What:** Welche Prozessstandards sind gefordert?
- **How:** Wie soll dieser Prozessstandard umgesetzt werden?
- **Why:** Warum ist dieser Prozessstandard wichtig?

Diese Dreiteilung ist eine gute Möglichkeit, dem Auditor und dem Auditierten den Grund für die entsprechende Vorgabe zu vermitteln.

In den folgenden LPA-Checklisten wird gezeigt, wie diese Idee über die Spalten Thema der Frage und Zielsetzung oder Ergebnis der LPA-Frage in der Checkliste unterstützt wird.

An einer guten Frage kann sofort die geforderte WICHTIGE Tätigkeit des befragten Mitarbeiters erkannt werden!

4.1.5 Beteiligte bei der Erstellung der LPA-Fragen

Die beste Voraussetzung für ein einfaches, schnelles und gutes Ergebnis bei der Formulierung der Fragen ist, die Menschen zu beteiligen, die Kenntnisse und Erfahrungen über den Prozess haben. Das heißt, am besten mit denen in Dialog zu treten, die direkt an dem Prozess als Führungskräfte und Mitarbeiter arbeiten.

Mit einem kompetenten Team von Führungskräften und Mitarbeitern kann eine Checkliste mit etwa acht bis 14 Fragen in einer halben Stunde erstellt werden. Voraussetzung ist ein Verständnis der Methode LPA und die Bereitschaft, die Checkliste und Fragen auch weiterzuentwickeln. Die Checkliste muss nicht den letzten Schliff bei der ersten Erstellung bekommen. Es ist besser, wenn mit 80 % der möglichen Fragen auf einer Checkliste das LPA begonnen und diese bei Bedarf weiterentwickelt wird.

Der klassische Fehler bei der Formulierung einer Frage ist, nach dem Ergebnis und nicht nach dem Vorgehen bzw. der konkreten Tätigkeit zu fragen.

Bild 4.9 zeigt die Beteiligung von Führungskräften und Mitarbeitern bei der Formulierung der Fragen über die unterschiedlichen Layer.

- Der Layer, der das Audit durchführt, formuliert die Fragen.
- Bei der Erstellung der LPA-Checklisten und der Formulierung der LPA-Fragen für Layer 1 können die potenziellen auditierten Mitarbeiter beteiligt werden. Wenn der Bereich auf Layer 1 nur eine kleine Anzahl Mitarbeiter hat, sollten diese unbedingt beteiligt werden. Der Aufwand für die Beteiligung ist dann nicht viel größer als für die notwendige Information. Je größer die Anzahl der Mitarbeiter, desto schwieriger wird die Beteiligung aller Mitarbeiter sein.
  Die Beteiligung eines Mitarbeiters beim Finden und Formulieren der LPA-Fragen ist immer auch ein Vermitteln der richtigen und wichtigen Prozessumsetzung.

- Die auditierten Führungskräfte ab Layer 2 sollten bei der Formulierung der sie als Auditierte betreffenden LPA-Fragen beteiligt sein.
- Wenn eine auditierende Führungskraft eines Layers (ab Layer 3) zwei parallele Layer (ab Layer 2) mit Führungskräften unter sich hat, sollte die Führungskraft darüber (ab Layer 4) beteiligt werden.

Beispiel

Der Fertigungsleiter (Layer 3) hat zwei Meister (Layer 2) unter sich. Er erstellt die LPA-Checkliste für den Layer der beiden Meister gemeinsam mit den beiden Meistern. Er stimmt aber dann die Inhalte der Checkliste mit seinem Chef, dem Werksleiter (Layer 4), ab. Damit holt er den Werksleiter mit ins Boot, hat dessen Rückendeckung und zudem noch eine zusätzliche Bestätigung der Richtigkeit der Fragen.

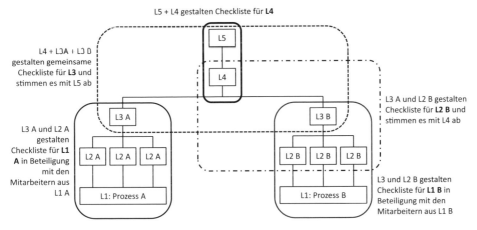

Bild 4.9 Beteiligung bei der Erstellung einer LPA-Checkliste

Die gesamte relevante Vorgabedokumentation soll bei der Gestaltung der LPA-Checklisten und Fragen auch als Papierausdruck vorliegen.

4.2 Aufbau von LPA-Checklisten

LPA-Checklisten können anhand von drei Kategorien unterschieden werden.

1. **Dynamik der Fragen in der LPA-Checkliste:** Dabei gibt es die Möglichkeit, dass auf Grund von aktuellen Ereignissen die Fragen angepasst werden, oder die Checkliste wird mit einem Zufallsprinzip aus einem Pool von Fragen erstellt.
2. **Checklisten mit integrierter oder ohne integrierte Visualisierung:** In Checklisten mit integrierter Visualisierung werden auf der Checkliste mit den Fragen die Ergebnisse über mehrere Wochen dargestellt. In Checklisten ohne integrierte Visualisierung wird für jedes Audit eine neue LPA-Checkliste ausgefüllt und die Ergebnisse werden auf eine separate Visualisierung übertragen.
3. **Prozess- oder bereichsbezogenes LPA:** In einem Prozess wird eine größere Anzahl von unterschiedlichen Tätigkeiten auditiert oder in einem Bereich wird in unterschiedlichen Prozessen jeweils eine geringere Anzahl von Tätigkeiten auditiert.

4.2.1 LPA-Checklisten mit einer unterschiedlichen Dynamik der Fragen

Es gibt mehrere Möglichkeiten, den Wechsel der LPA-Fragen in einer LPA-Checkliste zu gestalten. Dabei lassen sich drei differenzierbare Vorgehensweisen feststellen:

1. Checklisten mit gleichbleibenden oder festen Fragen,
2. Checklisten mit dynamischen LPA-Fragen aus einem Pool mit unterschiedlichen Themen und Fragen und
3. Checklisten mit dynamischen ergebnisorientierten Fragen.

Diese drei Varianten können auch miteinander vermischt sein. Bild 4.10 veranschaulicht, wie sich eine LPA-Checkliste aus fest vorgegebenen und flexiblen Fragen zusammensetzen kann. Der Anteil zwischen festen und flexiblen Fragen ist variabel.

Die häufige Wiederholung der festen Fragen reduziert das Risiko, dass die Tätigkeit hinter der LPA-Frage nicht richtig umgesetzt wird, und sichert den Prozess ab. Die flexiblen Fragen bringen eine Dynamik in das LPA und helfen, den Prozess immer wieder erneut auf die aktuellen Herausforderungen auszurichten. Die flexiblen Fragen halten das LPA auch interessant.

Bild 4.10 Aufbau einer LPA-Checkliste in fest vorgegebene und frei wählbare LPA-Fragen

4.2.1.1 Checklisten mit gleichbleibenden Fragen

In gleichbleibenden Checklisten werden immer wieder die gleichen Inhalte abgefragt. Durch diese Wiederholung wird die Umsetzung des Standards oder Prozesses abgesichert. Solche Checklisten sind mit einem Geländer vergleichbar, das errichtet wurde, um zu verhindern, dass jemand herunterfällt, und um den richtigen Weg zu sichern. Geländer geben Sicherheit und minimieren Risiken und auch wenn beispielsweise noch niemand von einer Dachterrasse heruntergefallen ist, würde trotzdem niemand das dort vorhandene Geländer abbauen. Ähnlich ist es mit manchen Vorgaben in Prozessen. Gleichbleibende Fragen sind dort sinnvoll, wo hohe Risiken bei einer Nichtumsetzung des Standards vorliegen. Die relevanten wichtigen Prozessschritte, deren Nichtumsetzung ein Risiko für das Prozessergebnis oder Produkt bedeuten würde, werden dauerhaft als Fragen in die LPA-Checkliste aufgenommen.

Der Aufwand für die Erstellung der Checklisten ist gering und wird meistens zentral erfolgen. Umso höher ist der Aufwand für die vernünftige Umsetzung vor Ort in den Prozessen.

 In den intrinsisch getriebenen LPA-Umsetzungen spielen die Checklisten mit gleichbleibenden Fragen keine Rolle.

Eine Variante einer LPA-Checkliste mit gleichbleibenden Fragen verwendet das sogenannte „Error & Mistake Proofing and Verification Audit", welches von einigen Automobilherstellern oder -lieferanten parallel zu einem Process Control Audit (LPA) gefordert wird. Das Error & Mistake Proofing and Verification Audit entspricht in seinem Vorgehen einem Layered Process Audit. An einem wesentlichen Punkt weicht es allerdings von den Prinzipien des Layered Process Audit ab. Die

Audits werden nicht von den Vorgesetzten, sondern von Qualitätsexperten durchgeführt. Diese überprüfen in relativ hohen Frequenzen, ob alle technischen und menschlichen Prüf- und Verhütungsmaßnahmen für fehlerhafte Produktionsbedingungen oder fehlerhafte Produkte in dem befragten Bereich bekannt sind sowie funktionieren und ob bei Abweichungen richtig reagiert wird.

Diese Audits beginnen im Regelfall mit einem Audit pro Tag und werden mit einem höheren Erfüllungsgrad seltener durchgeführt. Die Veränderung oder Dynamik entsteht bei diesem Audit über die reduzierte Frequenz und nicht über veränderte Fragen.

Bild 4.11 zeigt die Checkliste eines Error & Mistake Proofing and Verification Audit mit allgemeinen Fragen für alle Auditbereiche und die Möglichkeit, spezielle Fragen für Fehlerverhütung und -prüfung für den spezifischen Arbeitsbereich zu ergänzen. Diese Fragen könnten durch Fragen mit erweiterter Zielsetzung ergänzt werden.

Die Einführung dieses Audits löst einen höheren Trainings- und Informationsaufwand für die beteiligten Mitarbeiter aus. Die Durchführung und die Ergebnisse lassen sich gut in die vorhandenen LPA-Visualisierungen integrieren.

		Mo	So	
	Jede Fragen muss mit Ja oder Nein beantwortet werden. Entsprechend wird ein J oder N in der Zeile eingetragen. Bei Abweichungen muss eine Korrekturmaßnahme mit Termin eingetragen werden.	Datum		Auditor:
		Schicht		
Teil 1: Allgemein		Audit Bereich		Korrekturmaßnahme
1	Sind den Mitarbeitern die Bedeutung und die Funktion aller Prüf- und Verhütungsvorrichtungen für fehlerhafte Produktionsbedingungen oder fehlerhafte Produkte bekannt?			
2	Sind alle Vorrichtungen für die Fehlererkennung und -vermeidung identifiziert und mit der nötigen Sorgfalt gewartet?			
3	Ist die Funktionsweise dieser Vorrichtungen für die Fehlererkennung und -vermeidung durch entsprechende Arbeitsunterweisungen sichergestellt?			
4	Werden die zuständigen Mitarbeiter informiert, wenn Vorrichtungen für die Fehlererkennung und -vermeidung nicht mehr wirksam sind und wie ist das weitere Vorgehen bekannt?			
5	Gibt es festgelegte Eskalationsschritte für die betroffenen, direkten Mitarbeiter, wenn Vorrichtungen für die Fehlererkennung und -vermeidung nicht mehr funktionieren um Risiken für den Kunden zu vermeiden?			
6	Sind alle betroffenen Mitarbeiter in der Bedienung dieser Vorrichtungen für die Fehlererkennung und -vermeidung trainiert?			
Teil 2: Spezifisch für Arbeitsbereich				
	Spezielle Fragen für Fehlererkennung und -vermeidung für den Bereich			

Bild 4.11 Checkliste eines Error & Mistake Proofing and Verification Audit aus der Automobilindustrie

Auch wenn Checklisten mit gleichbleibenden Fragen ebenfalls immer wieder überarbeitet werden sollten, verändern sie sich eher selten. Der Aufwand für Überarbeitungen bleibt daher gering.

Bei Checklisten, in denen sich die Fragen nicht oder nur selten ändern, besteht die hohe Wahrscheinlichkeit, dass sich Monotonie und vielleicht auch eine gewisse Frustration bei den Auditierten entwickeln, da diese immer wieder nach den gleichen Inhalten gefragt werden. Hier ist dann besonders das Einfühlungsvermögen des Auditierenden gefragt, um die Sinnhaftigkeit dieser festen Fragen zu vermitteln.

4.2.1.2 Checklisten mit dynamischen LPA-Fragen aus einem Pool mit unterschiedlichen Themen und Fragen

Bei den LPA-Checklisten mit dynamischen Fragen wechseln die Fragen zufällig oder systematisch. Dafür ist ein Fragenpool notwendig, aus dem nach unterschiedlichen Logiken Fragen zufällig entnommen werden können. In diesem Pool können unterschiedliche Themenbereiche wie Qualität, Sicherheit, Produktivität etc. angeboten sein. Darunter finden sich wiederum Fragen, die mit einer unterschiedlich hohen Wahrscheinlichkeit in den einzelnen Checklisten auftauchen sollten. Also auch Fragen, die immer in den Checklisten stehen, oder Fragen, die sehr selten zum Einsatz kommen. Der Aufwand für das Gestalten und Füllen dieser Auditchecklisten ist zwar hoch, dieser kann aber zu einem großen Teil automatisiert werden.

Bild 4.12 zeigt, wie sich die Fragen aus unterschiedlichen Themen zusammensetzen können. Dabei ist es möglich, dass sich eine Checkliste aus unterschiedlichen Themenspeichern zusammensetzt oder ein Themenspeicher z. B. wöchentlich abwechselnd die LPA-Checklisten füllt. Die Prozentwerte stehen für die Wahrscheinlichkeit oder Häufigkeit, wie oft die jeweilige Frage in der Checkliste stehen soll.

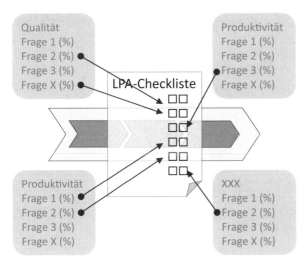

Bild 4.12
LPA-Checklisten mit dynamischen Fragen aus einem Fragenpool

Ein LPA-Fragenpool macht erst dann Sinn, wenn sich die LPA-Durchführung etabliert hat. Der Fragenpool entsteht aus den Fragen, die über die Zeit entstanden sind und auf der LPA-Checkliste keinen Platz mehr haben. Der umgekehrte Weg ist nicht wirklich ergebnisorientiert.

Jede Layereinheit (Layer mit Führungskraft, Prozess und Mitarbeiter mit deren Funktionen) benötigt dann auch ihren eigenen Fragenpool.

Bild 4.13 zeigt, wie in einem produzierenden Unternehmen jeden Freitagmorgen sich der Produktionsleiter mit dem Schichtmeister, dem Kundenansprechpartner und dem LPA-Koordinator trifft und den Schwerpunkt für die LPA-Checklisten für die Folgewoche festlegt. Auf Grund des Schwerpunkts wählt der LPA-Koordinator aus dem Fragenpool die entsprechenden LPA-Fragen für die unterschiedlichen Anlagen und Prozesse und bringt diese gedruckt an die jeweiligen LPA-Boards. Die Schichtmeister und Führungskräfte auf den Layern darüber führen die LPAs ab Freitag in der Spätschicht durch. Am folgenden Donnerstag wertet der LPA-Koordinator die LPA-Ergebnisse aus und bringt diese am Freitagmorgen in das Produktionsmeeting mit.

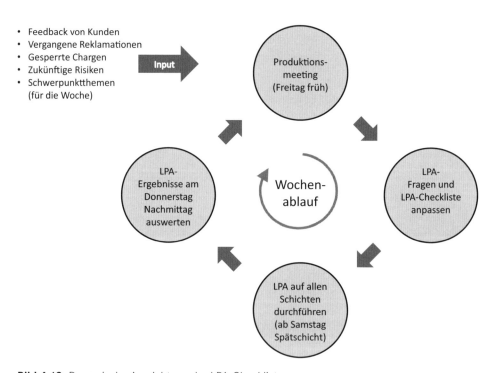

Bild 4.13 Dynamische Ausrichtung der LPA-Checklisten

Es gelten dabei folgende Regeln:

Fragen, die in der Vorwoche

- mit Rot beantwortet werden, **sollten** in der Folgewoche wiederholt werden.
- mit Gelb beantwortet werden, **müssen** in der Folgewoche wiederholt werden.
- mit Grün beantwortet werden, **können** in der Folgewoche wiederholt werden.

4.2.1.3 Checklisten mit ergebnisorientierten Fragen

LPA wird aus einem bestimmten Grund eingeführt und die Fragen können sich genau an dieser Ursache oder dem Ziel orientieren. Ist beispielsweise eine Qualitätsverbesserung das Hauptziel, das mit LPA verfolgt werden soll, dann sollten sich die Fragen der Checklisten auch entsprechend ausrichten, also die entsprechenden Tätigkeiten für eine Verbesserung des Qualitätsstands, Fehler, Reklamationen etc. erkennen und die LPA-Fragen darauf ausrichten. Wird beispielsweise immer wieder nach bestimmten Ursachen oder verhindernden Tätigkeiten für Reklamationen gefragt, werden diese im Laufe der Zeit weniger und sie verlieren an Relevanz, da die geforderten Standards immer konsequenter umgesetzt werden.

Neue Reklamationen, Fehler oder Probleme generieren neue Fragen. Voraussetzung für die Aufnahme in die LPA-Checklisten ist, dass diese neuen Fehler durch bestimmte Tätigkeiten von Führungskräften oder Mitarbeitern ausgelöst worden sind.

Durch dieses regelmäßige Wechseln der Auditfragen bleibt LPA abwechslungsreich und die beteiligten Mitarbeiter können über die ergebnisorientierten Checklisten nachvollziehen, warum LPA wichtig ist. Durch diese Dynamik entsteht allerdings ein Aufwand für die Erstellung und Pflege der Checklisten.

Das Erkennen und Zuordnen der relevanten Reklamationen von Kunden, der Fehler im Produkt oder der Probleme im Prozess bilden einen wichtigen Bestandteil bei der Gestaltung von solchen ergebnisorientierten Checklisten. Es bedarf hier eines internen Prozesses, der herausfindet, welche Ursachen zum Entstehen von diesen Problemen, Fehlern oder Reklamationen geführt haben. Zum einen werden nicht immer menschliche Ursachen zu den Problemen, Fehlern und Reklamationen geführt haben und zum anderen wird diese Analyse nicht immer im Nachhinein möglich sein. Es sollten die Fälle gefunden werden, wo ein Nichteinhalten oder Nichtumsetzen eines Standards zu den Problemen, Fehlern oder Reklamationen geführt hat.

Bild 4.14 veranschaulicht, wie über die gestrichelten Linien Reklamationen vom Kunden, Fehler im Produkt oder Probleme im Prozess als Fragen in die ergebnisorientierten Checklisten aufgenommen werden können. Das Prozessergebnis meldet vom Kunden oder vom Produkt neue Abweichungen und die gegebenenfalls vorhandene tatsächliche oder mögliche Prozessabweichung wird als Frage in die LPA-Checkliste aufgenommen.

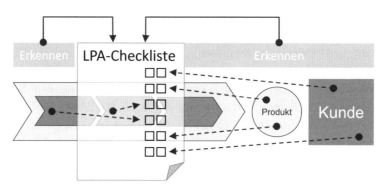

Bild 4.14 LPA-Checklisten mit ergebnisorientierten Fragen

Werden die LPA-Fragen konsequent auf alle neuen Reklamationen, Fehler und Abweichungen ausgerichtet, entsteht ein sehr positiver Veränderungsprozess im Prozess mit vielen neuen LPA-Fragen. Es müssen also Fragen mit einer geringeren Priorität aus der LPA-Checkliste entfernt werden. Diese sollten auf alle Fälle nicht gelöscht werden, sondern in einen LPA-Puffer oder Pool wandern.

 In einem etablierten LPA-System kann in einem Prozess mit fünf bis zehn Mitarbeitern auf Layer 1 und einem täglichen LPA mit ca. ein bis zwei neuen Fragen pro Woche gerechnet werden.

Eine gute LPA-Checkliste passt immer auf eine DIN-A4-Seite. Dadurch pendelt sich die Anzahl der Fragen bei 12 bis 18 Fragen pro Checkliste und damit auch pro LPA ein. Durch die Begrenzung auf eine Seite und damit eine maximale Anzahl von Fragen bleibt auch die benötigte Zeit für ein LPA im überschaubar kurzen Rahmen von zwei bis fünf Minuten. Die Zeit für notwendige Korrekturen des Prozesses ist hierbei nicht einkalkuliert.

 Achten Sie bei der Erstellung der Checklisten darauf, dass sie auch für „ältere" Führungskräfte bei schlechten Lichtbedingungen lesbar sind und die Zeilengröße (Höhe, Breite) geeignet ist, um etwas einzutragen.

Ein funktionierendes LPA mit einer verbesserten Umsetzung der betrachteten Prozesse führt häufig dazu, dass die Verantwortlichen immer mehr Fragen in das LPA integrieren wollen. Es sollten allerdings nur die Fragen aufgenommen werden, die für die Zielsetzung relevant sind.

4.2.2 LPA-Checklisten mit und ohne Ergebnisdarstellung

Die LPA-Checklisten stellen die Fragen für die Durchführung des Layered Process Audit bereit. Sie sind gleichzeitig auch das Dokument, in dem die Durchführung und Ergebnisse des Audits dokumentiert werden.

Es gibt dafür zwei Möglichkeiten, dies zu tun.

1. Es wird für jedes Audit eine eigene LPA-Checkliste ausgedruckt. Im Audit wird auf diese LPA-Checkliste zur jeweiligen Frage direkt das Ergebnis geschrieben. Anschließend muss das Ergebnis auf eine Zusammenfassung oder Visualisierung übertragen werden. Diese LPA-Checklisten haben keine zeitliche Ergebnisdarstellung.

2. Mit einer LPA-Checkliste werden Audits über einen längeren Zeitraum durchgeführt und die Ergebnisse in der einen LPA-Checkliste dokumentiert. Dafür werden rechts neben den Fragen Spalten für die Audits eingefügt. Es lassen sich ca. 15–20 Audits auf eine DIN-A4-Seite im Querformat rechts neben den Fragen erfassen. Eine separate Visualisierung ist dadurch nicht mehr nötig. Die LPA-Checkliste ist gleichzeitig die Visualisierung. Diese LPA-Checklisten haben eine zeitliche Ergebnisdarstellung.

Bild 4.15 zeigt den grundsätzlichen Unterschied zwischen den beiden Arten von Checklisten in der Vorgehensweise im LPA. In diesem Beispiel wird wöchentlich ein LPA durchgeführt. Im linken Bild werden die Ergebnisse direkt in die LPA-Checkliste eingetragen. Es handelt sich dabei um eine LPA-Checkliste mit zeitlicher Ergebnisdarstellung. Im rechten Bild werden die LPA-Ergebnisse in der LPA-Checkliste dokumentiert und ein verdichtetes Ergebnis in der jeweiligen Kalenderwoche eingetragen. Dies ist dann eine LPA-Checkliste ohne zeitliche Ergebnisdarstellung.

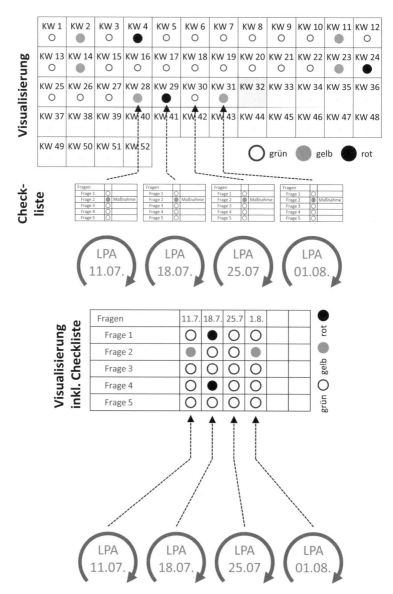

Bild 4.15 Vergleich der LPA-Checklisten mit zeitlicher und ohne zeitliche Ergebnisdarstellung

4.2.2.1 Checklisten ohne zeitliche Ergebnisdarstellung

Die LPA-Checklisten ohne Visualisierung in der Checkliste eignen sich vor allem für größere Bereiche mit mehr Mitarbeitern. Das Audit wird mit der Checkliste durchgeführt und die Ergebnisse werden darauf protokolliert. Für jede LPA-Frage können dort die Ursachen bei Abweichungen und gegebenenfalls getroffene Sofortmaßnahmen (gelb) oder noch notwendige grundsätzliche Abstellmaßnahmen (rot) eingetragen werden. Die aus den Einzelbewertungen resultierende Gesamtbewertung wird danach als ein Eintrag in die separate Visualisierung der LPA-Ergebnisse übernommen. Für jedes Layered Process Audit wird eine neue leere Checkliste verwendet. Die ausgefüllte Checkliste wird nach den im Unternehmen vorhandenen Regeln im Sinne einer Qualitätsaufzeichnung aufbewahrt und gegebenenfalls ausgewertet.

Die Checklisten orientieren sich immer am befragten Layer und können deshalb für die unterschiedlichen LPA-Arten wie Hierarchisches LPA, Basis-LPA, Level LPA und Reverse LPA verwendet werden. Sie sollten dabei so aufgebaut sein, dass keine Rückverfolgbarkeit zu der befragten Person möglich ist.

Bild 4.16 stellt die wichtigsten Elemente einer LPA-Checkliste ohne zeitliche Ergebnisdarstellung dar.

Kopfzeile						
Nr.	LPA-Frage	Bewertung umgesetzt ja/nein	Ursache der Nichterfüllung und ggf. gemeinsame Korrektur	Bewertung Korrektur ja/nein	Notwendige Maßnahmen für Prozessumsetzung	
		grün	gelb	rot		

Bild 4.16 Elemente einer LPA-Checkliste ohne zeitliche Ergebnisdarstellung

Die Checkliste in Bild 4.17 ist ebenfalls ohne integrierte Visualisierung. Die verdichteten Ergebnisse aus dem LPA werden nach der Durchführung und Bewertung des Audits in eine zentrale Visualisierung übertragen.

Die Beantwortung der LPA-Fragen soll für die Führungskraft überprüfbar sein. Häufig lassen sich durchgeführte Vorgehen oder Prozessschritte nachträglich noch an Dokumenten oder anderen entstandenen Ergebnissen beurteilen und die Umsetzung bewerten. Manche Fragen erfordern eine zeitabhängige Auditierung, damit die Führungskraft selbst beurteilen kann, ob das Vorgehen so umgesetzt ist. Das bedeutet, dass eine Beobachtung der Tätigkeit parallel zur Prozessdurchführung geschehen soll. Dies kann vor dem Audit im Rahmen der normalen Führungstätigkeit passieren oder das Audit wird zu dem Zeitpunkt durchgeführt, wenn diese Tätigkeit gerade gemacht ist. Letztendlich bleibt es der Führungskraft überlassen. Sie muss nur sicher sein, dass die Bewertung der Wirklichkeit entspricht.

Prozess: Heizelementefertigung		Teilprozess: Spiralisieren					
		erfüllt			korrigiert		
Nr.	Fragen oder Prüfpunkte	Ja (grün)	Nein	Ursache	Ja (gelb)	Nein (rot)	Maßnahme
1	Haben Sie Ihren Arbeitsplatz sauber gehalten?	☐	☐		☐	☐	
2	Haben Sie überprüft, ob der vorhergehende Arbeitsschritt abgezeichnet und abgestempelt wurde?	☐	☐		☐	☐	
3	Haben Sie überprüft ob die Bezeichnung Heizeinsatz, Drahtdurchmesser und Werkstoff zwischen Fertigungs-auftrag und Konstruktionsdatenblatt gleich ist?	☐	☐		☐	☐	
4	Haben Sie den Nutdurchmesser der Keramik mit dem Prüfdorn ausgelehrt?	☐	☐		☐	☐	
5	Haben Sie den richtigen Spiralisierdorn mit dem richtigen Toleranzfeld ausgewählt?	☐	☐		☐	☐	
6	Haben Sie die Transportwägen sauber gesaugt?	☐	☐		☐	☐	
7	Haben Sie den Arbeitsschritt am Ende abgezeichnet und abgestempelt?	☐	☐		☐	☐	
8	Haben Sie die gelisteten Abschlussdokumente erstellt?	☐	☐		☐	☐	

Bild 4.17 Beispiel einer LPA-Checkliste ohne zeitliche Ergebnisdarstellung

Bild 4.18 zeigt eine LPA-Checkliste aus einem Krankenhaus. Dort müssen für zwei von sieben Fragen die Tätigkeiten in ihrer Umsetzung vor einer Auditbewertung beobachtet werden. Es wurde dafür das Symbol eines Auges (👁) eingefügt. Für die anderen Fragen genügen das Gespräch und Zuhören. Dafür wird das Symbol eines sprechenden Kopfs (🗣) verwendet.

LPA-Checkliste	Kernprozess 3.3	Teilprozess 3.3.2		Prozess			
	Heilprozess Intensiv 1	Verfahren Intensivtherapie Langzeit		Intraaortale Ballonpulsation			
Nr.	LPA-Fragen	Tätigkeit muss beobachtet werden 👁	erfüllt			korrigiert	Maßnahme
		Zeitunabhängige Auditierung 🗣	Ja	Nein	Ursache	ja	nein
1	Wurden bei Schichtübernahme folgende Parameter überprüft? (Lagerung des punktierten Beines, Durchblutungssituation betr. Extremität, Schlauchkonnektionen, Neurologie)	👁	☐	☐		☐	☐	
2	Erfolgte bei Schichtübernahme die Funktionskontrolle anhand der IABP-Einstellungen und Druckkurve? (Inflations-Deflationszeitpunkt/Alarmgrenzen IABP-Gerät)	👁	☐	☐		☐	☐	
3	Erfolgte die Dokumentation der speziellen Parameter vollständig alle 2 Stunden im IABP-Protokoll? (Augmentationsstärke, Augmentationshäufigkeit, Ballonfüllung, Heliumfüllung)	🗣	☐	☐		☐	☐	
4	Wurden alle 2 Stunden die Durchblutung der punkt. Extremität sowie der Neurologie und der Urinausscheidung überprüft?	🗣	☐	☐		☐	☐	
5	Wurden im Pflegebericht Aussagen zur speziellen Pflegesituation getroffen?	🗣	☐	☐		☐	☐	
6	Wurden im ärztlichen Verlaufsbericht Aussagen zu Verlauf und Wirksamkeit der IAB-Therapie getroffen?	🗣	☐	☐		☐	☐	
7	Wurde ein Therapieplan bzgl. der IABP-Therapie für den Tag erstellt und dieser durch den Arzt freigezeichnet?	🗣	☐	☐		☐	☐	

Bild 4.18 LPA-Checkliste mit zeitunterschiedlichen LPA-Fragen

4.2.2.2 Checklisten mit zeitlicher Ergebnisdarstellung

Die LPA-Checklisten mit zeitlicher Darstellung der Ergebnisse eignen sich besonders für die Durchführung von LPA in kleineren Bereichen mit weniger beteiligten Mitarbeitern. In dieser LPA-Checkliste werden in den Spalten hinter der Frage die jeweiligen Auditergebnisse in den drei Farben Rot/Grün/Gelb über die Zeit eingetragen. Damit ist auf einen Blick für jede LPA-Frage der zeitliche Verlauf der Umsetzung der Frage erkennbar. Durch den begrenzten Platz für die zeitliche Ergebnisdarstellung sind diese Checklisten sinnvoll ab einer wöchentlichen LPA-Frequenz. Für eine Einführungsphase können die LPA-Checklisten mit Visualisierung auch für tägliche Audits verwendet werden.

Es ist nur begrenzt möglich, auf dieser Checkliste zusätzliche Informationen über Ursachen oder Maßnahmen einzutragen. Notwendige Abstellmaßnahmen (rot) bei einer nicht umsetzbaren Prozessvorgabe, Frage oder Tätigkeit müssen separat in einen notwendigen Maßnahmenplan eingetragen werden. Sollten zusätzliche Informationen aus dem Audit mit erfasst werden, bieten sich die LPA-Checklisten ohne zeitliche Darstellung der Ergebnisse eher an, da diese genügend Platz für die Dokumentation von zusätzlichen Informationen bieten.

Die Checkliste wird öffentlich als Teil der LPA Visualisierung am LPA-Board ausgehängt. Für die Durchführung des Audits wird sie entweder abgenommen oder das Audit wird direkt am LPA-Board der ausgehängten LPA-Checkliste durchgeführt. Wenn das Audit direkt an der Checkliste durchgeführt wird, erfordert dies, dass der Aushang oder die Visualisierung direkt in dem betroffenen Bereich erfolgt.

Veränderungen in den Fragen sollten dazu führen, dass die alte Frage gestrichen und die veränderte Frage in der Liste hinzugefügt wird. Neue Fragen können auf der Checkliste gegebenenfalls in freien Zeilen darunter von Hand hinzugefügt werden. Bei den LPA-Checklisten mit der integrierten zeitlichen Darstellung der Ergebnisse werden zu den Fragen die Ergebnisse aus den Audits über die Zeit eingetragen. Dadurch ist es schwierig, eine Frage zu ändern, da sich dokumentierte Auditergebnisse auf diese Frage beziehen können. Es empfiehlt sich in diesem Fall, die Checkliste mit den veränderten Fragen neu auszudrucken und mit dem Eintrag der Ergebnisse von Neuem zu beginnen.

Dies lässt sich gut mit dem Layered Process Review verknüpfen. In zeitlichen Abständen von mehreren Wochen werden gemeinsam mit den Prozessverantwortlichen die bisherigen Ergebnisse von LPA in diesem Prozess bewertet, die Wirksamkeit des Prozesses beurteilt und gegebenenfalls neue Fragen in eine neue Checkliste aufgenommen.

Die LPA-Checkliste mit der integrierten zeitlichen Darstellung (Bild 4.19) sollte öffentlich ausgehängt werden und damit ständig „im Blick" der Betroffenen sein. Diese Checkliste sollte enthalten:

4 LPA-Checklisten, LPA-Fragen und LPA-Visualisierung

		Kopfzeile
		Zeitlicher Plan der Audits – Zeitpunkt der Durchführung
		Auditor – Auditierte – Arbeitsplatz – Kostenstelle
Nr.	LPA-Frage	Visualisierung der Bewertung der Umsetzung über die unterschiedlichen Frequenzen oder Zeiten mit den Farben Grün, Gelb oder Rot

Bild 4.19 Elemente einer LPA-Checkliste mit zeitlicher Ergebnisdarstellung

In der zeitlichen Spalte für die Durchführung des Audits wird in jeder Zeile der LPA-Frage die entsprechende Bewertung Grün, Gelb oder Rot eingetragen.

In der LPA-Checkliste von Bild 4.20 ist die Visualisierung integriert. Die Fragen werden täglich in einem LPA überprüft und die Bewertung der Umsetzung wird direkt in die Checkliste mit den Farben Rot/Gelb/Grün eingetragen. In den Graustufen entspricht das Schwarz der Bewertung Rot und die hellere Graustufe der Bewertung Grün. Die dazwischenliegende Graustufe steht für Gelb. In dieser Checkliste können jetzt die Ergebnisse für die durchgeführten Audits (KW = Kalenderwoche) eingetragen werden.

		KW 14					KW 15					KW 16				
Nr.	LPA-Frage	M	D	M	D	F	M	D	M	D	F	M	D	M	D	F
1	Wurden die Kundenangaben vollständig und eindeutig geprüft?	●	●	●	●	●										
2	Wurden die Kundenangaben mit den Kundenstammdaten verglichen?	●	●	●	●	●										
3	Wurde der Infotext vom Kundenstamm beachtet?	●	●	●	●	●										
4	Wurden die Anmerkungen bei Angeboten oder Aufträgen berücksichtigt?	●	●	●	●	●										
5	Wurden die Anlagen (Zeichnungen, Skizzen, Dokumentation) beachtet?	●	●	●	●	●										
6	Sind die Kundenforderungen (Anzahl, Produkt, Liefertermin) mit Auftragsbestätigung identisch?	●	●	●	●	●										
7	Wurde der Kommissionierungsschein der Packerei rechtzeitig (min. 2 Tage vor Ausliefertermin) bereitgestellt?	●	●	●	●	●										
8	Wurde der Lieferschein erzeugt und stimmt die Lieferadresse mit Kommissionierungsschein und Aufkleber überein?	●	●	●	●	●										
9	Wurden die Verpackungs- und Transportkosten ermittelt?	●	●	●	●	●										
10	Wurde der vorgegebene Liefertermin mit der Fertigung abgestimmt?	●	●	●	●	●										

Bild 4.20 LPA-Checkliste mit integrierter zeitlicher Ergebnisdarstellung

Bild 4.20 stellt eine LPA-Checkliste mit dem zeitlichen Verlauf der Antworten dar. Bild 4.21 ist eine LPA-Checkliste ohne integrierte zeitliche Ergebnisdarstellung. Die Fragen sind identisch. Bei den separaten Checklisten für jedes Audit von Bild 4.21 bedarf es immer einer zusätzlichen Darstellung für die Ergebnisse des Audits. Bild 4.22 veranschaulicht die verdichteten Ergebnisse des Audits nach der Checkliste aus Bild 4.21 (schwarz = rot, mittelgrau = gelb, hellgrau = grün).

Nr.	LPA-Frage	erfüllt		Ursache	korrigiert		Maßnahme
		Ja	Nein		ja	nein	
1	Wurden die Kundenangaben vollständig und eindeutig geprüft?	☐	☐		☐	☐	
2	Wurden die Kundenangaben mit den Kundenstammdaten verglichen?	☐	☐		☐	☐	
3	Wurde der Infotext vom Kundenstamm beachtet?	☐	☐		☐	☐	
4	Wurden die Anmerkungen bei Angeboten oder Aufträgen berücksichtigt?	☐	☐		☐	☐	
5	Wurden die Anlagen (Zeichnungen, Skizzen, Dokumentation) beachtet?	☐	☐		☐	☐	
6	Sind die Kundenforderungen (Anzahl, Produkt, Liefertermin) mit Auftragsbestätigung identisch?	☐	☐		☐	☐	
7	Wurde der Kommissionierungsschein der Packerei rechtzeitig (min. 2 Tage vor Auslieferungstermin) bereitgestellt?	☐	☐		☐	☐	
8	Wurde der Lieferschein erzeugt und stimmt die Lieferadresse mit Kommissionierungsschein und Aufkleber überein?	☐	☐		☐	☐	
9	Wurden die Verpackungs- und Transportkosten ermittelt?	☐	☐		☐	☐	
10	Wurde der vorgegebene Liefertermin mit der Fertigung abgestimmt?	☐	☐		☐	☐	

Bild 4.21 LPA-Checkliste ohne integrierte zeitliche Ergebnisdarstellung

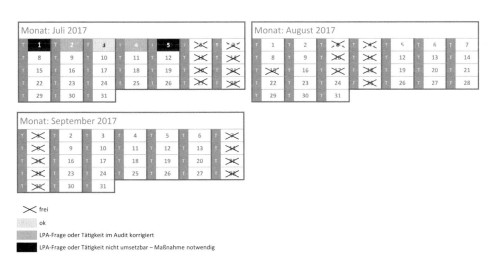

Bild 4.22 Ergebnisdarstellung für tägliche LPA für drei Monate

4.2.3 LPA-Checklisten für bereichs- oder prozessbezogenes LPA

Die bisherigen LPA-Checklisten gehen meistens von einer klaren Abgrenzung der Prozesse mit ihren Führungskräften und Layern aus. In diesen Fall reicht es aus, wenn pro Funktion im Prozess eine LPA-Checkliste mit den geeigneten Fragen erstellt und damit das Audit durchgeführt wird. Dies könnte als Single Process LPA bezeichnet werden.

Häufig wird das LPA in Bereichen eingeführt, wo sehr viele unterschiedliche Prozesse oder unterschiedliche Anlagen unter der Führungskraft auf Layer 2 vorhanden sind. Mit dem bisherigen System müsste für jeden unterschiedlichen Prozess oder unterschiedliche Anlage eine eigene LPA-Checkliste mit den individuellen LPA-Fragen erstellt werden. Bei einer täglichen LPA-Frequenz würde die Führungskraft von Layer 2 sich eine Anlage aussuchen und dort mit der individuellen LPA-Checkliste das Audit durchführen. Nach fünf Tagen hätte er also fünf unterschiedliche Prozesse oder Anlagen auditiert.

Eine andere Variante wäre, wenn er täglich zu jedem Prozess oder zu jeder Anlage gehen würde und dort überall ein Audit mit deutlich weniger Fragen durchführen würde. Dies könnte als Multi Process LPA bezeichnet werden.

Bild 4.23 zeigt, wie beispielsweise in einem Bereich fünf Prozesse (A–E) auditiert werden sollen. Dabei gibt es die klassische Variante **Single Process** (z. B. 15/1). Das bedeutet, dass beispielhaft ca. 15 Fragen an einem Prozess gestellt werden. Bei einem täglichen Audit hätte dann die Führungskraft des Layer 2 alle Prozesse am Ende der Woche auditiert.

Eine neue Variante wäre, dass die Führungskraft des Layer 1 zu jedem Prozess geht und dort weniger Fragen stellt. LPA-Variante **Multi Process** (z. B. 3/5) bedeutet, dass sie bespielhaft ca. drei Fragen bei fünf Prozessen stellt. Gerne dürfen die Zahlen 1/15 oder 3/5 individuell angepasst werden.

Bild 4.24 zeigt eine geeignete LPA-Checkliste für das Multi Process Audit. Dabei gibt es die Möglichkeit, dass eine Frage auch an mehreren Prozessen gestellt werden kann. Die Prozesse, für die sich die Frage nicht eignet, werden schraffiert.

Der Aufwand für ein Multi Process Audit ist deutlich höher als für ein normales Single Process Audit. In dem Beispiel von Bild 4.24 sind es zwar nur 15 Fragen. In Summe müssen aber 24 Fragen an unterschiedlichen Prozessen gestellt werden. Deshalb müssten in diesem Beispiel vier weitere Personen in dem Audit beteiligt werden. Zusätzlich kommen die notwendigen Laufwege zwischen den Prozessen zu der benötigten Zeit dazu.

4.2 Aufbau von LPA-Checklisten

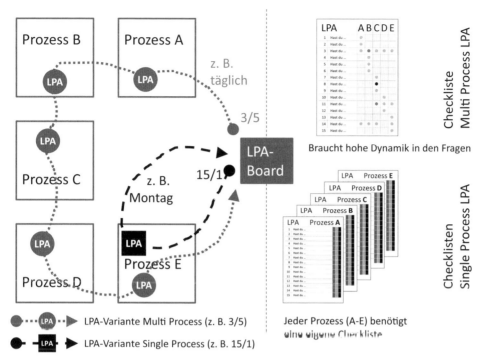

Bild 4.23 Unterscheidung zwischen Single und Multi Process LPAs

LPA-Bereich			Prozess A	Prozess B	Prozess C	Prozess D	Prozess E	Bemerkung
Nr.	LPA-Frage	Ziel/Risiko						
1								
2								
3								
4								
5								
6								
7								
8								
9								
10								
11								
12								
13								
14								
15								

Bild 4.24 LPA-Checkliste für Multi Process Audits

4.2.4 Unterschiedliche LPA-Checklisten kombinieren

Die bisherigen LPA-Checklisten beinhalteten immer die LPA-Fragen, aber keine zu bewertenden Prozessparameter. Es lassen sich genauso LPA-Checklisten für Prozessparameter mit integrierter Ergebnisdarstellung aufbauen. Eine solche Checkliste ist auch sinnvoll, wenn bei technischen Prozessen Einstellparameter durch die Mitarbeiter geändert werden, um die Prozessergebnisse zu erreichen.

In der LPA-Checkliste von Bild 4.25 können auch vorgegebene Prozessparameter bewertet werden. Es auditiert der Anlagenleiter (Layer 2) jeden Tag eine von ihm ausgewählte Schicht (Layer 1). In der LPA-Checkliste am Beispiel einer Glüh- und Beizlinie werden fünf LPA-Fragen nach einem Prozessvorgehen mit weiteren fünf Fragen nach Prozessparametern zusammengeführt. Zusätzlich werden mit der Checkliste noch die wöchentlichen Audits durch den Bereichsleiter (Layer 3) und die monatlichen Audits durch den Werksleiter visualisiert.

Die unterschiedlichen Checklisten können miteinander kombiniert werden. Bild 4.26 zeigt ein entsprechendes Beispiel, und zwar eine Visualisierung an einer Wand mit zweifarbigen Kärtchen und einer dazugehörigen Auswertung. Die Fläche der Visualisierung beträgt ca. 1,5 m x 1,5 m. Auf den zweifarbigen Kärtchen werden die notwendigen Tätigkeiten im Prozess notiert. Die eine Seite des Kärtchens ist rot und die andere grün. Auf beiden Seiten steht der gleiche Text. Ist eine Tätigkeit noch nicht erledigt, ist die Karte rot, ist sie erledigt, wird die Karte gedreht und die Farbe wechselt von Rot auf Grün. Dadurch werden die Mitarbeiter im Prozess zusätzlich an ihre Aufgaben im Prozess erinnert und sie selbst drehen die Kärtchen nach der Erledigung der Aufgabe um.

 Als Aufgabenkärtchen eignen sich rechteckige Moderationskarten in den Maßen 9,5 x 20,5 cm. Diese Kärtchen gibt es in unterschiedlichen Farben und es lassen sich eine grüne und eine rote Karte zusammenkleben. Die Kärtchen sollten vor dem Zusammenkleben bedruckt werden.

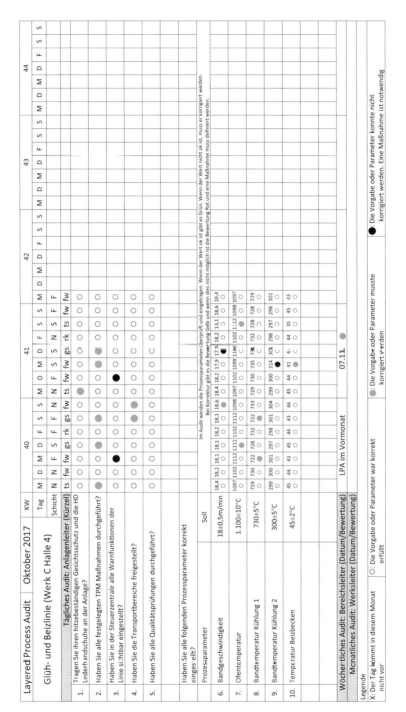

Bild 4.25 LPA-Checkliste für LPA-Fragen und Prozessparameter mit integrierter Ergebnisdarstellung

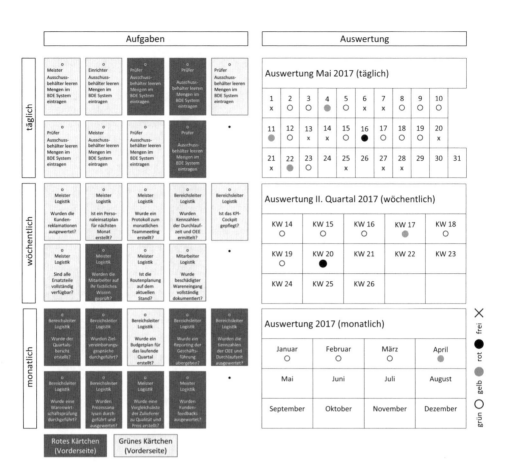

Bild 4.26 Visualisierung und Auswertung von täglichen, wöchentlichen und monatlichen Tätigkeiten mit zweifarbigen Kärtchen und einer Gesamtauswertung

Bild 4.27 stellt den Aufbau und die möglichen Inhalte eines solchen Aufgabenkärtchens dar. Die Struktur und die Inhalte des Kärtchens können nach Zielsetzung angepasst werden. Die Aufgaben und die Kärtchen sind in diesem Beispiel unterteilt nach täglichen (neun Tätigkeiten), wöchentlichen (acht Tätigkeiten) und monatlichen Tätigkeiten (sieben Tätigkeiten). Die Zeiträume lassen sich auch in viele Varianten verändern. Das Layered Process Audit mit der verantwortlichen Führungskraft findet immer zum Ende des Betrachtungszeitraums statt. In dem Beispiel wäre es am Ende des Tages, am Ende der Woche und am Ende des Monats.

```
        O
☒ täglich   ☐ wöchent-   ☐ monatlich
              lich

Prozess:
Etikettierung

Wer tut es:           Wann:
Bediener              nach
Frühstückspause

Tätigkeit:
Temperaturüberprüfung des Klebers

Vorgabe:
VA P-06-34-13

Ergebnis:
Die Temperatur des Klebers liegt bei
Prozessbeginn zwischen 85° - 87°

Erklärung:
Bei einer Temperatur von >80° erreicht die
Viskosität des Klebers die notwendige
Fließeigenschaft, um gleichmäßig auf der
Fläche verteilt zu sein und um die
notwendige Härte nach der Trocknung zu
haben. Nach Prozessbeginn wird die
Temperatur um ca. 5° auf der zu klebenden
Fläche niedriger sein.
```

Bild 4.27 Zweifarbiges Aufgabenkärtchen für die Beschreibung und Visualisierung einer Aufgabe im Prozess

Durch die gewählte Struktur und Vorgehensweise können Kärtchen und damit Aufgaben gewechselt oder auch in begrenztem Umfang ergänzt werden. Die Bewertung erfolgt dabei nach dem bekannten Schema:

- **Bewertung Grün:** Wenn alle Aufgaben in dem betrachteten Zeitraum erledigt sind und die Kärtchen gedreht wurden, kann in der zusammenfassenden Bewertung zu dem jeweiligen Tag, der Woche oder dem Monat ein grüner Punkt eingetragen werden.
- **Bewertung Gelb:** Wenn eine Tätigkeit nicht durchgeführt wurde und das Kärtchen noch mit der roten Farbe sichtbar ist, soll die Führungskraft gemeinsam mit dem Mitarbeiter die Tätigkeit durchführen. Ist dies möglich, wird in der zusammenfassenden Bewertung ein gelber Punkt eingetragen.

- **Bewertung Rot:** Sind Tätigkeiten nicht durchführbar, wird in der zusammenfassenden Bewertung ein roter Punkt eingetragen. Auf dem vorhandenen Maßnahmenplan oder Actionboard muss dazu eine weiterführende Maßnahme eingetragen werden.

Bild 4.28 visualisiert die Mischung von unterschiedlichen LPA-Checklisten für einen Prozess. Für das wöchentliche LPA wird eine LPA-Checkliste mit integrierter Visualisierung verwendet. Die Zeitachse der Auswertung geht über ein halbes Jahr. Die LPA einmal pro Monat und einmal im Quartal werden über zweifarbige Kärtchen und eine Gesamtauswertung durchgeführt und visualisiert.

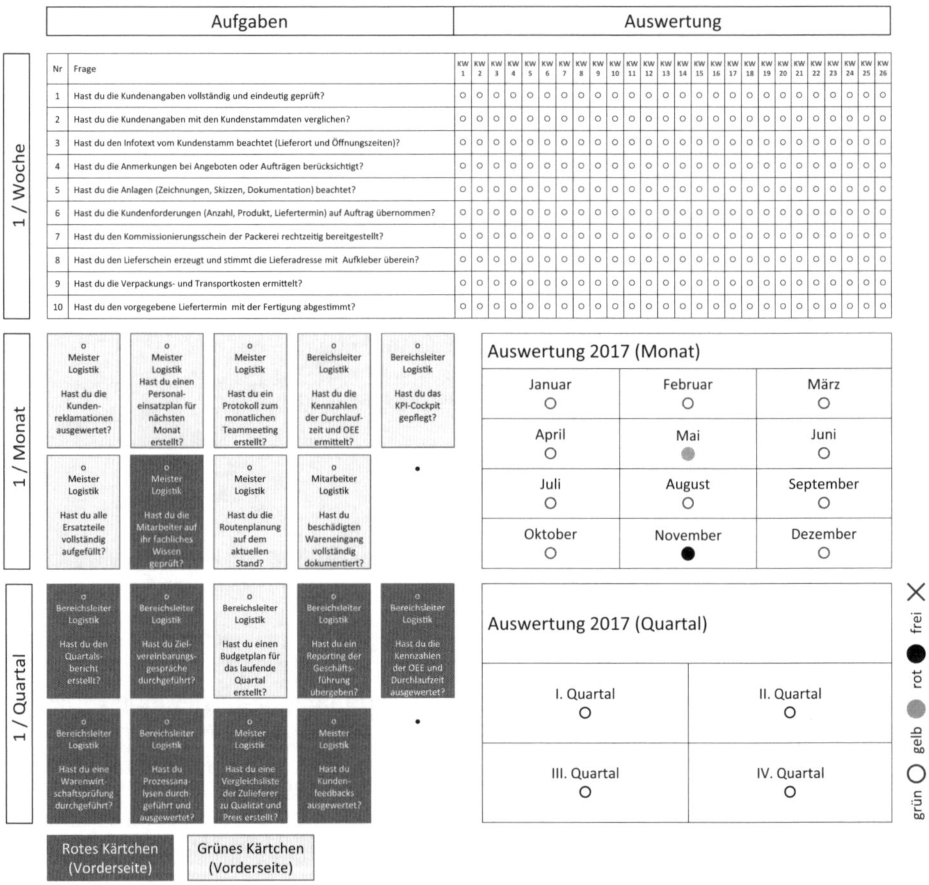

Bild 4.28 Visualisierung und Auswertung 1/Woche, 1/Monat und 1/Quartal Tätigkeiten mit einer Checkliste mit integrierter Visualisierung, zweifarbigen Kärtchen und der dazugehörigen Gesamtauswertung

„LPA finde ich gut. Man achtet noch besser auf die Produkte und kann damit die Fehler entdecken, bevor es weitergeht. Beim Wechsel von Arbeitsplätzen hilft es sich zu erinnern."

Roland Weist (Heizelemente Team, Mitarbeiter seit 25 Jahren), Mazurczak Elektrowärme GmbH

4.2.5 LPA-Checklisten aus der Automobilindustrie

Vor der Jahrtausendwende findet sich sowohl im World Wide Web als auch in der Literatur kein Hinweis auf den Begriff LPA. Im Jahre 2005 veröffentlichte die Automotive Industry Action Group (AIAG) unter dem Titel „Continuous Quality Improvement-8 (CQI-8) Issue 1.0" eine Richtlinie für die Einführung und Umsetzung von LPA. Neben Hinweisen zur Einführung von Layered Process Audit finden sich hier auch Grundlagen für einen LPA-Plan. Diese Guideline wurde 2014 durch die AIAG überarbeitet und als „Layered Process Audits Guideline – 2nd Edition" mit deutlich veränderten Inhalten veröffentlicht. Leider finden sich einige gute LPA-Visualisierungen nicht mehr in der überarbeiteten Ausgabe. Deshalb werden hier weiterhin Beispiele aus der ersten Ausgabe verwendet.

Bild 4.29 stellt die Schwerpunkte dar, die an einem Beispiel aus der CQI-8 (2005) der AIAG durch die Führungskräfte und Mitarbeiter in einem Layered Process Audit überprüft werden. Bild 4.30 zeigt einen Auditplan für die Durchführung von drei unterschiedlichen Audits mit unterschiedlichen Frequenzen ebenfalls aus der CQI-8:

- Layer 1: wird auditiert (ist nicht in der Darstellung enthalten).
- Layer 2: Teamleiter führt täglich ein LPA durch.
- Layer 3: Abteilungsleiter führt wöchentlich am Mittwoch ein LPA durch.
- Layer 4: Werksleiter führt alle zwei Wochen am Mittwoch ein Audit durch.

Der Begriff Kamishibai (= Papiertheaterspiel) stammt ursprünglich aus dem 12. Jahrhundert und beschreibt die Wissensvermittlung durch die Verwendung von Bildern. Wahrscheinlich hat DaimlerChrysler seine Vorgehensweise mit dem „Kamishibai-Audit" von Toyota kombiniert und zu seinen heutigen Layered Process Audits entwickelt. LPAs wurden von DaimlerChrysler vermutlich zum ersten Mal in Kokomo, Indiana, in einem Getriebewerk eingesetzt. Einen entsprechenden Nachweis gibt es hierfür allerdings nicht.

Auditor	Mitarbeiter	Prüfer	Teamleiter	Abteilungsleiter	Betriebsführer	Qualitätsleiter	Produktionsleiter	Geschäftsführer	Direktor	Vorstand	Vorstandsvorsitzender
Frequenz	Schicht	Tag			Woche			Monat		Quartal	Annually
Kundendaten											
Reklamationen											
Kundenservice											
Lieferleistung											
Umwelt											
Kundenforderungen											
Vorbeugende Wartung											
Kalibrierung											
Rückverfolgbarkeit											
Ordnung und Sauberkeit											
Betrieb											
Einrichtung											
Prozessfähigkeit											
Werkzeugfreigabe											
Qualitätsdaten											
Prozess											
Fehlerverhütung											
Endkontrolle											
Eingangskontrolle											
Arbeitsanweisungen											
Prozessaufzeichnungen											
Sicherheit											
Teil/Produkt											

Bild 4.29 Visualisierung eines Auditplans mit unterschiedlichen Schwerpunkten, Layern und Frequenzen

Erklärung der dargestellten Frequenz:
- Layer 1: Führt keine Audits durch, sondern wird auditiert.
- Layer 2: Der Supervisor führt täglich ein Audit durch.
- Layer 3: Der Manager führt wöchentlich am Mittwoch ein Audit durch.
- Layer 4: Der Site Leader führt alle drei Wochen am Mittwoch ein Audit durch.

Bild 4.30 Auditplan für mögliche Frequenzen und Audittermine für drei unterschiedliche Layer

Interpretation und Weiterentwicklung des Kamishibai Layered Process Audit

Kamishibai ist buddhistisch geprägt und wird als Lehrmittel für Analphabeten und Kinder durch die Verwendung von Bildern eingesetzt. Auf den Bildern werden Situationen dargestellt, aus welchen man lernen und sein eigenes Verhalten verbessern soll. Mit den Kamishibai-Bildern wird Kindern beispielsweise beigebracht, wie sie sich im Straßenverkehr verhalten sollen. Auf dem Kamishibai-Bild wird auf einfache Weise das Wesentliche dargestellt, Wissen wird so (fast) ohne Worte vermittelt.

Toyota nutzt diese Art der Weitergabe von Wissen im Sinne eines „Papiertheaterspiels" für seine Manager. Die Manager können über sogenannte Kamishibai-Boards mit Kamishibai-Karten bei ihrem täglichen Rundgang schnell die Situation an den Arbeitsplätzen erkennen. Dies erleichtert die Mitarbeiterführung und mögliche Verbesserungen in den Prozessen werden leichter erkannt (Toyota 2013).

In Bild 4.31 ist ein Beispiel einer Kamishibai-Karte dargestellt. Es handelt sich hier um eine zweifarbige Karte. Eine Seite der Karte ist grün (hellgrau im Bild) und die andere Seite ist rot (dunkelgrau im Bild). Auf beiden Seiten der Karte steht die gleiche Frage oder ist der Prozessstandard beschrieben. In Summe sollten so viele Kamishibai-Karten wie wichtige Prozessstandards vorhanden sein.

Damit das Kamishibai-System funktioniert, ist ein zweistufiges Verfahren notwendig:

1. Der Teamleiter (Layer 2) zieht aus einem Kästchen mit unterschiedlichen Kamishibai-Kärtchen (Prozessstandards) mehrere Kärtchen in einem vorgegebenen Intervall und überprüft bei den Mitarbeitern (Layer 1) die Umsetzung.

    Wenn die Frage oder der Standard erfüllt ist, wird das Kärtchen mit der grünen Farbe nach vorne sichtbar in das Kamishibai-Board gesteckt. Wenn der Standard nicht erfüllt ist, wird die rote Seite sichtbar gesteckt und es muss eine Maßnahme definiert werden.

2. Der Manager kommt bei seinem täglichen Rundgang am Arbeitsplatz oder am Kamishibai-Board vorbei. Er wird im Gespräch auf die gesteckten Kamishibai-Kärtchen eingehen, gegebenenfalls nachfragen und vor allem sich für die definierten Maßnahmen interessieren. Er kann genauso noch weitere Prüfungen mit gezogenen Kärtchen vornehmen.

Bild 4.31
Beispiel für zweifarbige Audit-Karten für das Toyota Kamishibai-Board

Bild 4.32 veranschaulicht die Vorgehensweise in einem Kamishibai-Audit mit der Überprüfung von zufällig ausgewählten Kamishibai-Karten durch den Teamleiter und den zuständigen Manager. Die Häufigkeit wird wie bei den anderen Layered Process Audits abhängig vom Prozess, den beteiligten Mitarbeitern und Risiken bestimmt. In diesem Fall wird in jeder Schicht ein Kamishibai-Audit durch den zuständigen Teamleiter durchgeführt.

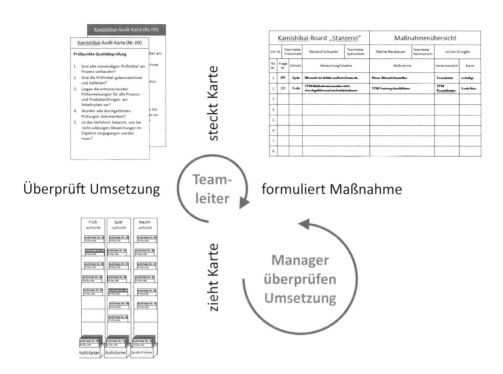

Bild 4.32 Ablauf eines Kamishibai-Audits

Bild 4.33 zeigt ein Kamishibai-Board mit den bereitgestellten Kamishibai-Karten für eine Stanzerei mit drei Schichten. Im rechten Bereich befindet sich die Maßnahmenübersicht für alle nicht umgesetzten Kamishibai-Karten.

Früh-schicht	Spät-schicht	Nacht-schicht	Kamishibai-Board „Stanzerei"			Maßnahmenübersicht			
Audit-Karte (Nr. 14) Prüfpunkte	Audit-Karte (Nr. 33) Prüfpunkte	Audit-Karte (Nr. 04) Prüfpunkte	KW 45	Teamleiter Frühschicht	Roland Schuster	Teamleiter Spätschicht	Marta Neubauer	Teamleiter Nachtschicht	Julian Klingler
Audit-Karte (Nr. 22) Prüfpunkte	Audit-Karte (Nr. 01) Prüfpunkte	Audit-Karte (Nr. 09) Prüfpunkte	lfd. Nr.	Frage Nr.	Schicht	Abweichung/Ursache	Maßnahme	Verantwortlich	Stand
Audit-Karte (Nr. 04) Prüfpunkte	Audit-Karte (Nr. 27) Prüfpunkte	Audit-Karte (Nr. 17) Prüfpunkte	1	09	Spät	Messuhr ist defekt und kein Ersatz da	Neue Messuhr bestellen	Teamleiter	erledigt
Audit-Karte (Nr. 32) Prüfpunkte	Audit-Karte (Nr. 03) Prüfpunkte	Audit-Karte (Nr. 24) Prüfpunkte	2	22	Früh	TPM Maßnahmen wurden nicht durchgeführt und sind nicht bekannt	TPM Training durchführen	TPM Koordinator	Ende Nov.
Audit-Karte (Nr. 22) Prüfpunkte	Audit-Karte (Nr. 05) Prüfpunkte	Audit-Karte (Nr. 38) Prüfpunkte	3						
	Audit-Karte (Nr. 06) Prüfpunkte	Audit-Karte (Nr. 21) Prüfpunkte	4						
	Audit-Karte (Nr. 05) Prüfpunkte		5						
			6						
			7						
Audit-Karte (Nr. 03) Prüfpunkte	Audit-Karte (Nr. 41) Prüfpunkte	Audit-Karte (Nr. 16) Prüfpunkte	8						
Audit-Karten	Audit-Karten	Audit-Karten							

Bild 4.33 Kamishibai-Karten und Board

Es gibt von General Motors (GM) eine gute Visualisierung für die Basisauditplanung. Die in Bild 4.34 dargestellte LPA-Checkliste für übergeordnete Vorgesetzte von Layer 1 legt fest, dass ein Basis-Audit jeden Monat gemacht werden soll. Wenn die Führungskraft das Audit durchgeführt hat, trägt sie das Datum des Audits, die auditierte Schicht und den auditierten Prozess ein. Für das Ergebnis gibt es in der Legende zwei Varianten: eine binäre Variante ok und nicht ok und die Variante mit den drei Farben Grün/Gelb/Rot. Für die Korrektur gibt es eine separate Legende mit der Möglichkeit, den Stand der Veränderungsmaßnahme zu beurteilen.

Person	Oktober 2017					November 2017					Dezember 2017				
	Datum	Schicht	Prozess	Ergebnis	Korrektur	Datum	Schicht	Prozess	Ergebnis	Korrektur	Datum	Schicht	Prozess	Ergebnis	Korrektur
Manfred Armbrust	02.10.	B	C-43	☐	⊕					⊕					⊕
Melanie Schuster	04.10.	A	D-12	▨	◐					⊕					⊕
Franz Göppert	03.10.	C	A-08	■	◐					⊕					⊕
Markus Schierling				▨	⊕					⊕					⊕

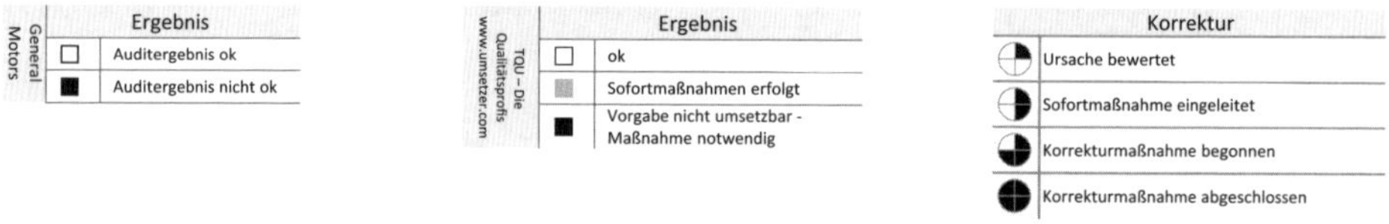

Ergebnis (General Motors):
- ☐ Auditergebnis ok
- ■ Auditergebnis nicht ok

Ergebnis (TQU – Die Qualitätsprofis, www.umsetzer.com):
- ☐ ok
- ▨ Sofortmaßnahmen erfolgt
- ■ Vorgabe nicht umsetzbar – Maßnahme notwendig

Korrektur:
- ◐ Ursache bewertet
- ◐ Sofortmaßnahme eingeleitet
- ◐ Korrekturmaßnahme begonnen
- ● Korrekturmaßnahme abgeschlossen

Bild 4.34 Auditplan und Visualisierung für monatliche Basis-Audits (in Anlehnung an GM 2011, S. 93)

Für die Durchführung des Basis-Audits gibt GM folgende Hinweise (GM 2011, S. 93):

- Als Auditor immer überprüfen, ob die Layered Process Audits auch in den darunterliegenden Leveln durchgeführt wurden.
- Den Auditor des darunterliegenden Levels coachen und gegebenenfalls zum eigenen LPA mitnehmen.
- Gelegentlich übergreifende LPAs durchführen, um sicherzustellen, dass die eingeführte Methodik korrekt umgesetzt wird.
- Bei offenen Punkten aus dem letzten Audit zu dem Prozess zurückkehren und die Umsetzung der vereinbarten Maßnahmen überprüfen.
- Festgestellte Abweichungen werden auf dem Maßnahmenplan des auditierten Prozesses dokumentiert.

In der in Bild 4.35 dargestellten Checkliste für die Durchführung und Visualisierung von Basis- und hierarchischen Audits wird eine unterschiedliche Anzahl von LPA-Fragen (Zeilen) in einem festgelegten zeitlichen Abstand (Spalten) durchgeführt. Als Antwortmöglichkeiten gibt es zwei Varianten: erfüllt, nicht erfüllt, nicht anwendbar und die Farben Grün/Gelb/Rot.

Zudem sind in der dargestellten Auditcheckliste für die Abweichungen und vor allem bei einer Wiederholung der Abweichung feste Eskalationsstufen vorgesehen:

1. Audit: Übertrag des Problems mit Lösung auf Maßnahmenplan und gemeinsames Verständnis mit Verantwortlichen,
2. Folgeaudit: Eskalation des Problems zu nächster Führungskraft und Maßnahmenverantwortlichen auf Termin hinweisen,
3. Folgeaudit: Eskalation des Problems zu Schichtleiter,
4. Folgeaudit: Eskalation des Problems zu Bereichsleiter.

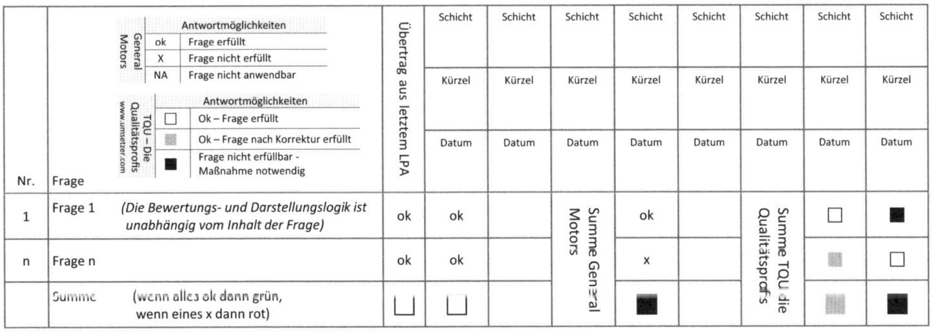

Bild 4.35 Checkliste für Basis- und hierarchische Audits mit integrierter Visualisierung (in Anlehnung an GM 2011, S. 94)

4.3 Visualisierung der LPA-Ergebnisse

Die Visualisierung der durchgeführten Audits und deren Ergebnisse und abgeleiteten Maßnahmen ist ein fester und notwendiger Baustein von Layered Process Audit. Sie erfolgt am sogenannten LPA-Board. Sie schafft für alle Beteiligten Transparenz über unterschiedliche Informationen:

- Durchführung der geplanten Audits,
- Frequenz der Audits,
- Fragen und Layer,
- Erfüllung der Prozessvorgaben,
- notwendige und eingeleitete Maßnahmen.

Dieses Angebot von Information schafft Offenheit und hilft bei den Beteiligten, Vertrauen zu dem Audit aufzubauen.

Durch die Visualisierung ist einfach und schnell erkennbar, dass die LPAs durchgeführt wurden, welche Ergebnisse herauskamen und welche Maßnahmen eingeleitet worden sind. Dabei ist ersichtlich, dass der Fokus der Methode auf der Veränderung der Prozesse zum Machbaren liegt und die entsprechenden Maßnahmen eingeleitet worden sind. Vielleicht ist die Aussage „Rot ist gut" etwas gewöhnungsbedürftig, aber im Regelfall wird sie schnell akzeptiert und der Wille zur Verbesserung wird aktiviert. In einem Unternehmen in Süddeutschland wurde der Begriff „Rot ist gut" durch die LPA-Koordinatorin zu „Rot bewegt" ergänzt.

Aber nicht nur für die direkt Betroffenen wirkt LPA motivierend. Auch Führungskräfte und Mitarbeiter aus anderen Bereichen beobachten das konsequente Einfordern von Prozessen und die Anerkennung durch Führungskräfte und übertragen die LPA-Gedanken auch auf ihre Prozesse und Vorgaben.

4.3.1 LPA-Board gestalten

Das LPA-Board sollte sich an einer zentralen Stelle im auditierten Bereich befinden und auch von Mitarbeitern aus anderen Bereichen gesehen werden können. Häufig wird es an einer Stelle untergebracht, an der schon Platz für andere Informationen oder auch Gespräche geschaffen worden ist. Das LPA-Board sollte sich nicht unbedingt in einem separaten Raum befinden. Wenn in einem Unternehmen bereits mit Gemba-Boards oder anderen Visual-Workflow-Management-Techniken gearbeitet wird, bietet es sich allerdings an, das LPA-Board bei den vorhandenen Boards zu integrieren.

Die Aussage „Rot ist gut und bewegt" ist erklärungsbedürftig und deshalb sollten Kunden, die an einem LPA-Board vorbeigehen, darauf vorbereitet werden. Bei einer LPA-Umsetzung in der Intensivstation eines Krankenhauses war z. B. die sichtbar rote Bewertung in Audits für Angehörige der Patienten nicht erklärbar gewesen.

 Aus der Erfahrung reicht ein LPA-Board für ca. 100 Mitarbeiter und die relevanten Prozesse in einem Umkreis von max. 50–100 Meter um das Board.

Tabelle 4.2 stellt die möglichen Inhalte eines LPA-Boards mit der notwendigen Häufigkeit und Zielsetzungen dar.

Tabelle 4.2 Inhalte eines LPA-Boards

Element	Pflicht	Wie oft?	Wofür?
LPA-Checkliste	immer notwendig	für jeden Layer	Bereitstellung der Checklisten für die Basis- und hierarchischen Audits
Stichprobenauswahl auf Layer 0 (Arbeitsplätze, Maschinen, Anlagen)	bei Bedarf	für jeden Layer	eine systematische Auswahl der Audits mit dem Ziel, dass alle betroffenen Mitarbeiter drankommen

Tabelle 4.2 *Fortsetzung*

Element	Pflicht	Wie oft?	Wofür?
Ergebnisdarstellung für hierarchische Audits	immer notwendig	für jeden Layer	Durchführung und Ergebnisse der Audits erkennen
Ergebnisdarstellung für Basisaudits	falls durchgeführt	für Layer 1	Können auf einem separaten Blatt wie zum Beispiel Bild 4.34 dokumentiert werden oder mit eigener Farbe oder Symbol direkt in die Visualisierung der normalen hierarchischen Audits
Korrekturmaßnahmen	immer notwendig	einmal	Dokumentation der notwendigen und eingeleiteten Maßnahmen, wenn Rot bewertet wird
LPA-Auswertungen	bei Bedarf	einmal	Zusammenfassung der Auditergebnisse, um Wirksamkeit des LPA-Systems zu erkennen
Stifte	bei Bedarf	einmal	notwendig, um Ergebnisdarstellung zu füllen

Bild 4.36 zeigt ein Beispiel eines LPA-Boards für vier Layer mit der jeweiligen Bereitstellung der LPA-Checklisten auf Papier und einem Bereich, in dem die verdichteten Ergebnisse aus der LPA-Checkliste eingetragen werden können. Dabei werden die Audits wie folgt durchgeführt:

- Werksleiter 1 LPA/Monat,
- Fertigungsleiter 1 LPA/Woche,
- Meister 1 LPA/Schicht,
- Schichtleiter 1 LPA/Schicht.

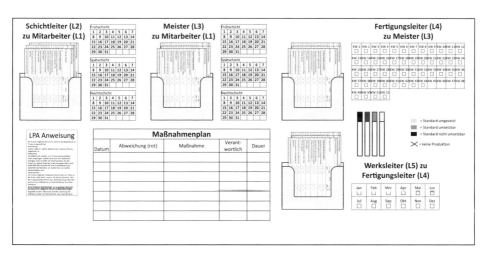

Bild 4.36 Beispiel eines LPA-Boards über fünf Layer

4.3.2 Umsetzung visualisieren

Nachfolgendes Beispiel veranschaulicht die Visualisierung der Auditumsetzung. Die Ergebnisse der Audits können nicht in der Visualisierung erkannt werden.

Ein metallverarbeitendes Unternehmen mit 400 Mitarbeitern möchte die Umsetzung von Prozessstandards für Qualität, Sicherheit und Produktivität mit Layered Process Audit verbessern und beginnt damit in einem Pilotbereich. Als Pilotbereich wurde in der Fertigung ein Team mit 30 Mitarbeitern ausgesucht. Das Team arbeitet fünf Tage in der Woche ohne Schichtbetrieb.

Es sollen nur Basis-Audits mit jeweils drei Checklisten (Bereiche Qualität, Sicherheit und Produktivität) durchgeführt werden. Die Führungskräfte der unterschiedlichen Layer gehen immer direkt zu dem Mitarbeiter, um das Audit durchzuführen. In jedem Audit kommen drei Checklisten zum Einsatz, wobei bei jeder Checkliste ein anderer Mitarbeiter befragt werden sollte.

Als Frequenz wurden für die unterschiedlichen Layer folgende Zeiträume festgelegt:

- Layer-Struktur/Frequenz,
- Layer 4: Fertigungsleiter (monatlich),
- Layer 3: Meister (wöchentlich),
- Layer 2: Teamleiter (täglich),
- Layer 1: Mitarbeiter (wird auditiert).

Es werden also in Summe 75 LPAs (3 Checklisten x 25 Audits) jeden Monat durchgeführt. Jeder Mitarbeiter muss damit rechnen, ca. alle zwei Wochen in einem Audit befragt zu werden. Für die Durchführung eines Audits werden zwei bis fünf Minuten veranschlagt. Dies berücksichtigt nicht die Zeit für „geistige Rüstzeiten" und gegebenenfalls notwendige Korrekturen. Die zeitliche Belastung für die Beteiligten verteilt sich wie folgt:

- pro Mitarbeiter fünf bis 12,5 Minuten/Monat,
- Teamleiter zwei bis fünf Stunden/Monat,
- Meister 24 bis 60 Minuten/Monat,
- Fertigungsleiter sechs bis 15 Minuten/Monat.

„Die LPAs dauern nicht lange. Der Zeitaufwand ist gering."
Rudi Spath (Teamleiter Heizelemente Team), Mazurczak Elektrowärme GmbH

Um weitere Aufwände für die Dokumentation und Visualisierung der Ergebnisse zu reduzieren, wurde entschieden, nur die Durchführung der Audits darzustellen (Bild 4.37). Für jeden Tag gibt es zwei untereinander und zwei nebeneinander angeordnete Prospekthalter für Woche und Monat. Der weiße Hintergrund der Prospekthalter ist in der Realität grün und der dunkle rot.

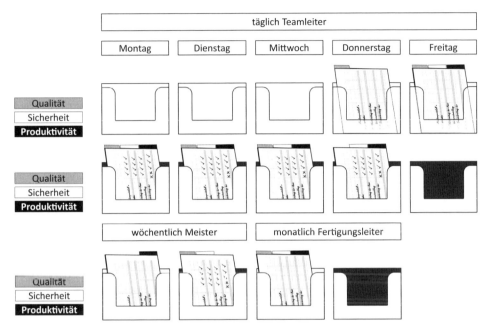

Bild 4.37 Visualisierung der Auditumsetzung

In den „grünen" Prospekthaltern der Wochentage befinden sich zu Beginn der Woche die drei LPA-Checklisten für Qualität, Sicherheit und Produktivität und verdecken zum Großteil die grüne Farbe. Die „roten" Prospekthalter sind leer und deshalb ist der rote Hintergrund deutlich sichtbar.

Wenn der Teamleiter sein erstes tägliches Audit mit einer LPA-Checkliste durchgeführt hat, steckt er die ausgefüllte Checkliste in den „roten" Prospekthalter. An diesem Werktag sind jetzt in beiden Prospekthaltern dieses Tages die Hintergrundfarben nicht mehr deutlich sichtbar. Wenn der Teamleiter alle drei Audits an dem Tag durchgeführt hat, müssen alle drei LPA-Checklisten im „roten" Prospekthalter des betroffenen Tages sein und im „grünen" Prospekthalter ist die grüne Hintergrundfarbe deutlich sichtbar. Das gleiche Prinzip gilt für das wöchentliche Audit des Meisters und das monatliche Audit des Fertigungsleiters. Am Ende der Woche entnimmt der Meister die ausgefüllten Checklisten und steckt neue in die „grünen" Prospekthalter.

In Bild 4.37 befinden sich für Montag, Dienstag und Mittwoch keine Checklisten mehr im „grünen" Prospekthalter, es wurden also alle Audits an diesen drei Tagen durchgeführt. Am Freitag steckt noch keine Checkliste im „roten" Prospektständer, d. h., das Audit für Freitag steht noch aus.

4.3.3 Umsetzung und Ergebnisse visualisieren

Die Checklisten mit einer integrierten Visualisierung beinhalten wie im Bild 4.38 die Auditergebnisse und es muss keine Visualisierung separat dargestellt werden.

In die in Bild 4.38 dargestellte LPA-Checkliste werden über die Zeit die Ergebnisse aus dem Audit eingetragen. In dem Prozess geht es um eine CRM-Software, in der die Kundendaten gepflegt werden müssen. Die LPA-Checkliste beschäftigt sich mit dem Teil der Adresspflege. Die Checkliste hängt direkt im Arbeitsbereich der Mitarbeiter, die Adressdaten in dem CRM-System eingeben müssen. Diese Checkliste veranschaulicht, bei welchen LPA-Fragen es meistens funktioniert und wo die meisten gelben oder roten Abweichungen sind. Zusätzlich ist ein Maßnahmenplan für die bei Rot notwendigen Verbesserungen oder Maßnahmen angehängt. Ein Nachteil dieser Darstellung ist der fehlende Platz für Bemerkungen, Sofortmaßnahmen oder sonstige Erklärungen. In dieser Form von Checklisten ist es nicht wirklich möglich, die Fragen dynamisch zu wechseln.

Bei den LPA-Checklisten ohne integrierte Visualisierung wird immer ein zusätzliches Blatt für die Zusammenfassung der Auditergebnisse auf dem LPA-Board benötigt. In der Zusammenfassung wird nur eine Farbe aus der Checkliste übertragen: Wurden alle Fragen dort mit Grün bewertet, gibt es in der Zusammenfassung auch Grün. Wenn mindestens einmal das Gelb genommen wurde, gibt es ein Gelb und wenn mindestens einmal mit Rot bewertet wurde, gibt es in der Zusammenfassung ein Rot. Die Anzahl der Spalten und Zeilen leitet sich an der Menge der durchgeführten Audits pro Zeiteinheit und der Anzahl der Funktionen (Mensch mit seiner Tätigkeit) ab und kann individuell angepasst werden.

LPA-Checkliste: Kundenadresspflege im CRM System				Auditor FR	Auditor EZ	Auditor FR	Auditor EZ	Auditor FR	Auditor	Auditor	Auditor
			Antwortmöglichkeiten	Auditierter KP	Auditierter MB	Auditierter JW	Auditierter LS	Auditierter JS	Auditierter	Auditierter	Auditierter
		☐	Standard erfüllt								
		▨	nach Korrektur erfüllt								
		■	Standard nicht erfüllt	Datum 5.11	Datum 8.11	Datum 12.11	Datum 14.11	Datum 15.11	Datum	Datum	Datum
	Nr.	Frage									
Adressqualität	1	Ist das Adressfeld ausgefüllt und korrekt?		☐	☐	☐	☐	☐			
	2	Ist eine Telefonnummer eingetragen?		▨	■	☐	☐	☐			
	3	Ist ein Status eingetragen?		☐	☐	☐	☐	☐			
	4	Ist der Adresstyp angegeben?		☐	☐	☐	▨	☐			
	5	Wurde eine Wertung angegeben?		▨	☐	☐	☐	☐			
	6	Ist die Branche eingetragen?		☐	☐	☐	■	☐			
	7	Wurde die Unternehmensgröße eingetragen?		☐	☐	☐	☐	☐			
	8	Ist die Herkunft als Aktion oder Notiz eingetragen?		☐	■	☐	☐	■			

Monat: November 2017

Bild 4.38 Darstellung der Ergebnisse in einer LPA-Checkliste mit integrierter Visualisierung

Bild 4.39 visualisiert ein Beispiel eines täglich stattfindenden Audits. Am 2. Oktober gab es mindestens eine gelbe Bewertung (Korrektur mit der Führungskraft) und am 10. Oktober mindestens eine rote Bewertung (nicht umsetzbarer Standard), die eine Abstellmaßnahme ausgelöst haben muss. Am 18. Oktober wurde das letzte Audit mit einer gelben Bewertung eingetragen.

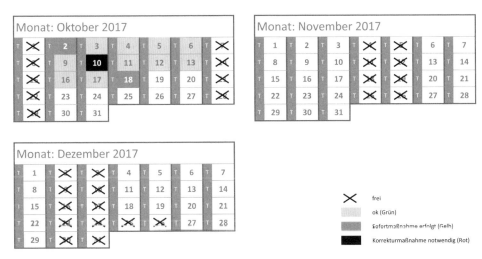

Bild 4.39 Visualisierung bei einer Layer-Frequenz 1 LPA/Tag

Bild 4.40 visualisiert einen Prozess, der in drei Schichten (Früh-, Tag- und Nachtschicht) bearbeitet wird und bei dem in jeder Schicht ein Audit durchzuführen ist. Nach der Auswertung wurde am 5. Juli in der Frühschicht das letzte Audit gemacht. Am 3. und 4. Juli wurde jeweils mindestens eine Anforderung nicht erfüllt und es mussten Abstellmaßnahmen installiert werden. Am 2. und 3. Juli gab es mindestens eine LPA-Frage, bei der die Führungskraft und der auditierte Mitarbeiter im Audit die Vorgabe nachträglich noch erfüllt haben. Alle restlichen Einträge bis zum 5. Juli in der Frühschicht hatten nur grüne Bewertungen.

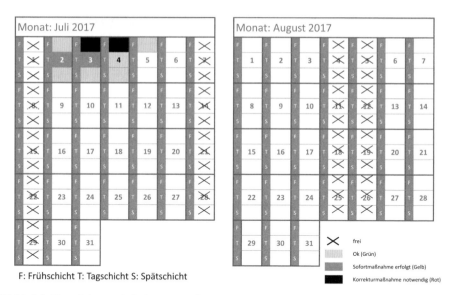

F: Frühschicht T: Tagschicht S: Spätschicht

Bild 4.40 Visualisierung bei einer Layer-Frequenz 3 LPA/Tag

Bild 4.41 veranschaulicht eine komplexere Auditdurchführung in einem Unternehmen. Im Prozess gibt es drei Funktionen (Maschinenführer, Packer, Transporteur) und drei Schichten (Früh-, Tag- und Nachtschicht). In Summe werden alle Funktionen in jeder Schicht auditiert. Es finden also neun Audits am Tag statt. An roten Bewertungen kann am 5. November in der Tagschicht beim Maschinenführer eine erkannt werden und am 4. November beim Transporteur in der Nachtschicht. Gelbe Bewertungen finden sich nur am 1. November beim Transporteur in der Tagschicht. Die letzte Bewertung findet sich am 5. November in der Nachtschicht beim Maschinenführer.

Die Darstellung von Bild 4.42 weicht etwas von den vorherigen Grafiken ab. Die Häufigkeit ist ein LPA pro Woche ohne weitere Detaillierungen. Diese Visualisierung ist besonders gut für ein Führungslayer geeignet. Zum Beispiel auditiert der Fertigungsleiter den Fertigungsmeister einmal in der Woche. In der Visualisierung erkennt man, dass in KW 5 und KW 31 eine nicht umsetzbare Prozessvorgabe entdeckt worden ist und diese vermutlich zu weiteren Maßnahmen geführt hat. In den KW 15, 16, 22 und 40 wurden im Audit Vorgaben gemeinsam umgesetzt. Rückschlüsse, um welche Vorgaben es sich dabei gehandelt hat, können aus dieser Visualisierung nicht gezogen werden. Das letzte Audit hat in KW 44 stattgefunden.

 Diese Darstellungen lassen sich gut als Tabellen erstellen. Als Markierung kann entweder mit grafischen Elementen oder Texten gearbeitet werden. Die grafischen Elemente haben manchmal den Nachteil, dass sie sich nicht mit einer veränderten Tabelle mitbewegen.

Texte haben den Vorteil, dass sie immer genau in der Tabelle an ihrem Platz bleiben. Es gibt eine Vielzahl von unterschiedlichen Symbolen bei den Schriftarten Webdings oder Wingdings. Wenn man zum Beispiel ein „n" als Webdings formatiert, erscheint ein Kreis, der sich über die Schriftfarbe beliebig einfärben lässt.

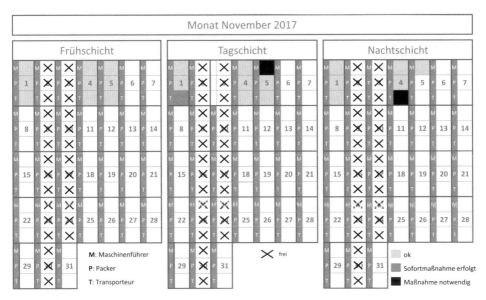

Bild 4.41 Visualisierung bei einer Layer-Frequenz 9 LPA/Tag

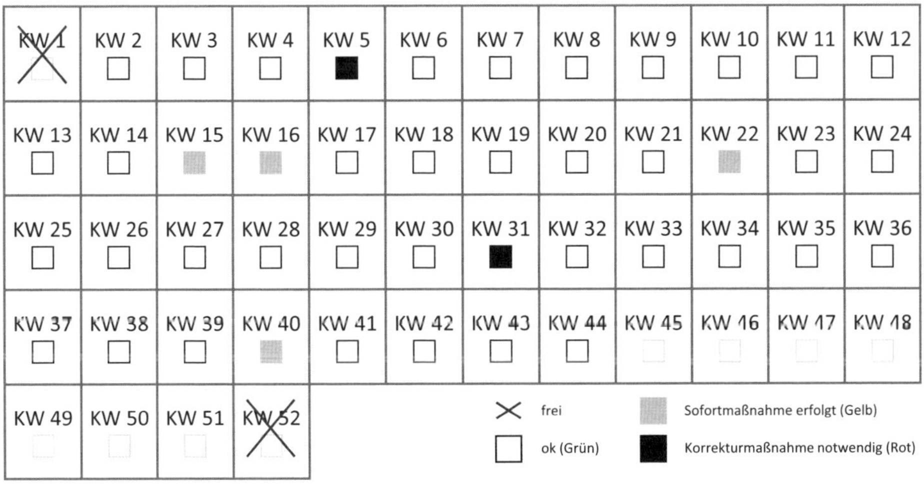

Bild 4.42 Visualisierung bei einer Layer-Frequenz 1/Woche

Auch die Darstellung in Bild 4.43 eignet sich für Führungslayer-Audits mit eher seltener Frequenz. In der Auswertung kann man erkennen, dass im Juni ein nicht umsetzbarer Standard vorlag und im März gemeinsam im Audit ein nicht umgesetzter Standard korrigiert wurde.

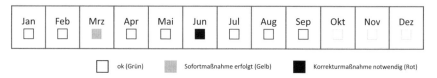

Bild 4.43 Visualisierung bei einer Layer-Frequenz 1/Monat

Es ist auch möglich, bei der Auditierung die zu auditierenden Maschinen, Arbeitsplätze oder Anlagen mit darzustellen. Bild 4.44 zeigt eine Visualisierung, in der die LPA-Durchführung an der jeweiligen Anlage, am Tisch oder Platz über drei Schichten erfolgt. Für die Auditdurchführung werden drei unterschiedliche LPA-Checklisten (Bearbeitung, Montage, Verpacken) benötigt. Wenn in einem Audit eine Vorgabe (LPA-Frage) nicht umgesetzt ist und sofort korrigiert wurde (Gelb), muss am nächsten Tag am gleichen Platz und in der gleichen Schicht die eine Frage noch mal auditiert werden. Es kann sein, dass dann der gleiche Mitarbeiter befragt wird. Es kann aber auch sein, dass der Mitarbeiter an einem anderen Platz ist und ein anderer Mitarbeiter befragt wird. Am 5. Juni wurde in der Frühschicht am Tisch 2 ein Standard im LPA korrigiert und am nächsten Tag in der Frühschicht am gleichen Tisch die LPA-Frage wiederholt gestellt. Sie war umgesetzt und das LPA wurde mit Grün bewertet. Am 12. Juni war am Platz 1 eine Frage gelb und auch am nächsten Tag war der Standard nicht umgesetzt. Deshalb wurde am 14. Juni noch mal ein Audit gemacht.

	Layer 0	1 Do	2 Fr	3 Sa	4 So	5 Mo	6 Di	7 Mi	8 Do	9 Fr	10 Sa	11 So	12 Mo	13 Di	14 Mi	15 Do	16 Fr	17 Sa	18 So	19 Mo	20 D	29 o	30 Fr	Σ
Bearbeitung	Anlage 1					ON	OF													OF				3
	Anlage 2	OF								OS														2
	Anlage 3					OS			ON							OF								3
	Anlage 4						OS							●N										2
	Anlage 5			ON				OS								OF								3
Montage	Tisch 1	OS								ON					OF									3
	Tisch 2					●F	OF									ON				OS				3
	Tisch 3				ON		OF							OS										3
	Tisch 4	ON												OF			OS							3
Verpacken	Platz 1		OS										●N	●N	ON									2
	Platz 2					●F	OF								OS				ON					3
	Platz 3		●F				OS								ON									3
	Platz 4						ON		OF		OS													3

Bild 4.44 Visualisierung der Auditdurchführung über unterschiedliche Arbeitsplätze (Layer 0)

5 Unterschiedliche Auditformen im LPA

In den letzten Jahren haben sich unterschiedliche Formen von LPA etabliert. Gemeinsam dabei ist, dass immer ein Mitarbeiter (kann auch Führungskraft sein) nach der Umsetzung von bestimmten Tätigkeiten in seiner Arbeit regelmäßig befragt wird. Die Ergebnisse des Audits werden in unterschiedlicher Form transparent dargestellt.

Durch unterschiedliche Zielsetzungen, Prozesse und Führungsstrukturen kommt es zu diesen Varianten in der Durchführung der Audits. Zurzeit sind fünf grundsätzliche Möglichkeiten beobachtbar:

- Hierarchische Audits (Führungskraft geht zu ihrem direkten Mitarbeiter)
- Basis-Audits (Führungskräfte überspringen Layer und gehen zu Layer 1)
- Reverse Audits (Führungskraft arbeitet im Team und wird von Mitarbeitern überprüft)
- Level Audits (Führungskräfte oder Mitarbeiter gehen zu Kollegen auf gleichem Layer)
- Team LPA (Ein Team auditiert sich selbst)

■ 5.1 LPA als hierarchische Audits

Die am häufigsten durchgeführten Audits sind die hierarchischen Audits. In diesem Audit führt der Vorgesetzte in dem auditierten Bereich bei seinen Mitarbeitern die Audits durch. Der Mitarbeiter kann dabei auch eine Führungskraft sein, die wiederum auch Audits bei ihren Mitarbeitern vornimmt. Bild 5.1 zeigt die Funktionsweise von hierarchischen Audits im Layered Process Audit mit einer beispielhaft gewählten Frequenz. Die Audits werden durch die Vorgesetzten bei ihren direkten Mitarbeitern durchgeführt.

In diesem hierarchischen LPA wird durch die Kombination der direkten Führungskraft mit ihren Mitarbeitern viel Fachkompetenz und Verständnis zu dem Prozess gebündelt. Der Vorgesetze wird die Umsetzung des Prozesses tendenziell aus Sicht der Ergebnisverantwortung beurteilen und der Mitarbeiter aus Sicht der Umsetzungsmöglichkeiten oder auch Behinderungen. Genau in den Fällen, wo die festgelegten Vorgaben im Prozess nicht umgesetzt werden, kann durch die direkte Verantwortung der Führungskraft der Mitarbeiter unterstützt werden. Wenn eine Umsetzung nicht möglich ist, kann durch beide Beteiligten am ehesten eine geeignete Lösung gefunden werden.

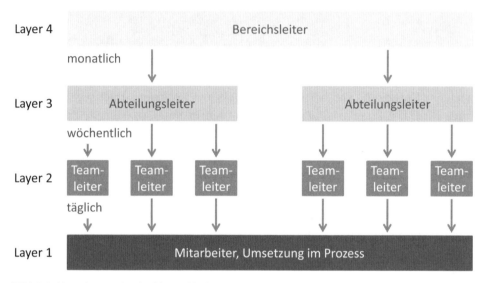

Bild 5.1 Vorgehensweise im hierarchischen Layered Process Audit

Die hierarchischen Audits eignen sich sehr gut für die Einführung und Erprobung von LPA und können eigenständig ohne die anderen hier beschriebenen Auditmöglichkeiten durchgeführt werden. Sie können zu einem beliebigen Zeitpunkt mit den Basis-LPAs ergänzt werden.

> „Durch die Staffelung der Layer ist immer einer nahe dran, der sich auskennt und weiß, was zu tun ist."
> Frank Pfeuffer (Managing Director) Mazurczak Elektrowärme GmbH

Die Frequenzen orientieren sich an den Layern und die Audits werden auf dem untersten Layer 1 am häufigsten durchgeführt. Mit steigendem Layer wird die Frequenz abnehmen. Tabelle 5.1 zeigt die Vorgaben von General Motors an die Frequenz für Layered Process Audits. Tabelle 5.2 zeigt die Frequenzen für hierarchische Audits in einem Produktionswerk mit 700 Mitarbeitern.

Die Umsetzung und die Ergebnisse aus den hierarchischen Audits werden dabei immer in der Visualisierung vor Ort dargestellt.

Tabelle 5.1 Vorgeschlagene Frequenzen für hierarchische Layered Process Audits bei General Motors (Quelle: GM 2011)

Layered Audit Frequency	
Position	Full Audit
Executive Managers/Directors	Quarterly minimum
Plant Manager	1 time/month
Manager/Supervisor	1 time/week
Quality Assurance Inspector	Daily

Tabelle 5.2 Frequenzen für hierarchische Audits

Layer	Auditor	Frequenz
6	Geschäftsführung	1 pro Monat
5	Werksleiter	1 pro Monat
4	Fertigungsleiter	1 pro Woche
3	Fertigungsmeister	1 pro Schicht pro Woche
2	Schichtleiter	3 pro Schicht (Funktion)
1	Maschinenführer Transporteur Prüfer	

■ 5.2 LPA als Basis-Audits

Zusätzlich zu den hierarchischen Audits gibt es die Möglichkeit, dass Audits durch eine Führungskraft auf den untersten Layern durchgeführt werden. Diese Führungskraft überspringt dabei einen oder mehrere Layer und führt die Audits mit den LPA-Checklisten des auditierten Layers durch. Bild 5.2 zeigt, wie beim Basis-Audit durch eine Führungskraft mindestens eine Ebene übersprungen wird und auf unteren Layern ein Audit durchgeführt wird.

Zum Beispiel geht der Vorstand oder Geschäftsführer des Unternehmens in größeren Abständen direkt auf die Shopfloor-Ebene oder Layer 1, um mit den Mitarbeitern die Umsetzung der Prozesse zu bewerten. Genauso wie bei den anderen Audits gelten die LPA-Regeln der Visualisierung und die direkte Korrektur der Nichtumsetzung bei Abweichung. Dies würde dann die gelbe Bewertung in der Visualisierung der LPA-Ergebnisse auslösen. Wenn in diesem Beispiel der Geschäftsführer und der Mitarbeiter nicht in der Lage sind, die Vorgabe umzusetzen, wird zusätzlich die direkte Führungskraft beteiligt. Wenn alle drei nicht in der Lage sind, den Prozess so wie vereinbart umzusetzen, muss in der Visualisierung der LPA-Ergebnisse die rote Farbe gewählt und eine entsprechende Maßnahme gestartet werden. Diese Audits unterstützen den unternehmensweiten Anspruch und die Bedeutung der Umsetzung von vereinbarten Standards und gleichzeitig verstehen übergeordnete Führungskräfte die tägliche Umsetzung der Prozesse besser.

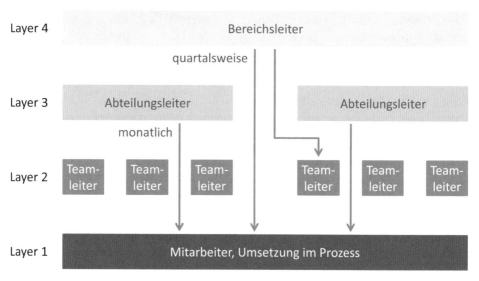

Bild 5.2 Vorgehensweise im Basis-LPA

Tabelle 5.3 zeigt einen Vorschlag von General Motors, wie oft die unterschiedlichen Führungsebenen an die Basis des Prozesses (Layer 1) gehen sollen.

Tabelle 5.3 Frequenzen für LPA-Basis-Audits von General Motors (Quelle: GM 2011)

Layered Audit Frequency	
Position	Full Audit
Plant Manager	1/3 month
Assistant Plant Manager	1/month
Unit Manager	1/month
Shift Manager	1/month
Supervisor	1/week
Teamleader	3/week minimum (must cover all workstations in their area in a week)

Ein positiver Effekt des Basis-Audits ist, dass eine übergeordnete Führungskraft die Bedeutung der Umsetzung der Standards verstärkt und damit auch die Umsetzung des LPA-Systems.

Es gibt Unternehmen, in denen auch andere Interessensgruppen bis zu Besuchern solche Basis-Audits durchführen dürfen. Durch eine mögliche Häufung von solchen Basis-LPAs besteht die Gefahr, dass dadurch irgendwann die ordnungsgemäße Durchführung der Prozesse auf diesem Layer gefährdet wird und der Sinn des Audits somit in Frage gestellt wird.

Häufig werden in der Automobilindustrie vor allem die Basis-LPAs gefordert. Diese können ganz gut an den vorgegebenen Frequenzen erkannt werden.

Es hat einen viel größeren Effekt, wenn die Basis-Audits mit den hierarchischen Audits verbunden werden. Die hierarchischen Audits zeigen dabei, dass das Einhalten von Standards für alle Führungsebenen im Unternehmen gilt.

Die Basis-Audits unterstützen dann diesen Anspruch und werden mit wesentlich geringerer Frequenz durchgeführt.

Basis-Audits sind nicht nur auf Layer 1 durchführbar. Es ist genauso vorstellbar, dass der Geschäftsführer oder Bereichsleiter nur die Basis-Audits verknüpft.

Bild 5.3 zeigt die unterschiedlichen geplanten hierarchischen und Basisaudits in einem Bereich mit den jeweiligen Frequenzen.

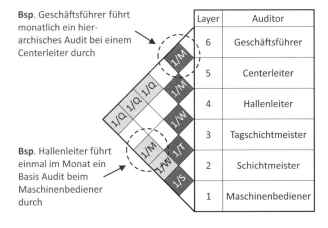

Bild 5.3 Grafische Darstellung für hierarchische und Basis-Audits und deren gewählte Frequenzen

■ 5.3 LPA als Level Audits

Für bestimmte Prozesse kann es erforderlich sein, dass eine Führungskraft den entsprechenden Kollegen auf dem gleichen Layer auditiert. Beispiel könnte ein bereichsübergreifender Entwicklungsprozess sein. Darin ist es u. a. notwendig, dass aus den unterschiedlichen Bereichen Mitarbeiter temporär in den Prozess abgestellt und dort auch die unterschiedlichen Vorgaben umgesetzt werden. Der Bereichsleiter hat dabei die Aufgabe, die Umsetzung dieser Vorgaben bei seinen Mitarbeitern zu überprüfen. Mit einem Level Audit könnte jetzt ein anderer Bereichsleiter genau die Umsetzung dieser Tätigkeiten mit einem LPA feststellen und im Bereich visualisieren. Bild 5.4 zeigt mögliche Level Audits auf den unterschiedlichen Layern.

Es ist auch die Variante möglich, dass Mitarbeiter andere Mitarbeiter in ihrem gemeinsamen Prozess auditieren. Dabei würden sowohl der LPA-Auditor als auch der auditierte Mitarbeiter rollierend durchwechseln. So etwas kann evtl. in einem Bereich helfen, wo auf Grund fehlender personeller Führungsressourcen ein hierarchisches Audit zeitlich nicht durchführbar ist.

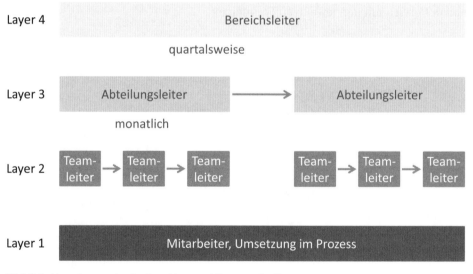

Bild 5.4 Vorgehensweise im Level Layered Process Audit

5.4 LPA als Reverse Audits

Eine häufigere Variante des Layered Process Audit ist das Reverse Audit. Es wird immer dann notwendig, wenn die Führungskraft im Prozess mitarbeitet und in dem Prozess Audits durchführt. Würde in diesem Fall die Führungskraft nur mit dem hierarchischen Audit die Umsetzung der Prozesse bei den anderen Mitarbeitern auditieren, würde seine eigene Tätigkeit nie auditiert werden.

Bild 5.5 zeigt mögliche Varianten des Reverse Layered Process Audit in den Layern. Voraussetzung ist immer die gemeinsame Arbeit in dem Prozess. Dies wird in der Grafik als gestricheltes Oval dargestellt.

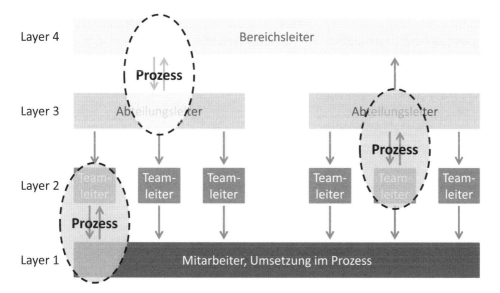

Bild 5.5 Vorgehensweise im Reverse Layered Process Audits

Beispiel

Auf der Station eines Krankenhauses wird mit dem LPA die korrekte Allgemeinpflege überprüft. In jeder Schicht soll dazu wöchentlich ein LPA durch den Schichtleiter durchgeführt werden. Der Schichtleiter arbeitet direkt, ohne Unterschiede zu den anderen Kollegen in der Pflege mit. Der Schichtleiter soll genauso in der Umsetzung der Pflegestandards auditiert werden. Dafür wird in regelmäßigen Abständen (einmal pro Quartal) durch wechselnde Mitarbeiter die Schichtleitung auditiert und das Ergebnis visualisiert dokumentiert.

5.5 LPA als Team-Audits

Diese Auditform lässt sich vereinzelt in administrativen Bereichen beobachten und es ist auch vorstellbar, diese auf dem Shopfloor in der Produktion durchzuführen.

Neu dabei ist, dass nicht nur ein Mitarbeiter gefragt wird, ob er seine relevanten Tätigkeiten umgesetzt hat, sondern das Team befragt sich selbst. Dieses Audit setzt ein hohes Prozessverständnis und -bewusstsein bei dem Team voraus.

Beispielsweise treffen sich die Mitarbeiter einer Vertriebsabteilung wöchentlich vor dem LPA-Board, wählen zufällig ein oder mehrere Vertriebsvorgänge (Akquisen) aus und überprüfen gemeinsam, ob die wichtigen Tätigkeiten in diesem Vorgang tatsächlich umgesetzt sind.

Die Fragen können dabei im Vorfeld genauso erarbeitet werden wie bei den hierarchischen oder Basis-Audits. Es gibt auch Varianten, wo das Team sich die Fragen zufällig aus einem Kästchen mit bereitgestellten Fragen zieht. Die bereitgestellten Fragen sind dabei über die Zeit aus negativen Erfahrungen in dem Prozess durch das Team selbst entstanden.

6 Geeignete Layer-Struktur und Frequenzen finden

Für die Durchführung von LPA bedarf es Führungsebenen und Mitarbeiter, die in Prozessen Tätigkeiten ausüben. Diese im Unternehmen vorhandenen Ebenen und Bereiche können in einer Layer-Struktur abgebildet werden. Die Layer-Struktur entspricht einer Matrix. Die Spalten umfassen die bekannte Organisation mit ihren Werken, Bereiche, Abteilungen, Zellen, Prozesse etc. Die Zeilen sind die vorhandenen Führungsebenen.

Bild 6.1 zeigt die logische Layer-Struktur im Unternehmen. Jeweils eine Führungskraft mit dem Mitarbeiter auf der Ebene darunter bildet eine Layereinheit. Für diese Layereinheit können mit einem spezifischen Fragenkatalog und einer geeigneten Frequenz entsprechende LPAs durchgeführt werden. Für das LPA auf Layer 1 werden über Stichproben an Arbeitsplätzen, Anlagen, Maschinen o. Ä. die Mitarbeiter des Layer 1 auditiert.

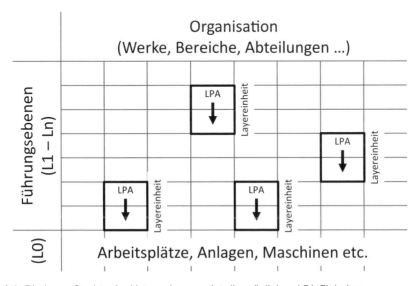

Bild 6.1 Die Layer-Struktur im Unternehmen zeigt die möglichen LPA-Einheiten

Diese Layereinheiten entsprechen auch den LPA-Keimzellen und sind die Grundlage für den Erfolg von Layered Process Audit im Unternehmen. Jede Layereinheit hat ihre eigene LPA-Checkliste mit eigenen LPA-Fragen und einer auf die Layereinheit angepassten Frequenz. Jede Layereinheit hat auch eigene Ergebnisse und Risiken, die durch die Umsetzung des Prozesses entstehen. Absicht von LPA ist es, diese Ergebnisse zu verbessern und Risiken zu minimieren. Darauf müssen sich die Fragen in der für die Layereinheit spezifischen LPA-Checkliste ausrichten.

 Mehrere Layereinheiten können eine Visualisierung gemeinsam benutzen.

6.1 Die LPA-Keimzelle

Die LPA-Keimzelle im Unternehmen ist die kleinste Layereinheit. Sie beginnt im Prozess auf Layer 1 bei den Menschen mit ihren unterschiedlichen Tätigkeiten. Im LPA lassen diese unterschiedliche Tätigkeiten sich als Funktionen abbilden. Darüber kommt auf Layer 2 die jeweilige Führungskraft oder auch Führungskräfte, wenn es einen Schichtbetrieb gibt. Diese Gruppe von Menschen soll für die LPA-Umsetzung gewonnen werden und alles, was dies verhindert, sollte vermieden werden. Zu den Hindernissen gehört Folgendes:

- Schlechte Information der Führungskräfte und Mitarbeiter.
- Vorgegebene Fragen oder Fragen werden von einem anderen Bereich kopiert.
- Kundenanforderung als Grund für die Einführung von LPA.
- Ungeeignetes oder schwer zu bedienendes Tool (Excel, Access) für die Gestaltung der Checklisten.
- Die darüberliegenden Layer führen keine LPAs durch.

Wenn jetzt den Menschen das Instrument an die Hand gegeben wird, können diese, wie in Bild 6.2 gezeigt, konsequent ihren Prozess mit den für sie wichtigen Tätigkeiten in die Umsetzung bringen. Aus jeder Abweichung im Prozessergebnis lassen sich so die entsprechenden Lösungen finden und über neue Fragen konsequent umsetzen. In produzierenden Prozessen mit Schichtbetrieb lässt sich immer besser erkennen, dass zur Keimzelle die Menschen mit ihren Funktionen (Einrichter, Pressenfahrer, Transporteur, Verpacker etc.), die jeweiligen Schichtführer und der Meister darüber gehören. Diese müssen in ihrer eigenen LPA-Keimzelle dafür gewonnen werden, den Prozess konsequent auf die Verbesserung der Ergebnisse auszurichten. Je mehr sie dabei unterstützt und je weniger gehindert sie werden, umso besser wird die Ergebnisverbesserung in dem Prozess sein.

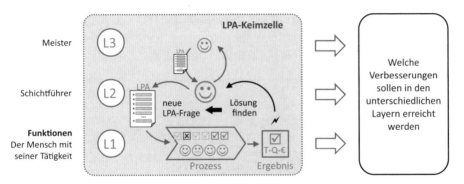

Bild 6.2 Die LPA-Keimzelle für die Verbesserung

Diese Keimzellen setzen sich über die Layer-Struktur weiter fort. Bild 6.3 zeigt, wie in einer Layer-Struktur mit fünf Layern und drei Abteilungen elf Keimzellen aktiv mit LPA an der Verbesserung der Prozesse arbeiten können, wenn LPA auf die Verbesserung der Ergebnisse ausgerichtet ist und die beteiligten Führungskräfte dies verstehen und auch wollen. Jede Layereinheit (Führungskraft mit Mitarbeitern) kann gleichzeitig eine LPA-Keimzelle für die Verbesserung der Ergebnisse sein.

Layer 5	Geschäftsführer						
Layer 4	Abteilungsleiter Produktion			Abteilungsleiter			Abteilungsleiter Vertrieb
Layer 3	Meister Fertigung		Meister Lager	Teamleiter Planung	Teamleiter Konstruktion		
Layer 2	Schichtführer Bearbeitung	Schichtführer Montage	Schichtführer Lager				
Layer 1	Funktionen • Einrichter • Maschinenbediener	Funktionen • Monteur • Prüfer	Funktionen • Lagerist • Transporteur	Funktionen • Planer	Funktionen • Projektleiter • Konstrukteur		Funktionen • Key Account Manger • Innendienst
Layer 0	Maschinen	Arbeitsplätze	Arbeitsplätze	Arbeitsplätze	Projekte		Teams

 Keimzelle Wertschöpfung
Keimzelle Führung

In dieser einfachen Struktur sind 6 LPA-Keimzellen für die Wertschöpfung und 5 LPA-Keimzellen für die Führung erkennbar

- Jede Keimzelle braucht seine eigenen Fragenkatalog und für jede Funktion eine eigene Checkliste.
- Die Anzahl der LPA-Boards hängt von der Größe der Keimzelle in Mitarbeiteranzahl und räumlicher Distanz ab.

Bild 6.3 Unterschiedliche Keimzellen in der Layer-Struktur des Unternehmens

> **!** Jede LPA-Keimzelle braucht ihren eigenen Fragenkatalog und jede Funktion ihre eigene Checkliste.

In einem Unternehmen mit ca. 100 Mitarbeitern sind zwischen sechs und 15 Keimzellen zu finden, die für die Verbesserung aktiviert werden können. In einem Unternehmen mit 1000 Mitarbeitern werden es 30–60 solche Keimzellen sein.

Bild 6.4 zeigt vier Gründe, warum LPA die Ergebnisse im Unternehmen verbessern wird.

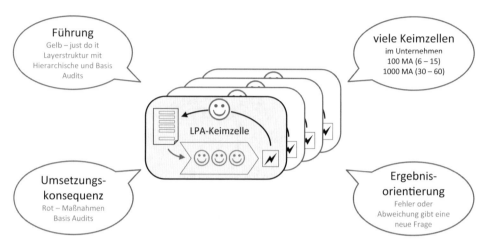

Bild 6.4 Vier Gründe warum LPA die Prozesse verbessern wird

Die Einführung von LPA schafft es, dass die große Anzahl von LPA-Keimzellen jeden Tag konsequent selbst erstellte LPA-Fragen auditiert und für jede Prozessabweichung eine Lösung sucht und diese konsequent mit neuen LPA-Fragen überprüft. Die Führungskraft ist es, die dafür verantwortlich ist, dass LPA wichtig und kurz bleibt.

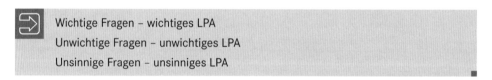

Wichtige Fragen – wichtiges LPA
Unwichtige Fragen – unwichtiges LPA
Unsinnige Fragen – unsinniges LPA

Bei einer gelben Abweichung zeigt die Führungskraft sowohl im hierarchischen Audit als auch im Basis-Audit sofort, dass die Tätigkeit hinter der LPA-Frage umgesetzt wird. Sie fragt nicht, warum die Frage nicht umgesetzt ist. Die Frage alleine würde den Mitarbeitern das Gefühl geben, dass es einen theoretischen Grund geben könnte, die Vorgabe nicht einzuhalten. Wenn es nicht geht, die Tätigkeit umzusetzen, wird die Führungskraft beim Versuch, es zu tun, selbst darauf kommen.

Wenn es nicht geht und die Frage mit Rot bewertet wird, zeigen die Führungskräfte mit ihrer Umsetzungskonsequenz, ob die Einhaltung der selbst definierten Standards ihnen wichtig ist.

 Schreibe nur LPA-Fragen zu Tätigkeiten als Führungskraft, wenn du auch bereit bist, die Umsetzung zu fordern und ggf. die notwendigen Maßnahmen umzusetzen oder einzufordern.

Die Führungskräfte werden dann die richtigen Fragen bringen, wenn ihnen die Ergebnisse des Prozesses transparent sind und sie bereit sind, für jede Ergebnisabweichung eine Verbesserung zu suchen und eine neue LPA-Frage zu gestalten. Dafür können im Unternehmen durchaus auch vorhandene Verbesserungssysteme (8D, A3, PDCA, Fast Response, Shopfloormanagement, Kaskaden etc.) genutzt und LPA auf diese angepasst werden.

■ 6.2 Vertikale und horizontale Struktur

Als Layer werden die unterschiedlichen Ebenen bezeichnet, auf denen das Layered Process Audit durchgeführt wird. Die Layer lassen sich sehr gut eingrenzen. Layer n ist die ranghöchste Führungskraft.

Der oberste Layer n zeichnet sich meistens dadurch aus, dass dort nicht mehr nach Vorgehen oder Standards gefragt wird, sondern das Erreichen von Ergebnissen das oberste Bewertungskriterium ist. Durch die fehlenden Standards oder Prozessvorgaben bringt LPA auf diesem Layer keinen Nutzen mehr. Die Führungskräfte des Layers n werden also nicht mehr selbst auditiert, sondern führen nur noch auf ihren direkt untergeordneten Führungsebenen hierarchische LPAs und gegebenenfalls Basis-LPAs auf darunterliegenden Layern durch.

Der unterste Layer ist der Layer 0. Das sind die unterschiedlichen Arbeitsplätze, Anlagen, Maschinen etc., an denen die Menschen des Layer 1 arbeiten und an denen das LPA von Layer 2 zu Layer 1 durchgeführt wird.

Beispiel

In einem Unternehmen gibt es die Funktion (Mensch mit seiner Tätigkeit) eines Pressenfahrers auf Layer 1. Auf Layer 2 gibt es einen Pressenmeister, der die Audits auf Layer 1 durchführt. Die Auditfrequenz ist mit einmal pro Tag angegeben. Es gibt 20 Pressen, die von jeweils einem Pressenfahrer bedient werden. Wenn jetzt der Pressenmeister (Layer 2) einen Pressenfahrer (Layer 1) auditieren will, muss er sich für eine Presse (Layer 0) entscheiden, an der er jetzt sein Audit durchführt. In der Art und Weise, wie LPA geführt, dokumentiert und visualisiert wird, sollte es jetzt ein System geben, dass der Meister nicht jeden Tag zur gleichen Presse geht. Es könnte z. B. ein Zufallsprinzip geben, anhand dessen auf Layer 0 die zu auditierende Presse ausgewählt wird. ■

Auf Layer 1 finden sich die Funktionen der Mitarbeiter ohne Führungsaufgabe, die über die Layer-Struktur den jeweiligen Layer 2 zugeordnet werden. Eine Funktion beschreibt grob die Aufgabe des Mitarbeiters. Ein Maschinenbediener bedient die

Maschine, ein Einrichter richtet sie ein. Ein Verkäufer verkauft, der Entwickler entwickelt usw. Im LPA bekommt jede Funktion eine eigene LPA-Checkliste, da ja im Audit die Tätigkeiten des Mitarbeiters abgefragt werden und die Tätigkeiten sehr viel mit der Funktion zu tun haben.

Es gibt die Varianten, dass Mitarbeiter unterschiedliche Funktionen haben und diese auch in einer Checkliste zusammengeführt werden.

Ein Mitarbeiter ohne Führungsaufgabe befindet sich in der Layer-Struktur mit seiner Funktion immer auf Layer 1.

Die Nummerierung der Layer erfolgt von unten mit 0 bis ganz nach oben mit „n". „n" steht hier als Variable, die durch die tatsächliche Anzahl der Ebenen ersetzt wird.

Die Layer im Sinne von Ebenen strukturieren das Layered Process Audit im Unternehmen. Über diese Layer wird die Umsetzung des LPA zwischen dem Auditor auf dem höheren Layer und den Auditierten im niedrigeren Layer festgelegt. Tabelle 6.1 zeigt, welche Layer Audits durchführen, welche Layer auditiert werden und auf welchen Layer die möglichen Stichproben für das LPA gezogen werden können.

Tabelle 6.1 LPA-Rollen in den unterschiedlichen Layern

Layer	Inhalt	Aufgabe
Layer n	Höchste Führungskräfte in der betrachteten Organisation	auditiert und wird **nicht** selbst auditiert
Layer 2 – (n–1)	Führungskräfte der Layer zwischen n und Layer 1	auditieren und werden auditiert
Layer 1	Mitarbeiter ohne Führungsaufgabe	auditieren **nicht** und werden auditiert Ausnahme Reverse und Level Audits
Layer 0	Arbeitsplätze oder Maschinen	Stichprobe für die Durchführung des Audits

Bild 6.5 zeigt, wie unterschiedliche Verantwortungen die Layer definieren und wie die LPAs in einer Kaskade über die Layer durchgeführt werden. Das Audit des Layer 1 erfolgt durch die direkte Führungskraft auf Layer 2. Dafür wählt er eine Stichprobe unter den vorhandenen Mitarbeitern aus. Das gegebenenfalls vorgesehene Audit für die Führungskraft auf Layer 2 führt die nächste Führungskraft aus Layer 3 durch usw.

Auf Layer 1 werden nur Audits durch übergeordnete Layer durchgeführt und die Mitarbeiter auf Layer 1 führen selbst keine Audits durch. Eine Ausnahme ist das Reverse Audit. Dies kann dann eingesetzt werden, wenn die Führungskraft des Layer 2 in dem Prozess mitarbeitet. In diesem Fall kann dann in festzulegenden

Abständen ein Mitarbeiter des Layer 1 die Führungskraft auditieren. Eine weitere Ausnahme kann ein Level Audit sein. In diesem Fall würden sich die Mitarbeiter im Layer 1 selbst auditieren. Dies setzt ein sehr gutes Prozess- und LPA-Verständnis voraus.

Layer		Verantwortung
n	Führungskraft	Ergebnisse
3	Führungskraft	Ergebnisse + Prozesse
2	Führungskraft	Ergebnisse + Prozesse
1	Mitarbeiter mit seinen Funktionen	Prozesse
0	Arbeitsplätze, Anlagen, Maschinen ...	LPA Stichprobe

Bild 6.5 LPA-Kaskade über die unterschiedlichen Layer

Die LPA-relevanten Aufgaben der Führungskraft aus dem übergeordneten Layer umfassen die Festlegung, Überarbeitung und Weiterentwicklung von Fragen in den LPA-Checklisten und die Durchführung der LPAs im darunterliegenden Layer. Ein Layered Process Audit durch die Führungskraft soll und darf sich nicht auf eine andere Person delegieren lassen. Aufgabe der Mitarbeiter ist es, den Prozess richtig umzusetzen und im LPA die Umsetzung der Vorgaben zu zeigen. Bild 6.6 zeigt die LPA-Logik mit den Beteiligten in den beiden Layern und ihre Aufgaben im Prozess und im Layered Process Audit.

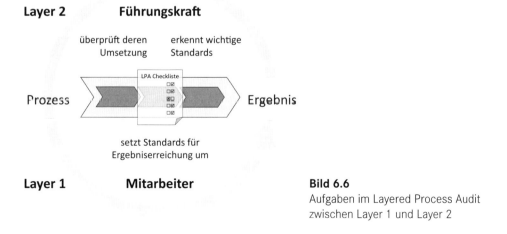

Bild 6.6 Aufgaben im Layered Process Audit zwischen Layer 1 und Layer 2

Bei der Gestaltung und Festlegung der Layer sollte grundsätzlich darauf geachtet werden, dass die Layer und deren hierarchische Ebenen im Unternehmen vergleichbar sind. Sollte in einem Bereich eine Führungsebene nicht vorhanden sein, kann der Layer in der Nummerierung übersprungen werden und die angrenzenden Layer sind wieder vergleichbar. In der Layer-Struktur sollte der nicht vorhandene Layer mit einer entsprechenden Markierung oder einem Symbol gekennzeichnet werden.

Die Layer-Struktur sollte für das gesamte Unternehmen oder die gesamte organisatorische Einheit erarbeitet werden, auch wenn zuerst nur in einem Bereich LPA eingeführt werden soll.

Tabelle 6.2 zeigt die Layer-Struktur in einem produzierenden Unternehmen mit ca. 600 Mitarbeitern an einem Standort. Gut zu sehen ist, dass zwei Layer nicht in allen Bereichen besetzt sind. Durch die eingefügten Leerräume bleiben die Layer L3, L5 und L6 im Unternehmen vergleichbar. Auf Layer 1 sind die Funktionen der Mitarbeiter ohne Führungsaufgabe erkennbar. Für jede Funktion wird es eine eigene LPA-Checkliste geben. Auf Layer 0 wird das jeweilig durchzuführende LPA ausgewählt.

Tabelle 6.2 Layer-Struktur eines produzierenden Unternehmens mit drei Bereichen

Layer	Mischerei	Extrusion	Konfektion
L6	Geschäftsführer		
L5	Bereichsleiter Mischerei	Bereichsleiter Extrusion	Bereichsleiter Konfektion
L4	Produktionsleiter	–	–
L3	Schichtleiter	Schichtleiter	Schichtleiter
L2	–	Linienverantwortlicher	–
L1	Kneter Bereitsteller Walzwerker Feineinwieger Kühlanlagenfahrer	Abnehmer Lacker Anlagenfahrer Wickler Laminatorfahrer	Transporteur Endkontrolleur Säger Pressenfahrer Verputzer
L0	x Kneter x Stapler x Walzwerke x Arbeitsplätze Waagen x Kühlanlagen	x Extruderlinien x Wickelanlagen x Laminatoren	x Hubwägen x Kontrollarbeitsplätze x Sägen x Pressen x Arbeitsplätze Verputzer

Ein Organigramm des Unternehmens oder des betroffenen Bereichs bietet für die Gestaltung der Layer eine gute Orientierung. Es lassen sich daraus die horizontalen Ebenen und vertikalen Strukturen im Unternehmen erkennen.

Die definierten Layer im LPA sollen und können nicht die vorhandene Aufbauorganisation mit ihren festgelegten unterschiedlichen Verantwortungen ersetzen.

Sie werden für die Überprüfung von Prozessumsetzungen verwendet. Im LPA kann es vorkommen, dass der überprüfende Layer das LPA durch seine Prozessverantwortung auslöst und nicht durch eine organisatorische oder hierarchische Verantwortung für den darunterliegenden Layer.

Ein Beispiel könnte sein, dass eine Führungskraft aus der Logistik die Einhaltung von wichtigen logistikrelevanten Prozessen in den betroffenen untergeordneten Layern überprüft. Oder in einem Krankenhaus überprüft der OP-Manager die administrativen oder organisatorischen Tätigkeiten der beteiligten Ärzte.

Zielsetzung bei der Gestaltung der Layer-Struktur ist es, die LPA-betroffenen Bereiche sowie die logischen und notwendigen Layer oder Ebenen im Unternehmen zu erkennen. Dabei ist es wichtig, dass die Layer über die vertikalen Bereiche (Reihen) aus den unterschiedlichen Betrachtungsrichtungen vergleichbar sind. Es spielt keine Rolle, wenn in einer Reihe ein Layer nicht wahrgenommen wird. Das Bild hilft auch, die möglichen Pilotbereiche für die Einführung von LPA besser zu erkennen.

Folgende Schritte bieten sich an, eine erste Layer-Struktur zu entwickeln:

Tragen Sie die Funktion des obersten Layer (Geschäftsführer (GF), Direktor, Werksleiter etc.) ein. Damit begrenzen Sie den relevanten Unternehmensbereich für die LPA-Umsetzungen.

Formulieren Sie die Bezeichnungen für die Funktionen auf dem untersten Layer 1 (Werkzeugmacher, Ableger, Krankenschwester, Einrichter, Maschinenführer etc.).

Gestalten Sie den Layer unter dem obersten Layer. Damit definieren Sie die Bereiche, in denen LPA möglich sein kann. Vervielfachen Sie die Kästchen auf diesen Layern und tragen Sie die jeweiligen Funktionen (Leiter Montage, Werksleiter, kaufmännischer Leiter etc.) auf dem Layer ein.

Gestalten und füllen Sie alle darunterliegenden Layer bis zum Layer 1.

Erkennen Sie die Anzahl der möglichen Arbeitsplätze auf Layer 0 für die Durchführung des Audits.

Wenn ein Layer in einer vertikalen Reihe nicht gefüllt ist, weil diese Position in dem Prozess keine Rolle spielt, markieren Sie dies mit einem Kreuz oder einem beliebigen anderen Symbol.

Nummerieren Sie auf der rechten Seite die Layer von unten nach oben.

Tragen Sie auf der linken Seite die Anzahl der Mitarbeiter in diesem Layer ein. Auf Layer 1 und Layer 0 ist es hilfreich, wenn Sie die Anzahl der Mitarbeiter in diesem Layer und die Reihe direkt zu den Funktionen mit eintragen.

Bild 6.7 zeigt die Layer-Struktur in einem Produktionsbetrieb mit 700 Mitarbeitern. Rechts steht die von unten nach oben gezählte Layer-Nummer und auf der linken Seite sehen Sie die Anzahl der Mitarbeiter in diesem Layer.

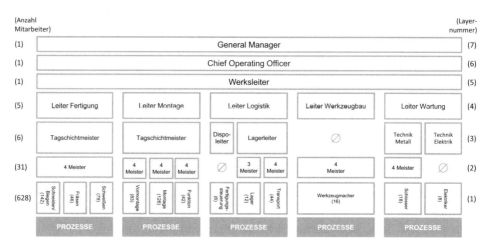

Bild 6.7 Layer-Struktur in einem Produktionsbetrieb mit 700 Mitarbeitern

Bild 6.8 zeigt die Layer-Struktur in einem spezialisierten Krankenhaus mit 250 Mitarbeitern. Eine Besonderheit ist, dass bei der Überprüfung von Vorgaben zwischen administrativen und fachlichen (medizinischen) Vorgaben und damit auch Kompetenzen unterschieden wird.

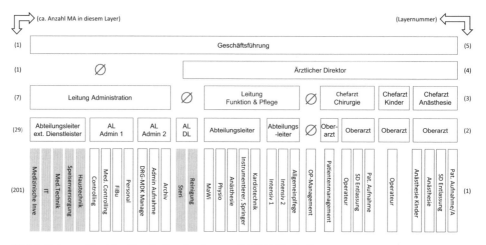

Bild 6.8 Layer-Struktur für ein Krankenhaus mit 250 Mitarbeitern

Bild 6.9 zeigt die Layer-Struktur eines Unternehmens mit ca. 100 Mitarbeitern. In dieser Layer-Struktur wird die relevante Vorgabedokumentation mit ihren Verfahrens- und Arbeitsanweisungen direkt den entsprechenden vertikalen Bereichen oder Spalten in der Layer-Struktur als Grundlage für die Gestaltung der LPA-Checklisten zugeordnet.

Layer 6	Geschäftsführer																	
Layer 5	Kaufm. Zentral bereich	Ent- wicklung	Marke- ting	Vertrieb			Produktion											
Layer 4							Fertigung					Waren- wirtschaft					QS	
Layer 3							Endmontage			Mech -anik	AV	Ein- kauf	Lager					
Layer 2					Ver. Aus- land	Vertrieb Inland	Vor- Mon- tage- Team	End- Mon- tage- Team	Sen- sorik- Team									
Layer 1	Buchhaltung	Personal	Produktbereich A	Produktbereich B	Produktbereich C	Normung	Werbung	Dokumentation	Kalkulation	Vertrieb Inland	Versand					Lager	Sägerei	Prüfungen	Wareneingang
Vorgabedokumentation mit Verfahrens- und Arbeitsanweisungen																		

Bild 6.9 Layer Struktur für ein produzierendes Unternehmen mit ca. 100 Mitarbeitern

Bild 6.10 zeigt im Überblick, an welcher Stelle im Unternehmen LPA in welcher Frequenz durchgeführt wird. Die Kreissegmente sind immer bei der auditierten Layerebene eingetragen.

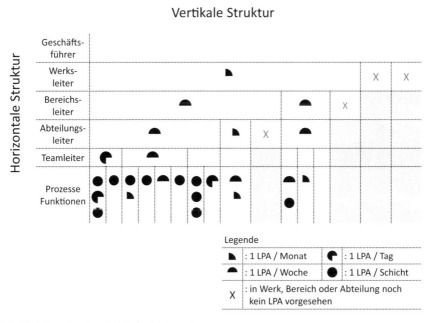

Bild 6.10 Intensität der Audits im Unternehmen

6.3 Frequenzen für LPA-Stichproben

Ein Layered Process Audit ist immer eine Stichprobenprüfung. Die LPA-Häufigkeit oder Frequenz beschreibt, wie oft ein LPA in einem Zeitraum auf einer Funktion stattfindet oder wie groß der Abstand zwischen zwei Stichprobenentnahmen ist.

Durch LPA soll kein Echtzeitcontrollingsystem für die Prozessumsetzung entstehen. LPA muss eine Stichprobe bleiben.

Die LPA-Häufigkeit oder Frequenz als zeitliche Größe schwankt üblicherweise zwischen einmal pro Schicht bis einmal pro Monat. Zeiträume wie einmal pro Stunde oder einmal pro Jahr sind theoretisch möglich und abhängig von dem betrachteten Prozess.

Die Frequenz ist 1/Periodendauer. Bei der Angabe der Frequenz wird statt der Periodendauer oft die Häufigkeit angegeben. Die Frequenz ist dann 1/Häufigkeit.

Tabelle 6.3 Beispiele für unterschiedliche Häufigkeiten und deren Frequenzen

Häufigkeit (Periodendauer)	Frequenz
Stunde	Einmal pro Stunde
Schicht	Einmal pro Schicht
Halber Tag	Zweimal pro Tag
Tag	Einmal pro Tag
Woche	Einmal pro Woche
Zwei Wochen	Zweimal pro Monat
Monat	Einmal pro Monat

Auditfrequenzen sollten nicht seltener als monatlich stattfinden. Quartalsaudits geraten schnell in Vergessenheit.

Diese Zeiträume, Häufigkeiten oder Frequenzen werden durch zwei wesentliche Faktoren beeinflusst:

1. Wie viele Mitarbeiter arbeiten in dieser Funktion in dem ausgewählten Prozess?
2. Wie oft sollte ein Mitarbeiter im LPA befragt werden?

Die Frequenz ergibt sich durch die Multiplikation der beiden Werte. Sie zeigt die Anzahl der Audits, die in dem Bewertungszeitraum gemacht werden sollen.

Arbeiten zum Beispiel 18 Mitarbeiter in einer Schicht und jeder Mitarbeiter soll ca. 1x pro Monat im Audit dabei sein, müssten in diesem Bereich 18 LPAs im Monat gemacht werden. Wenn jetzt 1/Schicht ein Audit gemacht wird, wird jeder Mitarbeiter ca. 1x pro Monat auditiert.

Beispiel

In einem Entwicklungsprozess sind weltweit ca. 50 Projektleiter daran beteiligt, die Entwicklungsprojekte nach vorgegebenen Regeln zu managen. Mit einem LPA sollen die Projektleiter durch die Mitglieder eines übergeordneten Project Board überprüft werden, ob die Details des Entwicklungsprojektmanagements in ihren Projekten umgesetzt werden. Wenn jeder Projektleiter jährlich einmal in einem Audit dabei sein soll, müssten im Jahr 50 Audits stattfinden. Die sich daraus ableitende Frequenz wäre ein LPA pro Woche. Sollte jeder Projektleiter einmal im Quartal mit einem LPA an seine Regeln erinnert werden, müssten 200 Audits (vier Audits pro Jahr x 50 Projektleiter) durchgeführt werden. Die Frequenz wäre dann ca. ein LPA pro Tag. In diesem Unternehmen hat man sich für ein LPA pro Woche durch ein Mitglied des Project Board entschieden. Im Project Board waren sechs Mitglieder und somit musste jedes Mitglied alle sechs Wochen ein Audit bei einem Projektleiter durchführen.

Die Anzahl der Mitarbeiter in einer Funktion ist relativ leicht zu beantworten. Die Anzahl wird in einem bestimmten Umfang mit der Anzahl der Arbeitsplätze, Anlagen, Maschinen, ... auf Layer 0 korrelieren.

Schwieriger wird es bei der Frage, wie oft ein Mitarbeiter mit LPA befragt werden soll. Diese Antwort wird durch unterschiedliche Kriterien beeinflusst.

- **Bedeutung des Prozesses mit seinen Ergebnissen für das Unternehmen**

  Je höher die Bedeutung des Prozesses mit seinen Ergebnissen und je höher das Risiko für das Unternehmen, desto öfter sollten die Audits durchgeführt werden, um eine Umsetzung der relevanten Prozessstandards sicherzustellen.

- **Dynamik im Prozess und in seinen Vorgaben**

  In Prozessen, in denen die Prozessvorgaben häufig wechseln müssen, hilft es, wenn über ein häufigeres LPA die Mitarbeiter immer wieder an die neuen Vorgaben oder Standards erinnert werden.

- **Bekannte Prozessabweichungen, Fehler und Reklamationen**

  Je höher der Fehleranteil durch nicht eingehaltene Vorgaben im Prozess ist, desto öfter sollten die Audits gemacht werden, um eine Umsetzung der relevanten Prozessstandards sicherzustellen. Wichtig dabei ist, dass die LPA-Fragen sich aus den aktuellen Abweichungen, Fehlern oder Kundenreklamationen ableiten.

- **Aktualität der Vorgaben**

  LPA schafft mit seinen Checklisten und Fragen eine Art von Prozessvorgaben. Wenn in dem Unternehmen die vorhandene Dokumentation nicht aktuell ist oder fehlt, sollte das LPA häufiger durchgeführt werden, um den Mitarbeitern mehr Sicherheit für ihr Handeln zu geben. In den Fällen, wo die Dokumentation nicht aktuell ist, kann über die LPA-Checklisten mit den Fragen ein konkurrierendes Vorgabesystem entstehen. Deshalb müssen die Prozessvorgaben (Prozessbeschreibungen, Verfahrensanweisungen, Arbeitsanweisungen) im Unternehmen unbedingt mit den LPA-Fragen abgeglichen werden. Das Gleiche gilt umgekehrt.

- **Fluktuation der Mitarbeiter**

  Durch Fluktuation kommen immer wieder neue Mitarbeiter in den Prozess und müssen in der Umsetzung der Prozessstandards unterstützt werden. Zu Fluktuation gehört auch der normale Wechsel des Arbeitsplatzes oder Zeit- oder Ferienarbeiter.

- **Vielfalt und Wiederholung der Tätigkeiten im Prozess**

  Je komplizierter und vielfältiger der zu auditierende Prozess ist, desto häufiger sollten Audits durchgeführt werden, um die beteiligten Mitarbeiter an die unterschiedlichen Prozessstandards zu erinnern und deren Umsetzung zu überprüfen. Das Gleiche gilt für die im Prozess vorhandene Wiederholung. Je geringer die tägliche Wiederholung im Prozess ist, desto häufiger sollten Audits gemacht werden. Je häufiger die tägliche Wiederholung im Prozess ist, desto seltener müssten die Audits gemacht werden oder sogar die Durchführung von LPAs in Frage gestellt werden.

- **Erfahrung der Mitarbeiter in der Prozessumsetzung**

  Je geringer die Erfahrung und Qualifikation des Mitarbeiters des zu auditierenden Prozesses ist, desto häufiger sollten Audits bei ihm durchgeführt werden, um die beteiligten Mitarbeiter an die unterschiedlichen Prozessstandards zu erinnern und deren Umsetzung zu sichern. Es ist durchaus vorstellbar, dass bei neuen Mitarbeitern das Audit häufiger durchgeführt wird.

 Idealerweise sollte ein Mitarbeiter so oft in einem LPA beteiligt werden, bis der Standard sicher umgesetzt wird.

 Eine gute Regel ist, jeden Mitarbeiter einmal im Monat an einem LPA zu beteiligen.

Bei der Festlegung der Frequenz für ein Audit müssen die wirksamen Effekte von LPA berücksichtigt werden. Durch die Durchführung und Visualisierung der Layer

Process Audits werden Mitarbeiter und Führungskräfte an ihre Prozessvorgaben erinnert, deren Bedeutung wird deutlich gemacht und die Umsetzung dieser Vorgaben wird durch die Führungsmannschaft eingefordert. Dies passiert im Unternehmen über drei unterschiedliche Effekte:

- **Effekt 1: Ein Mitarbeiter ist im Audit selbst dabei.**

  Der erste direkte Effekt entsteht für den Mitarbeiter, da er an einem hierarchischen oder Basis-LPA als Auditierter teilnimmt. Durch die Überprüfung aller festgelegten LPA-Fragen wird er konsequent an die Durchführung aller durchzuführenden Standards erinnert und die Erfüllung der Anforderung wird von ihm eingefordert.

  Über die im Falle einer Nichtumsetzung gegebenenfalls notwendige gemeinsame nachträgliche Umsetzung der Vorgaben mit seinen auditierenden Vorgesetzen spürt er die Ernsthaftigkeit der Vorgaben. So wird er die Notwendigkeit und Möglichkeiten für eine Veränderung erkennen und er erlebt über die durch seine Vorgesetzten einzuleitende Maßnahme die Unterstützung der Führungskraft für eine konsequente Prozessumsetzung.

  Die Visualisierung der Auditergebnisse ist gleichzeitig Anerkennung und Ansporn für eine konsequente Prozessumsetzung. Ein Mitarbeiter, der einmal in einem LPA mit seinem Vorgesetzten dabei war, wird anders über die Prozessvorgaben denken und diese bewusster versuchen umzusetzen.

- **Effekt 2: Ein Mitarbeiter muss damit rechnen, im Audit selbst dabei zu sein.**

  Der zweite Effekt entsteht für die Mitarbeiter, die damit rechnen müssen, im Audit beteiligt zu werden. Die Stichprobensysteme für die hierarchischen Audits sollten so ausgelegt sein, dass es nicht vorhersehbar ist, wer als Nächstes im LPA auditiert wird. Die Mitarbeiter werden dadurch ihre Prozessvorgaben auf einem akzeptablen Umsetzungsstand halten, um in einem eventuell anstehenden LPA die positive Anerkennung zu bekommen.

- **Effekt 3: Ein Mitarbeiter beobachtet, wie Audits durchgeführt werden.**

  Der dritte Effekt entsteht in der Breite im Unternehmen für alle, die LPA kennen und dessen Visualisierung beobachten. Sie erkennen, dass im Unternehmen durch Führungskräfte Wert auf Prozessumsetzung gelegt wird und behindernde Umstände durch geeignete Maßnahmen auch geändert werden. Diese Beobachtungen motivieren, über eigene Prozessvorgaben und deren Umsetzung zu reflektieren. Voraussetzung dafür ist, dass grundsätzlich verstanden ist, was LPA und dessen Visualisierung bedeutet. Zudem wird erkannt, dass die eigene Arbeit direkt das Arbeitsergebnis beeinflusst und die Meinung der Mitarbeiter wertgeschätzt wird.

7 Externe Anforderungen an die Umsetzung von LPA

Die meisten Unternehmen bewegen sich in einem Umfeld, wo externe und interne Anforderungen die Einführung und Umsetzung eines Qualitätsmanagementsystems, die Gestaltung und Umsetzung von unterschiedlichen Prozessvorgaben oder die Durchführung von den unterschiedlichsten Review- und Auditarten erfordern.

Dies kann Voraussetzung sein, Kundenaufträge zu bekommen, und reicht vom einfachen Nachweis einer notwendigen Zertifizierung bis zu einer detaillierten Begutachtung und Einflussnahme auf interne Prozesse.

Die Liste der unterschiedlichen Systemnormen für die Managementsysteme ist sehr lang.

- Qualitätsmanagement allgemein (ISO 9001:2015),
- Sektorspezifische Qualitätsmanagementnormen
    - in der Automobilindustrie (IATF 16949:2016)
    - in der Luft-, Raumfahrt und Verteidigungsindustrie (DIN EN 9100 ff)
    - AQAP (Allied Quality Assurance Publications) Normen für Qualitätssicherungssystemen (NATO)
    - im Gesundheitswesen (DIN EN 15224)
    - für Medizinprodukte (DIN EN ISO 13485:2016)
    - für den Schienenverkehr (IRIS International Railway Industry Standard)
    - in der Informations- und Kommunikationsindustrie (TL 9000)
- Umweltmanagement (ISO 14001 ff, EMAS Verordnung Eco-Management and Audit Scheme)
- Arbeitsschutzmanagement (OHSAS 18001-Occupational Health and Safety Assessment Series – zukünftig ISO 45001)
- Compliance Management System (ISO/DIS 19600)
- Anti Bribery Management System (ISO 37001)
- IT Sicherheit (ISO 27001)
- Risikomanagement (ISO 31000)
- Energiemanagement (ISO 50001)

- Compliance (DCGK – Deutsche Corporate Governance Kodex)
- EHS – Environmental, health and safety; HSE – health, safety and environmental
- Internes Qualitätsmanagement für Einrichtungen im Gesundheitswesen nach Sozialgesetzbuch V § 137
- Freiwilliges KTQ-Verfahren (Kooperation für Transparenz und Qualität im Gesundheitswesen)
- Halal-Zertifikat – „rituell reine" und für den Muslim zulässige Nahrungsmittel, Verpackungen, Chemikalien

Ein vernünftiger Weg ist, die unterschiedlichen Anforderungen dieser Systemnormen zu analysieren und sie mit dem tatsächlich vorhandenen Managementsystem abzudecken oder ggf. die Anforderungen in die jeweiligen Prozesse einzuarbeiten.

Der Weg der ISO mit der „High Level Structure" für alle Managementsystemnormen (ISO) hilft dabei sehr. Dabei wird eine gleiche Struktur mit identischen Kerninhalten und gleichen Begriffen für die jeweilige Managementsystemnorm geschaffen.

Eine Integration von unterschiedlichen isolierten Einzelsystemen in ein neues integriertes Gesamtsystem ist nicht der für das Unternehmen nützlichste Weg und auch so nicht notwendig.

Die weitere Analyse und Ausarbeitung in diesem Kapitel konzentriert sich bei den Managementsystemnormen auf die ISO 9001:2015 und IATF 16949:2016. In beiden ausgewählten Systemnormen sind das Audit und die Bewertung über das Managementreview feste Bestandteile.

Tabelle 7.1 zeigt die direkten Anforderungen an die unterschiedlichen Review und Auditarten aus der ISO 9001 und IATF 16949 und deren mögliche Beziehung zu Layered Process Audit.

Tabelle 7.1 Grundsätzliche Anforderungen an Review und Auditarten aus der ISO9001 und IATF 16949

	Anforderung ISO 9001	Zusätzliche Anforderung IATF 16949
„Second Party"-Audits	Keine formulierten Anforderungen	8.4.2.4.1 „Second Party" Audits zur Lieferantenüberwachung
Interne Audits	9.2. Internes Audit Feststellen, ob die Anforderungen (a)) der Organisation (1) und der Norm (2) erfüllt und wirksam verwirklicht und aufrechterhalten werden (b)	9.2.2.1 Internes Auditprogramm Dokumentierte interner Auditprozess Priorisiertes Auditprogramm (Risiken, Leistungstrend, Robustheit, Bedeutung)
QM-Systemaudit	Keine formulierten Anforderungen	9.2.2.2 QM-Systemaudit Alle Prozesse des QM-Systems im Laufe von jeweils drei Kalenderjahren mit einem prozessorientierten Ansatz auditieren und kundenspezifische Anforderungen einbeziehen

Tabelle 7.1 *Fortsetzung*

	Anforderung ISO 9001	Zusätzliche Anforderung IATF 16949
Prozessaudits		9.2.2.3 Prozessaudit in der Produktion Alle Produktionsprozesse innerhalb von drei Jahren in allen Schichten auditieren, um deren Wirksamkeit und Effizienz zu ermitteln
Produktaudit	Keine formulierten Anforderungen	9.2.2.4 Produktaudit Kundenspezifische Anforderungen in Produktion und Lieferprozess überprüfen
Managementbewertung (Management Review)	9.3 Bewertung der Eignung, Angemessenheit und Wirksamkeit des QMS und Sicherstellung dessen Angleichung an die strategische Ausrichtung	9.3.1.1 mindestens jährliche Durchführung Erhöhung der Frequenz bei Risiken für Kundenanforderungen 9.3.2.1 zusätzliche Eingaben aus Bewertung der Wirksamkeit und Effizienz von Prozessen
Layered Process Audits	Keine Anforderung	8.5.6.1.1 Zeitlich begrenzte Änderungen in der Produktionsprozesslenkung ... Die Organisation muss die Anwendung der alternativen Produktionsprozesslenkungsmaßnahmen mindestens einmal täglich überprüfen, ... a) tägliche qualitätsbezogene Audits (z. B. LPA – Layered Process Audits, wenn anwendbar)

In beiden Normen gibt es durch die Anforderungen an Audits und Reviews viele Beziehungen zu dem Layered Process Audit.

Bild 7.1 zeigt die unterschiedlichen Tiefen und Betrachtungsgegenstände von wichtigen Auditarten im Vergleich zum Layered Process Audit.

Das Management Review oder die Managementbewertung konzentriert sich auf die Wirksamkeit und Ausrichtung des QMS. Das QM-Systemaudit ist nur noch von der IATF 16949 als eine Klammer über die Summe aller internen Audits gefordert. Das QM-Systemaudit hat seinen Ursprung in der elementorientierten Struktur der ISO 9001 bis zum Jahre 2000. Das klassische interne Audit und auch das Prozessaudit können für alle Prozesse im Unternehmen zur Bewertung und Verbesserung verwendet werden. Das Layered Process Audit hat Gemeinsamkeiten mit dem internen Audit und dem Prozess-Audit und überprüft auf der Prozess- und/oder der Arbeitsplatzebene die Umsetzung von klar formulierten Prozessvorgaben. Sowohl Prozessaudits als auch Layered Process Audits könnten auch als interne Audits gelten.

Das VDA-Prozessaudit legt eine Schablone über die relevanten Prozesse der Produkt- und Dienstleistungsentwicklung und -entstehung.

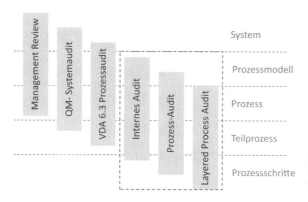

Bild 7.1 Review und Audits im Qualitätsmanagementsystem

LPA fokussiert auf eine Überprüfung der Umsetzung von Standards und Vorgaben. Geht es um eine Überprüfung der Standards, können bestimmte Audits vollständig durch LPA ersetzt werden. Das Layered Process Review bewertet die Wirksamkeit des Prozesses und sucht nach möglichen Verbesserungen. Damit könnten auch die Anforderungen der IATF 16949 nach einer Ermittlung von Wirksamkeit und Effizienz in den Produktionsprozessen erfüllt werden.

■ 7.1 Vergleich zwischen LPA und internen Audits

Bei LPA werden nicht die möglichen Auditoren für die geplanten und notwendigen Audits gesucht, sondern die notwendigen Audits werden den jeweiligen Führungskräften in den Prozessen über ihre tatsächliche Führungsaufgabe und der Layerstruktur zugeordnet. Das Audit sucht nicht mehr seinen Auditor, sondern die Führungskraft findet ihr eigenes Audit. Sie gestaltet die Ausrichtung und Inhalte selbst und soll sie konsequent auf verbesserte Prozessergebnisse ausrichten. Damit wird die Führungskraft mit dem LPA einen eigenen Nutzen erzielen.

Der Fokus eines Layered Process Audit liegt auf einer einfachen und logischen Vorgehensweise, mit der die Umsetzung von wichtigen Prozessstandards und Prozessvorgaben erkannt und damit das Ergebnis auch verbessert wird.

Diese einfache und nachvollziehbare Logik und die dadurch erreichten Ergebnisverbesserungen schaffen eine wesentlich höhere Bereitschaft bei den betroffenen Führungskräften, als dies bisher in vielen Fällen bei den internen Audits der Fall war. Der deutlich reduzierte Aufwand, im Verhältnis zu den bisherigen internen Audits, trägt auch sehr positiv dazu bei. Zwei bis drei Minuten für die Auditdurchführung kann jede Führungskraft am Tag leisten.

Die DIN EN ISO 9001:2015 fordert von jedem zertifizierten Unternehmen, dass es in geplanten Abständen interne Audits durchführen soll, um zu ermitteln, ob die Anforderungen der Organisation an ihr QMS und die Anforderungen der Norm erfüllt sind und das Qualitätsmanagementsystem wirksam verwirklicht und aufrechterhalten wird.

Die Stärke des internen Audits ist die Beteiligung der Mitarbeiter bei der Ausrichtung des Prozesses und der Suche nach Potenzialen im Prozess. Es ist quasi ein Verbesserungsgespräch auf Basis der Zielerreichung und des festgestellten Umsetzungsstands des betrachteten Prozesses.

Tabelle 7.2 zeigt die Unterschiede in verschiedenen Kategorien zwischen dem internen Audit und dem Layered Process Audit.

Tabelle 7.2 Vergleich zwischen internem Audit und Layered Process Audit

	Internes Audit	Layered Process Audit
Zielsetzung	Mögliche Verbesserungen in einem Prozess finden und dessen Umsetzung überprüfen	Die Umsetzung von Prozessstandards und Prozessvorgaben überprüfen und nicht umsetzbare Standards erkennen
Fragen	Offene Fragen	Geschlossene Fragen
Vorgehen	Beobachtung und Gespräch	Beobachtung und Prüfung
Aktion bei Abweichungen	Maßnahmen werden für die Verbesserungen oder Abweichungen definiert	Abweichungen werden gemeinsam sofort abgestellt. Falls dies nicht möglich ist, müssen grundsätzliche Maßnahmen ergriffen werden
Auditoren	Sind häufig unabhängig im Prozess und orientieren sich an dem beschriebenen Prozess oder Standard	Sind abhängig im Prozess und tragen mit die Verantwortung für die Prozessergebnisse Haben ein persönliches Interesse an einer hohen Prozessleistung und -qualität Sind in der Lage zu erkennen, an welcher Stelle bekannte Probleme und potenzielle Ursachen mit hohen Risiken sind
Anwendungsbereich	Alle beschriebenen Prozesse (Führungs-, Haupt- und unterstützende Prozesse) im Unternehmen	Alle umsetzungsrelevanten Prozesse mit oder ohne klare Prozessbeschreibung
Frequenz	Abhängig vom Prozess nach Vereinbarung. Häufig werden die Prozesse jährlich auditiert	Abhängig vom Layer von einmal pro Schicht bis zu Werksleiterebene einmal pro Quartal

Beim internen Audit erhält der Auditor über offene Fragen und Beobachtung einen Gesamteindruck vom Prozess mit seinen Stärken, Risiken und Potenzialen. Dabei wird der Umsetzungszustand des Prozesses über einen größeren Prozesszusammenhang festgestellt (Bild 7.2). Die Stellen, an denen der interne Auditor eintauchen wird, können nicht im Vorfeld definiert werden und ergeben sich oft aus dem Gesprächsverlauf und der Erfahrung des Auditors.

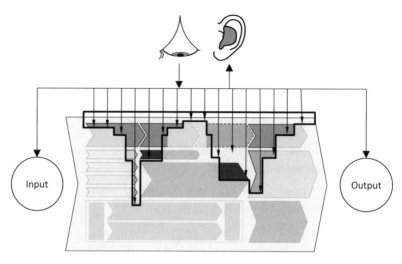

Bild 7.2 Betrachtungstiefe beim internen Audit

Beim Layered Process Audit hingegen gibt es einfache und geschlossene Fragen und es wird an einem konkreten Punkt im Prozess die tatsächliche Umsetzung überprüft.

Im LPA ist es in der Regel der fachliche Vorgesetzte mit seinen Mitarbeitern, die im Detail über Prozess, wichtige Inhalte und Ergebnisse Bescheid wissen. Sie tauchen an einer begrenzten Anzahl von wichtigen Punkten kurz ein und erkennen die tatsächliche Situation. Das Ganze geschieht dabei mit einer viel höheren Intensität und Häufigkeit, als es ein prozessferner Auditor beim internen Audit zu leisten vermag. Bild 7.3 zeigt, wie das Layered Process Audit bewusst an einigen Stellen des Prozesses die richtigen Fragen stellt, um Transparenz über die Umsetzung der Vorgaben zu bekommen.

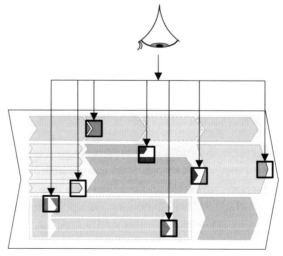

Bild 7.3 Betrachtungstiefe beim Layered Process Audit

„Mit dem internen Audit würde ich nicht so sehr auf die Kleinigkeiten in den Prozessen kommen, die einem dann das Leben schwer machen."
Markus Hofmann (Leiter Qualitätssicherung) Mazurczak Elektrowärme GmbH

Durch die häufige Wiederholung der Audits und die entsprechenden Korrekturen entsteht eine immer höhere Gewissheit, dass die überprüften wichtigen Prozessschritte aus den LPAs tatsächlich umgesetzt werden. Sind die Fragen an den richtigen Stellen gesetzt und wurde festgestellt, dass die Tätigkeiten an den bewusst ausgewählten Stellen umgesetzt sind, dann ist in den meisten Fällen davon auszugehen, dass sich der restliche bisher unbeobachtete Prozess genauso in der richtigen Umsetzung befindet. Dies könnte mit einem biegsamen Kurvenlineal verglichen werden. Ein Kurvenlineal besteht häufig aus einer Mischung von Federstählen und einem Kern mit höherer Steifigkeit. Wenn dieses flexible Lineal um eine bestimmte Anzahl von Punkten gebogen ist, dann ist die Kurve festgelegt. Auch beim Layered Process Audit wird über wenige fixe Punkte der Verlauf des Prozesses vorgegeben und auch nachgewiesen. Die unterschiedlichen Linien in Bild 7.4 sind vergleichbar mit den unterschiedlichen Ergebnissen aus den LPAs über die Zeit. Es entstehen zwar Abweichungen im Verlauf, aber durch die Einhaltung der fixen Vorgaben befinden sich diese wahrscheinlich in einem tolerierbaren Bereich. Wäre die Streuung aus Sicht des Verantwortlichen zu groß, müsste er nur mehr Stellen überprüfen. Eine Reduzierung der fixen Punkte vergrößert die Streuung der Kurvenverläufe, eine Erhöhung der fixen Punkte reduziert mit abnehmendem Einfluss die Streuung.

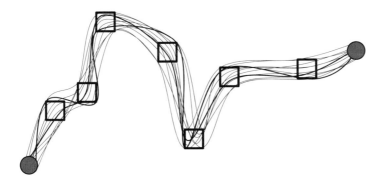

Bild 7.4 Prinzip eines Kurvenlineals

LPAs können in vielen Fällen mit ihren Ergebnissen die Durchführung von internen Audits unterstützen und den dafür notwendigen Aufwand reduzieren. Wenn zum Beispiel in einem Prozess wöchentliche LPAs durchgeführt werden und dadurch der Umsetzungsgrad des Prozesses bekannt ist, wird die Überprüfung der

Prozessumsetzung beim jährlichen internen Audit keine neue Information bringen. Das interne Audit könnte die Ergebnisse aus dem LPA übernehmen und dann seine Ressourcen auf die Identifizierung von neuen Potenzialen konzentrieren.

Da LPAs nicht primär auf Prozessverbesserung ausgerichtet sind, werden und sollen sie interne Audits nicht ersetzen. Sie werden aber in jedem Fall Aufwand und Kosten für die Durchführung der internen Audits verringern. Zudem ergeben sich durch die veränderte Zielsetzung und Vorgehensweise sowie durch die direkte und aktive Beteiligung der Führungskräfte neue Chancen für die Durchführung von Audits im Unternehmen. Die an einem Prozess Beteiligten werden zusammengebracht und können sich auf die Umsetzung konzentrieren. Damit wird eine umfassende Basis zur Prozessverbesserung geschaffen.

Es wird auch Prozesse geben, wo wegen der fehlenden Prozesshäufigkeit und wegen fehlenden Hierarchiestufen die Durchführung von LPA keinen Sinn macht.

Wird LPA mit einem Layered Process Review kombiniert, können Prozesse auch in ihrer Wirksamkeit bewertet und nachhaltig verbessert werden. Das Layered Process Review bewertet die Wirksamkeit des Prozesses und sucht nach möglichen Verbesserungen. Aber auch mit dieser Kombination kann und sollte das interne Audit nicht grundsätzlich ersetzt werden.

Wenn in einem Prozess LPAs erfolgreich durchgeführt werden, sollte die weitere Durchführung von internen Audits in dem Prozess bewusst überlegt und auch erklärt werden. Für die Mitarbeiter ist die Durchführung des internen Audits ein zusätzlicher Aufwand und dieser sollte über damit erreichbare Ergebnisse begründet werden.

7.2 Layered Process Review: Wirksamkeit eines Prozesses überprüfen

In einem Layered Process Audit wird die Richtigkeit des Vorgehens und die Wirksamkeit des Prozesses nur indirekt überprüft. Diese beiden Bewertungen könnten über die Einführung eines Layered Process Review erhoben werden. Basis dafür sind die durchgeführten Layered Process Audits. Die Prozessverantwortlichen, die betroffenen Führungskräfte und gegebenenfalls die Mitarbeiter sollten an dem Layered Process Review beteiligt sein.

Durch Layered Process Audits ergibt sich über die Zeit eine Vielzahl an Informationen wie zum Beispiel:

- Anzahl der durchgeführten LPA,
- Anzahl der korrekt durchgeführten Tätigkeiten,
- Anzahl der sofort korrigierten Tätigkeiten,
- ungeeignete oder nicht umsetzbare Prozessvorgaben,
- notwendige und durchgeführte Maßnahmen für eine Umsetzung der Vorgaben,
- notwendige Veränderungen in den Vorgaben,
- Anzahl von neuen Fragen,
- Abweichungen in der Prozessleistung,
- neue interne oder externe Fehler,
- Kundenbeschwerden oder
- Kundenreklamationen.

Diese Informationen werden im Rahmen der Layered Process Audits gesammelt und in regelmäßigen Abständen bewertet, um die entsprechenden Reaktionen daraus abzuleiten. Ein großer Teil der Informationen wird am LPA-Board festgehalten, andere finden sich direkt in den LPA-Checklisten. Entsprechende Reaktionen aufgrund der Auswertung der gesammelten Informationen können z. B. sein:

- Veränderung der Vorgaben und Fragen aufgrund der Auditergebnisse,
- neue Fragen aufgrund neuer Fehler, Kundenreklamationen oder anderer Ergebnisabweichungen,
- Veränderung der Audithäufigkeit wegen guter Umsetzung oder neuen Problemen,
- Anpassung der Vorgabedokumentation aufgrund falscher, fehlender oder nicht geeigneter Beschreibungen,
- Einleiten von geeigneten Schulungs- oder Trainingsmaßnahmen.

Bild 7.5 zeigt, wie zwischen Layer 2 und Layer 1 im Audit unterschiedliche Informationen über Vorgaben und Umsetzung gesammelt werden. Im Layer 3 befindet sich der direkte Vorgesetzte von Layer 2; das LPA (L3 zu L2) zwischen den beiden beschäftigt sich intensiver mit der Ausrichtung und Führung des Prozesses als das LPA (L2 zu L1) im Layer darunter. Damit entsteht über das LPA auch eine direkte Führung für den Prozess und die Mitarbeiter auf Layer 1.

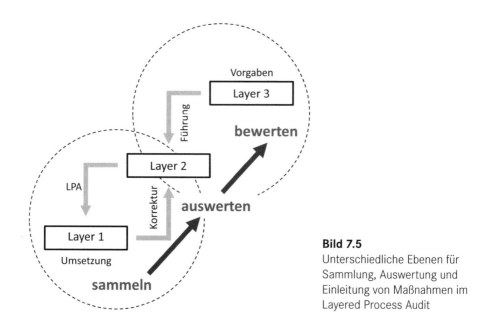

Bild 7.5 Unterschiedliche Ebenen für Sammlung, Auswertung und Einleitung von Maßnahmen im Layered Process Audit

Im Layered Process Audit werden die Informationen gesammelt, aber nicht systematisch ausgewertet und bewertet. Dieses systematische Auswerten, Bewerten und Einleiten von Maßnahmen kann durch ein Layered Process Review erfolgen. Bild 7.6 zeigt das Zusammenspiel zwischen dem Layered Process Audit und dem Layered Process Review mit den unterschiedlichen Schwerpunkten.

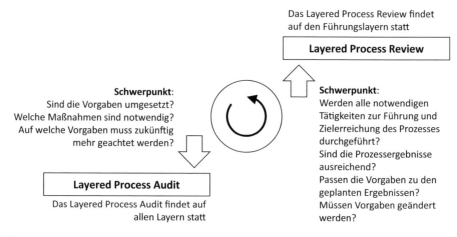

Bild 7.6 Zusammenspiel zwischen Layered Process Audit und Layered Process Review

Das LPA orientiert sich an dem Ergebnis, den dafür notwendigen Vorgaben und deren Umsetzung. Das Layered Process Review hingegen orientiert sich an der Zielsetzung und der Eignung und Umsetzung der Vorgaben.

7.2 Layered Process Review: Wirksamkeit eines Prozesses überprüfen

Mögliche Fragen für ein Layered Process Review

- Entsprechen die aktuellen Ergebnis- und Leistungskennzahlen des Prozesses den Zielvorgaben?
- Welche Verbesserungen wurden im Ergebnis und Vorgehen des Prozesses erreicht und wirksam?
- Wurden alle im LPA erkannten Maßnahmen mit der notwendigen Dringlichkeit abgearbeitet?
- Wie lange dauert es, bis die Maßnahmen abgearbeitet werden?
- Welche aktuellen externen oder internen Fehler gibt es?
- Gibt es neue Kundenreklamationen oder Kundenbeschwerden?
- Gibt es bekannte Prozessrisiken?
- Wurden für die neuen Fehler und Abweichungen passende LPA-Fragen in das LPA aufgenommen?
- Wie viele neue Fragen wurden in die LPAs aufgenommen?
- Passen die Prozessvorgaben zu den geplanten Prozessergebnissen?
- Wie gut werden die Prozessvorgaben umgesetzt?
- Welche Veränderungen in den LPA-Fragen müssen in den Vorgabedokumenten (Prozessbeschreibungen, Arbeits- oder Verfahrensanweisungen) angepasst werden?
- Wie hilfreich ist LPA in diesem Prozess aus Sicht der beteiligten Führungskräfte und Mitarbeiter?
- Welche Zielsetzung oder Ergebnisverbesserung soll LPA zukünftig unterstützen?
- Welche LPA-Fragen müssen geändert oder welche Fragen müssen ergänzt werden?
- Soll die LPA-Frequenz verändert werden?

Die Bewertung der beim LPA gesammelten Informationen sollte immer auf dem Führungslayer darüber stattfinden.

Das nachfolgende Beispiel „Auftragsannahme" illustriert das Zusammenspiel von Audit und Reviews.

Beispiel

In einem Unternehmen mit ca. 150 Mitarbeitern wurde u. a. in der Abteilung Vertrieb LPA eingeführt. Der Bereich wird von einem Abteilungsleiter und einem stellvertretenden Abteilungsleiter geführt. Als geeigneter Prozess für LPA wurde die „Auftragsannahme" ausgewählt. Dort werden wöchentlich LPAs, abwechselnd durch die beiden Führungskräfte mit jeweils einem der acht Mitarbeiter in der Auftragsannahme durchgeführt. Jeder Mitarbeiter kann also damit rechnen, alle zwei Monate in einem LPA beteiligt zu sein. Schwerpunkte des LPA sind die Pflege der Daten im System, die Rücksprache des Liefertermins mit der Fertigung und die Erstellung der notwendigen Dokumente für Versand und Lieferung der Ware. Dokumentiert werden die Audits in einer Checkliste mit integrierter zeitlicher Darstellung der Ergebnisse. Die LPA-Checkliste wurde in einer Klarsichthülle an einer Stellwand im betroffenen Bereich angebracht.

Über die Audits entstehen immer wieder unterschiedliche Informationen zu den Prozessvorgaben und der Prozessumsetzung inklusive der Machbarkeit und Wirksamkeit. Damit diese Informationen nicht verloren gehen, treffen sich die beiden Führungskräfte (Layer 2) mit ihren Vorgesetzten (Layer 3) und dem Qualitätsmanagementbeauftragten alle drei Monate in einem Layered Process Review. Hier wird die Wirksamkeit des Prozesses besprochen, die entsprechenden Fragen in den LPA-Checklisten werden aufgrund der Erfahrungen aus der Umsetzung und aktueller Probleme angepasst und die betroffene Vorgabedokumentation wird gegebenenfalls verändert. Der Vorgesetzte aus Layer 3 ist gleichzeitig der Prozessverantwortliche aus dem Qualitätsmanagementsystem für den Prozess Auftragsannahme.

Bild 7.7 veranschaulicht, wie die Layered Process Audits mit regelmäßigen Layered Process Reviews zusammenspielen.

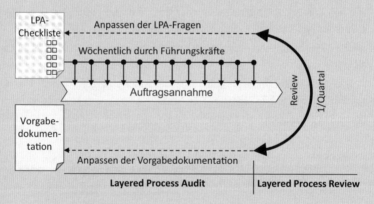

Bild 7.7 Layered Process Audits und Layered Process Reviews im Prozess Auftragsannahme

Durch wöchentliche Durchführung eines Layered Process Audit und die Installation eines Layered Process Review alle drei Monate befindet sich in dem Beispiel der Prozess in einer dynamischen Verbesserungsschleife, allein schon durch die beteiligten Führungskräfte und Mitarbeiter.

7.3 Anforderungen aus ISO-Normen und IATF 16949 mit LPA umsetzen

In den Normen, Leitfäden und Vorgaben für Managementsysteme gibt es unterschiedliche Anforderungen, die das interne Audit betreffen. Wenn in einem Unternehmen interne Audits und Layered Process Audits in gleichen Prozessen durchgeführt werden, ist es wichtig, die Anforderungen der relevanten Normen zu verstehen. Damit können Gemeinsamkeiten gefunden, die Wirkung verstärkt und Aufwendungen ggf. reduziert werden.

Aus Sicht der externen Systemanforderungen, Normung und Zertifizierung sind drei wesentliche unterschiedliche externe Vorgaben im Zusammenhang mit den internen Audits zu betrachten:

- DIN EN ISO 9001:2015, Qualitätsmanagementsysteme – Anforderungen
- IATF 16949:2016, Qualitätsmanagement – System-Standard der Automobilindustrie
- DIN EN ISO 19011:2011, Leitfaden für Audits von Qualitätsmanagement- und/oder Umweltmanagementsystemen

Diese drei Standards werden in der weiteren Analyse berücksichtigt und detailliert mit LPA in Beziehung gebracht.

Es gibt zwei weitere Normen und eine Kompetenzanforderung für Auditoren von der Deutschen Akkreditierungsstelle (DAkkS), die indirekt in den Zusammenhang mit der Durchführung von internen Audits gebracht werden:

- DIN EN ISO 17021:2015 Konformitätsbewertung – Anforderungen an Stellen, die Managementsysteme auditieren und zertifizieren
- DIN EN ISO 17024:2012 Konformitätsbewertung – Allgemeine Anforderungen an Stellen, die Personen zertifizieren
- Kompetenzanforderungen für Auditoren und Zertifizierungspersonal im Bereich Qualitätsmanagementsysteme ISO 9001 (QMS) und Umweltmanagementsysteme ISO 14001 (UMS) – Ausgabe 20. Februar 2013

Die DIN EN ISO 17021:2015 „Konformitätsbewertung – Anforderungen an Stellen, die Managementsysteme auditieren und zertifizieren" ist gemacht für die Stellen, die als externe Auditoren Managementsysteme in Unternehmen auditieren und diese zertifizieren. Sie hat insofern keine direkte Bedeutung für das interne Audit oder Layered Process Audit. Diese Norm beschäftigt sich zwar mit den Vorgaben, wenn das Zertifizierungsunternehmen in seinen eigenen Prozessen interne Audits durchführt. Dies hat aber keine Relevanz für das Layered Process Audit. In der DIN EN ISO 9001:2015 wird die Norm ISO 17021 nicht erwähnt.

Interpretation Anforderungen aus der ISO 17021

Die DIN EN ISO 17021:2015 hat keine Bedeutung für die Durchführung von internen Audits im Unternehmen im Sinne dieser Ausarbeitung und damit auch keine Bedeutung für die Einführung oder Durchführung von Layered Process Audit.

Die Norm DIN EN ISO 17024:2012 „Konformitätsbewertung – Allgemeine Anforderungen an Stellen, die Personen zertifizieren" regelt die Anforderungen an ein Unternehmen, das Personal zertifizieren will. In der DIN EN ISO 9001:2015 wird diese Norm ISO 17024 ebenfalls nicht erwähnt.

Interpretation Anforderungen aus der ISO 17024

Die DIN EN ISO 17024:2012 hat keine Bedeutung für die Durchführung von internen Audits im Unternehmen im Sinne dieser Ausarbeitung und damit auch keine Bedeutung für die Einführung oder Durchführung von Layered Process Audit.

In der Vergangenheit gab es einen Leitfaden zur Zertifizierung von QM-Fachpersonal (Ausgabe 20.08.2007), der von der TGA-Trägergemeinschaft für Akkreditierung bestätigt wurde. Dort werden u. a. die Qualifikationskriterien für interne Qualitätsauditoren im Sinne einer Vergleichbarkeit von Ausbildungen und Zertifikaten formuliert. Seit 2013 gelten für akkreditierte Zertifizierungsstellen für Qualitätsmanagementsysteme und Umweltmanagementsysteme die Kompetenzanforderungen für Auditoren und Zertifizierungspersonal der DAkkS. In diesen Kompetenzanforderungen wird nicht auf Kompetenzanforderungen für interne Auditoren eingegangen (DAkkS 2013).

Interpretation Anforderungen aus den Kompetenzanforderungen für Auditoren und Zertifizierungspersonal im Bereich Qualitätsmanagementsysteme ISO 9001 (QMS) und Umweltmanagementsysteme ISO 14001 (UMS) (DAkkS 2013)

Die Kompetenzanforderungen und der Leitfaden zur Zertifizierung von QM-Fachpersonal haben im Zusammenhang mit den normativen Anforderungen an die Durchführung von internen Audits keine Bedeutung im Sinne dieser Ausarbeitung und damit auch keine Bedeutung für die Einführung oder Durchführung von Layered Process Audit im Unternehmen.

7.3.1 Anforderungen der ISO 9001

Das erklärte Ziel der DIN EN ISO 9001:2015 ist, mit einem prozessorientierten Ansatz die Wirksamkeit eines Qualitätsmanagementsystems und die Kundenzufriedenheit zu erhöhen und damit die Gesamtleistung der Organisation in Übereinstimmung mit der strategischen Ausrichtung zu steigern (Bild 7.8).

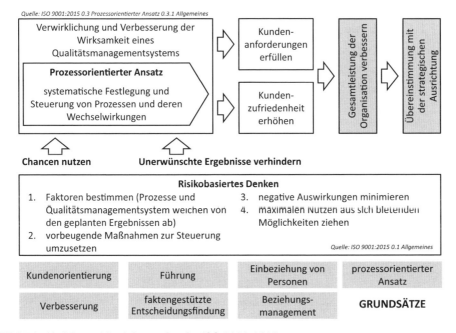

Bild 7.8 Absicht und Funktionsweise der ISO 9001:2015

Die DIN EN ISO 9001:2015 verwendet den Begriff des internen Audits an zwei Stellen:

- 9.2 Internes Audit – Die Organisation muss in geplanten Abständen interne Audits durchführen
- 9.3 Managementbewertung – Die Managementbewertung muss geplant und durchgeführt werden, unter Erwägung folgender Aspekte: c) Informationen über die Leistung und Wirksamkeit des QMS, 6) Auditergebnisse

Der Absatz „9.3 Managementbewertung" verlangt explizit Auditergebnisse im Sinne von Informationen über die Leistung und Wirksamkeit des QMS und hat somit keine direkte Forderung an die Art und Weise der Durchführung von Audits.

Interpretation Anforderungen aus der ISO 9001

Die in der Norm beschriebenen Anforderungen an das Audit sind in der ISO 9001 als Forderung beschrieben und müssen deshalb in einem Unternehmen umgesetzt sein, wenn dieses Unternehmen sich nach der DIN EN ISO 9001:2015 zertifizieren lassen will.

7.3.1.1 Risikobasiertes Audit

Ein weiterer interessanter Aspekt der ISO 9001 ist der risikobasierte Ansatz.

Risikobasiertes Denken ermöglicht es einer Organisation, diejenigen Faktoren zu bestimmen, die bewirken könnten, dass ihre Prozesse und ihr Qualitätsmanagementsystem von den geplanten Ergebnissen abweichen, und vorbeugende Maßnahmen zur Steuerung umzusetzen, um negative Auswirkungen zu minimieren und den maximalen Nutzen aus sich bietenden Möglichkeiten zu ziehen.

ISO 9001 0.1 Allgemeines

Absicht ist es dabei, Chancen zu nutzen und unerwünschte Ergebnisse zu vermeiden.

Die Erfüllung der Anforderungen dieser internationalen Norm verlangt von der Organisation, dass sie Maßnahmen plant und umsetzt, mit denen Risiken und Chancen behandelt werden. Die Behandlung von sowohl Risiken als auch Chancen bildet eine Grundlage für die Steigerung der Wirksamkeit des Qualitätsmanagementsystems, für das Erreichen verbesserter Ergebnisse und für das Vermeiden von negativen Auswirkungen.

Die Ausrichtung des internen Audits mit dem LPA auf die Verbesserung der Ergebnisse (Chancen) und die Reduzierung der Risiken der Prozesse kann als risikobasiertes Audit (RBIA Risk based internal audit) bezeichnet werden und unterstützt damit direkt das geforderte risikobasierte Denken der ISO 9001:2015.

Die hohe Frequenz der Audits, die Gestaltung der Fragen durch die Führungskräfte und die Beteiligung der Mitarbeiter ermöglichen und schaffen die Dynamik für ein risikobasiertes Audit.

Input für ein risikobasiertes Erstellen oder Verändern von LPA-Fragen könnten folgende Beispiele für Chancen und Risiken sein:

- Beanstandungen durch oder Fehler bei den Kunden
- Hohe Risiken (z.B. RPZ – Risiko Prioritätszahl) aus der Prozess FMEA Failure Mode Effect Analysis oder DRBFM (Design Review based on Failure Mode)

- Leistungsabweichungen im Prozessergebnis (Chancen und Risiken)
- Erkannte Risiken und Chancen aus dem 8D Report
- Erkannte positive und negative Abweichungen in der Prozessumsetzung

Ein mögliches Vorgehen könnte über folgende fünf Schritte erfolgen:

1. Erkennen der potenziellen negativen und positiven Prozessergebnisse (Risiko und auch Chancen)
2. Analyse der dafür (Risiko und Chance) relevanten Prozessschritte oder Tätigkeiten
3. Entwicklung von Maßnahmen, um Risiko zu vermeiden oder Chancen zu nutzen
4. Formulierung von geeigneten Fragen für das Layered Process Audit
5. Wirksamkeit im nächsten Layered Process Review überprüfen

Dieses Vorgehen unterstützt direkt die Anforderungen der ISO 9001 im Punkt 6.1 „Maßnahmen zum Umgang mit Risiken und Chancen".

Dort wird beschrieben, wie

- die Organisation Risiken und Chancen bestimmt,
- erwünschte Auswirkungen verstärkt,
- unerwünschte Auswirkungen verhindert oder verringert,
- Verbesserungen erreicht,
- geeignete Maßnahmen in die Prozesse integriert und umsetzt (Bsp. neue LPA-Fragen) und
- Wirksamkeit dieser Maßnahmen bewertet (Bsp. Layered Process Review).

7.3.1.2 Internes Audit

Im Rahmen dieser Norm muss jedes Unternehmen u. a. in geplanten Abständen interne Audits durchführen, um festzustellen, ob die Anforderungen der ISO 9001 und der Organisation erfüllt sind und ob diese auch wirksam verwirklicht und aufrechterhalten werden.

Die wesentlichen Anforderungen der DIN EN ISO 9001:2015 an die Durchführung eines internen Audits sind in Absatz 9.2 Internes Audit beschrieben. Sollte ein Unternehmen die internen Audits mit dem Layered Process Audit unterstützen wollen, muss die Umsetzung des Layered Process Audit zu den jeweiligen Normforderungen der ISO 9001 passen. In der nachfolgenden Tabelle werden die Anforderungen der DIN EN ISO 9001:2015 Absatz 9.2 Internes Audit aufgelistet und mit dem Layered Process Audit verglichen.

Tabelle 7.3 Anforderungen der ISO 9001 an das interne Audit und die mögliche Beziehung zu dem Layered Process Audit

Anforderungen ISO 9001 9.2. Internes Audit	Beziehung zu und Umsetzung mit Layered Process Audit
9.2.1 Die Organisation muss in geplanten Abständen interne Audits durchführen, um Informationen darüber zu erhalten, ob das Qualitätsmanagementsystem:	LPA werden für die unterschiedlichen Layer in Frequenzen geplant und durchgeführt.
1. Die Anforderungen der Organisation an ihr Qualitätsmanagementsystem erfüllt.	LPA überprüft die Anforderungen an einen Prozess, der wiederum Teil des QMS ist.
2. die Anforderungen dieser Internationalen Norm erfüllt.	Layered Process Audit ist dazu nur umständlich in der Lage. Es ist nicht sinnvoll, eine LPA-Checkliste mit den Inhalten der Norm als Fragen anzulegen und jährlich ein Layered Process Audit durchzuführen.
3. die Anforderungen wirksam verwirklicht und aufrechterhalten werden.	LPA überprüft die wirksame Verwirklichung und Aufrechterhaltung der Anforderungen in hoher Frequenz und passt die Fragen auf veränderte Anforderungen an.
9.2.2 Die Organisation muss:	
1. ein oder mehrere Auditprogramme planen, aufbauen, verwirklichen und aufrechterhalten, einschließlich der Häufigkeit von Audits, Methoden, Verantwortlichkeiten, Anforderungen an die Planung sowie Berichterstattung, welche die Bedeutung der betroffenen Prozesse, Änderungen mit Einfluss auf die Organisation und die Ergebnisse vorheriger Audits berücksichtigen müssen;	Die Layerstruktur mit den geplanten Frequenzen, LPA-Checklisten, LPA Boards und Maßnahmenplänen entspricht einem eigenständigen Auditprogramm.
2. für jedes Audit die Auditkriterien sowie den Umfang festlegen;	Auditkriterien sind die definierten Fragen in der LPA-Checkliste, die über erreichte Prozessergebnisse, Chancen und Risiken dynamisch angepasst werden. Für jede LPA-Checkliste ist die Frequenz der Auditdurchführung definiert.
3. Auditoren so auswählen und Audits so durchführen, dass Objektivität und Unparteilichkeit des Auditprozesses sichergestellt sind;	In der ISO 19011 wird Unabhängigkeit als Auditprinzip formuliert. Dies ist die Grundlage für die Unparteilichkeit des Audits sowie für die Objektivität der Auditschlussfolgerungen. Diese Auditprinzipien haben nach ISO 19011 die Absicht, dass Auditschlussfolgerungen geliefert werden, die relevant und ausreichend sind und die die Auditoren befähigen, unabhängig voneinander zu ähnlichen Schlussfolgerungen unter ähnlichen Umständen zu gelangen. Diese Objektivität und Unparteilichkeit des Auditprozesses wird über die LPA-Vorgehensweise mit ihren geschlossenen Fragen nach vereinbarten Tätigkeiten sichergestellt. Ein anderer Auditor würde unter ähnlichen Umständen zu ähnlichen Schlussfolgerungen gelangen.

Tabelle 7.3 *Fortsetzung*

Anforderungen ISO 9001 9.2. Internes Audit	Beziehung zu und Umsetzung mit Layered Process Audit
4. sicherstellen, dass die Ergebnisse der Audits gegenüber der zuständigen Leitung berichtet werden;	Die Auditergebnisse werden an dem LPA-Board dargestellt und durch die kaskadierte Layer-Struktur nach oben berichtet.
5. geeignete Korrekturen und Korrekturmaßnahmen ohne ungerechtfertigte Verzögerung umsetzen;	Wenn eine Vorgabe nicht umgesetzt ist, wird diese sofort gemeinsam im Audit umgesetzt oder in den Führungslayern wird ein kurzfristiger Termin vereinbart und in der Checkliste die Umsetzung oder der Termin festgehalten. (Bewertung Gelb) Wenn die Vorgaben nicht umsetzbar sind (Bewertung Rot), muss eine Maßnahme definiert werden. Bis zur Umsetzung der Maßnahme braucht es für die nicht umsetzbare Prozessvorgabe eine Sofortmaßnahme.
6. dokumentierte Information als Nachweis der Verwirklichung des Auditprogramms und der Ergebnisse der Audits aufbewahren.	Alle Auditergebnisse werden auf der LPA-Checkliste dokumentiert und auf dem LPA-Board festgehalten. Die Maßnahmen stehen in der Maßnahmenliste ebenfalls am LPA-Board.

Layered Process Audit ist in der Lage, fast alle Anforderungen der ISO 9001 an die Durchführung eines internen Audits zu erfüllen. Eine Ausnahme ist die Anforderung der Norm (ISO 9001 – 9.2.1 a) 2)), festzustellen, ob die Anforderungen der ISO 9001 erfüllt sind.

Eine praktikable und in jedem zertifizierten Unternehmen vorhandene Lösung könnte Folgendes sein. In jedem Zertifizierungsaudit hat der externe Auditor (Third Party Audit) die Aufgabe, die Übereinstimmung der Vorgabedokumentation mit den Anforderungen der Norm festzustellen (Stufe-1-Audit). Warum sollte ein Unternehmen nicht auf diese bezahlte Dienstleistung zurückgreifen und damit die Anforderung (ISO 9001 – 9.2.1 a) 2)) erfüllen. Dies soll in keinster Weise die mögliche und hilfreiche Auseinandersetzung mit den Inhalten der Norm für eine Prozessgestaltung verhindern.

Auf gar keinen Fall ist es für ein Unternehmen hilfreich, Normenanforderungen als Auditkriterien zu definieren, daraus Fragen abzuleiten und mit diesen Normenfragen im internen Audit oder im Layered Process Audit die Mitarbeiter in den Prozessen zu beschäftigen.

 Das interne Audit kann in Bezug auf die Überprüfung der Normkonformität des Systems nicht durch LPA ersetzt werden. Hier ist ein qualifizierter interner Auditor oder ein Zertifizierungsauditor nötig, der überprüft, ob die ihm vorliegende Vorgabedokumentation des Qualitätsmanagementsystems alle relevanten Normforderungen der DIN EN ISO 9001:2015 abdeckt. Alle anderen internen Audits können aus Sicht der ISO 9001 durch die Layered Process Audits ersetzt werden.

7.3.2 Anforderungen der IATF 16949:2016

Die IATF 16949:2016 beschreibt die grundlegenden Anforderungen an Qualitätsmanagementsysteme für die Serien- und Ersatzteilproduktion in der Automobilindustrie.

Das Kürzel IATF steht für International Automotive Task Force. Grundlage dieser Norm ist die DIN EN ISO 9001:2015. Sie wurde um spezifische Anforderungen der Automobilindustrie erweitert. Aufbau, Inhaltsverzeichnis und Nummerierung folgen der Struktur der ISO 9001. Die zusätzlichen Anforderungen der IATF 16949 sind ergänzt.

Um die möglichen Beziehungen und Anforderungen zwischen der IATF 16949 und Layered Process Audit zu erkennen, werden die zusätzlichen auditrelevanten Anforderungen der IATF 16949 betrachtet.

Die für Layered Process Audit zusätzlich zur ISO 9001 auditrelevanten Kapitel sind folgende:

- 6.1.2.2 Vorbeugungsmaßnahmen
- 7.2.3 Kompetenzen von internen Auditoren
- 8.3.2.3 Entwicklung von Produkten mit integrierter Software
- 8.5.6.1.1 Zeitlich begrenzte Änderungen in der Produktionsprozesslenkung
- 8.6.4 Konformität extern bereitgestellter Prozesse, Produkte und Dienstleistungen
- 9.2.2.1 Internes Auditprogramm
- 9.2.2.2 QM-Systemaudit
- 9.2.2.3 Prozessaudits in der Produktion
- 9.2.2.4 Produktaudit
- 9.3.2.1 Eingaben für die Managementbewertung – Ergänzung
- 10.2.3 Problemlösung

Aus diesen Kapiteln können Anforderungen für das im Unternehmen eingeführte LPA erkannt werden. In einigen Fällen kann es auch „umgekehrt" sein. Das vorhandene LPA hilft, Anforderungen der IATF 16949 zu erfüllen. Beispiele können sein:

- IATF 6.1.2.2 Vorbeugungsmaßnahmen: LPA hilft bestimmte Ursachen von Fehlern zu erkennen und über neue LPA-Fragen die Wahrscheinlichkeit des Auftretens zu verhindern.
- IATF 8.5.6.1.1. a) tägliche qualitätsbezogenen Audits: LPA entspricht dieser Forderung.
- IATF 9.2.2.3 Prozessaudits in der Produktion: LPA ist von der AIAG als Prozessaudit anerkannt und würde sich sehr gut eignen, die notwendigen Audits über alle Schichten inkl. Übergabe durchzuführen.

- IATF 10.2.3 Problemlösung: LPA bewirkt in der Konsequenz, dass aus jedem Fehler eine veränderte Tätigkeit resultiert. Dies bringt die LPA-Keimzelle an die Stelle, wo die eigene Kompetenz für die Problemlösung nicht mehr ausreicht und systematische Verfahren, Methoden und Werkzeuge benötigt werden.

Tabelle 7.4 zeigt in den ersten beiden Spalten, welche Inhalte oder Formulierungen die IATF 16949 zusätzlich zu der ISO 9001 für LPA-relevante Kapitel fordert. Zur Orientierung sind zuerst das Hauptkapitel in Klammern und dann das auditrelevante Unterkapitel angegeben. In der dritten, rechten Spalte wird dargestellt, welche Bedeutung dies für Layered Process Audit hat und wie es mit Layered Process Audit umgesetzt werden kann.

Tabelle 7.4 Vergleich der ISO/TS 16949:2009 mit der DIN EN ISO 9001:2015

Kapitel IATF 16949	Zusätzliche Forderungen zu der ISO 9001	Bedeutung und Umsetzung im Layered Process Audit
6.1.2.2 Vorbeugungsmaßnahmen	Die Organisation muss Maßnahmen zur Beseitigung der Ursachen von möglichen Fehlern festlegen und umsetzen, um deren Auftreten zu verhindern. Vorbeugungsmaßnahmen müssen der Bedeutung der möglichen Probleme angemessen sein. Die Organisation muss einen Prozess zur Verringerung der Auswirkungen negativer Effekte aus Risiken einführen, der Folgendes beinhaltet: a) Ermittlung potenzieller Fehler und ihrer Ursachen, b) Beurteilung des Handlungsbedarfs, um das Auftreten von Fehlern zu verhindern, c) Festlegung und Umsetzung der erforderlichen Maßnahmen, d) dokumentierte Informationen zu umgesetzten Maßnahmen, e) Bewertung der Wirksamkeit der ergriffenen Vorbeugungsmaßnahmen, f) Nutzung von gewonnenen Erkenntnissen (engl.: lessons learned), um ein Wiederauftreten in ähnlichen Prozessen zu verhindern (siehe ISO 9001:2015, Abschnitt 7.1.6).	In der LPA-Keimzelle werden durch die betroffenen Führungskräfte und Mitarbeiter die geeigneten Maßnahmen zur Beseitigung der Ursachen definiert und deren Umsetzung über neue LPA-Fragen überprüft. Ein guter Hinweis für LPA liegt im Punkt f). Für LPA könnte dies bedeuten, dass neue Fragen (Maßnahmen zur Beseitigung von Ursachen) an die LPA von ähnlichen Prozessen über die Führungskräfte weitergeleitet werden.

Tabelle 7.4 *Fortsetzung*

Kapitel IATF 16949	Zusätzliche Forderungen zu der ISO 9001	Bedeutung und Umsetzung im Layered Process Audit
7.2.3 Kompetenzen von internen Auditoren	Die Organisation muss über (einen) dokumentierte(n) Prozess(e) verfügen, der (die) sicherstellt (sicherstellen), dass interne Auditoren kompetent sind, wobei kundenspezifische Anforderungen berücksichtigt werden müssen. Für weitere Hinweise zu Kompetenzen von Auditoren wird auf die ISO 19011 verwiesen. Die Organisation muss eine Liste aller qualifizierten internen Auditoren führen. Alle internen QM-Systemauditoren, Prozessauditoren und Produktauditoren müssen in der Lage sein, folgende Mindestkompetenzen nachzuweisen: a) Verständnis des prozessorientierten Ansatzes der Automobilindustrie, einschließlich risikobasierter Denkweise, b) Verständnis der zutreffenden kundenspezifischen Anforderungen, c) Verständnis zutreffender Anforderungen der ISO 9001:2015 und der IATF 16949 hinsichtlich des Auditumfangs, d) Verständnis relevanter Anforderungen zu Qualitätstechniken bzw. -methoden (engl.: core tools) hinsichtlich des Auditumfangs, e) Verständnis, wie Audits geplant und durchgeführt werden, wie Auditberichte erstellt und wie Maßnahmen aus Auditfeststellungen geschlossen werden. Prozessauditoren müssen darüber hinaus nachweisen, dass sie über das für die relevanten zu auditierenden Produktionsprozesse notwendige technische Verständnis verfügen – auch hinsichtlich prozessbezogener Risikoanalysen (wie Prozess-FMEA) und Produktionslenkungsplänen. Produktauditoren müssen nachweisen, dass sie über die notwendige Kompetenz verfügen, die Anforderungen an das Produkt zu verstehen und die dafür relevanten Mess- und Prüfmittel zur Überprüfung der Produktkonformität zu handhaben. Für Schulungen, die zur Erreichung von Kompetenz genutzt werden, müssen dokumentierte Informationen (Nachweise) vorliegen, die belegen, dass die Kompetenzen der eingesetzten Trainer den oben genannten Anforderungen entsprechen.	Die LPA-Auditoren sollten in der Liste aller qualifizierten internen Auditoren mit aufgenommen werden. Es empfiehlt sich, bei der Ausbildung oder Einweisung der Führungskräfte zu LPA-Auditoren den Unterpunkt a) (prozessorientierter Ansatz und risikobasierte Denkweise) und Unterpunkt b) (kundenspezifische Anforderungen) zu integrieren. Beide Punkte unterstützen die Funktionsweise von LPA. Der Unterpunkt c) (Normenkenntnisse zu Auditumfang), der Unterpunkt d) (core tools) und der Unterpunkt e) (Auditablauf) sollten in die entsprechende LPA-Prozessbeschreibung mit aufgenommen und entsprechend in der Einweisung vermittelt werden. Als direkte Vorgesetze verfügen die hierarchischen LPA-Auditoren über das notwendige technische Verständnis. Für die Bewertung der geschlossenen Fragen wird das technische Verständnis auch bei Basisaudits über die entsprechenden Layer ausreichen. Die Kompetenzen der eingesetzten Trainer müssen belegt werden.

Tabelle 7.4 *Fortsetzung*

Kapitel IATF 16949	Zusätzliche Forderungen zu der ISO 9001	Bedeutung und Umsetzung im Layered Process Audit
	Aufrechterhaltung und Verbesserung der internen Auditorenkompetenz müssen nachgewiesen werden durch: f) die Durchführung einer Mindestanzahl an Audits pro Jahr – wie von der Organisation festgelegt, g) Aufrechterhaltung des Wissens zu den relevanten Anforderungen, basierend auf internen Veränderungen (z. B. Prozesstechnologie, Produkttechnologie) und externen Veränderungen (z. B. ISO 9001:2015, IATF 16949, Core Tools und kundenspezifische Anforderungen).	
8.3.2.3 Entwicklung von Produkten mit integrierter Software (engl.: embedded software)	Die Organisation muss die Softwareentwicklung in das interne Auditprogramm einbeziehen (siehe Abschnitt 9.2.2.1).	LPA kann mit der gleichen Vorgehensweise im Softwareentwicklungsprozess durchgeführt werden.
8.5.6.1.1 Zeitlich begrenzte Änderungen in der Produktionsprozesslenkung	Für alle alternativen Produktionsprozesslenkungsmaßnahmen müssen entsprechende Arbeitsanweisungen (standard work) vorliegen. Die Organisation muss die Anwendung der alternativen Produktionsprozess-lenkungsmaßnahmen mindestens einmal täglich überprüfen, um sicherzustellen, dass die Anweisungen auch tatsächlich befolgt werden. Ziel ist es, sobald wie möglich zu den ursprünglichen, im Produktionslenkungsplan geplanten Methoden zur Prozesslenkung zurückzukehren. Beispielhafte Überprüfungen sind folgende und weitere: a) tägliche qualitätsbezogene Audits (z. B. LPA – Layered Process Audits, wenn anwendbar), b) tägliche Treffen auf Leitungsebene. Nach Wiedereinsetzen der ursprünglich geplanten Maßnahmen zur Prozesslenkung sind entsprechende Überprüfungen für einen festgelegten Zeitraum aufrechtzuerhalten und zu dokumentieren. Für den Überprüfungszeitraum maßgebend sind die Tragweite und die Bestätigung, dass alle Funktionen/Eigenschaften der ursprünglichen Prüf- und Messmittel oder -prozesse wirksam wiederhergestellt sind.	Für diese Fälle eignet sich ein temporäres LPA-Board. Ein LPA von Layer 2 zu Layer 1 könnte täglich oder in jeder Schicht erfolgen und erfüllt den Anforderungspunkt a). Für den Anforderungspunkt b) könnte zusätzlich am gleichen Board ein LPA von Layer 3 oder höher zu Layer 2 stattfinden. Nach der Rückkehr zu den ursprünglich geplanten Produktionsprozesslenkungsmaßnahmen sollte die Überprüfung für einen begrenzten Zeitraum fortgesetzt werden.

Tabelle 7.4 *Fortsetzung*

Kapitel IATF 16949	Zusätzliche Forderungen zu der ISO 9001	Bedeutung und Umsetzung im Layered Process Audit
	Die Organisation muss die Rückverfolgbarkeit aller produzierten Produkte sicherstellen, die während des Einsatzes von alternativen Prüf- und Messmitteln oder -prozessen hergestellt wurden (z. B. Überprüfung und Aufbewahrung der Erststücke und Letztteile jeder Schicht).	
9.2.2.1 Internes Auditprogramm	Die Organisation muss über einen dokumentierten internen Auditprozess verfügen. Der Prozess muss die Entwicklung und Umsetzung eines internen Auditprogramms beinhalten, welches das gesamte QM-System abdeckt, einschließlich der Durchführung von QM-Systemaudits, Prozessaudits in der Produktion und Produktaudits. Das Auditprogramm muss auf Basis von Risiken, internen und externen Leistungstrends sowie der Robustheit, der Bedeutung, des Einflusses (engl.: criticality) der Prozesse priorisiert sein. Sofern die Organisation auch für die Entwicklung von Software verantwortlich ist, müssen Softwareentwicklungs-Assessments in das interne Auditprogramm einbezogen werden. Die Häufigkeit interner Audits muss überprüft und – wenn notwendig – bei Prozessänderungen, internen oder externen Fehlern und/oder infolge von Kundenbeanstandungen angepasst werden. Die Wirksamkeit des Auditprogramms muss im Rahmen der Managementbewertung überprüft werden.	Mit LPA gibt es unterschiedliche Möglichkeiten, die Priorisierung des Auditprogramms zu unterstützen. Auf Shopfloor-Ebene (Layer 1) findet eine Priorisierung über die Auswahl der LPA-Fragen statt. Diese orientieren sich an den tatsächlichen Ergebnissen (Leistungstrend, Robustheit und Bedeutung) und falls es so aufgebaut ist, auch an den Risiken des Prozesses. Aus den tatsächlichen Prozessergebnissen könnten auch auf Layer 1 die notwendigen Auditfrequenzen abgeleitet werden. Über den Layer 0 (Arbeitsplätze, Maschinen) könnte auch eine Priorisierung stattfinden. Die LPA werden dort durchgeführt, wo sie notwendig sind. Und die Notwendigkeit kann aus den aktuellen Ergebnissen oder Risiken abgeleitet werden. Ähnlich verhält es sich mit den LPA auf den Führungslayern. Diese könnten sich in einer Konsequenz an den Ergebnissen der Prozesse oder Bereiche orientieren. Die LPA werden dort gemacht, wo es notwendig und hilfreich ist.
9.2.2.2 QM-Systemaudit	Die Organisation muss alle Prozesse des QM-Systems im Laufe von jeweils drei Kalenderjahren auf Basis eines jährlichen Auditprogramms auditieren. Um die Erfüllung mit den Anforderungen dieses QMS-Standards der Automobilindustrie bewerten zu können, ist der prozessorientierte Ansatz anzuwenden. Die Organisation muss eine Auswahl von kundenspezifischen Anforderungen in die Auditierung des QM-Systems einbeziehen, um eine wirksame Umsetzung dieser sicherzustellen.	Weder die ISO 9001:2015 noch die ISO 19011:2011 erwähnen in ihren Inhalten das QM-Systemaudit. Dieses ist ein Relikt aus der Vergangenheit, als die ISO 9001 noch in 20 Elementen aufgebaut war und mit dem QM-Systemaudit das Zusammenwirken der einzelnen Elemente überprüft worden ist. Die IATF 16949 geht den konsequenten Weg der Prozessorientierung und definiert ein QM-Systemaudit als die Summe aller Prozessaudits. (Innerhalb von drei Jahren müssen alle Prozesse des QM-Systems auditiert sein.)

Tabelle 7.4 *Fortsetzung*

Kapitel IATF 16949	Zusätzliche Forderungen zu der ISO 9001	Bedeutung und Umsetzung im Layered Process Audit
		Diese Audits aller Prozesse können zu gewissen Teilen ebenfalls mit LPA durchgeführt werden und danach zu dem QM-Systemaudit zusammengeführt werden. Bei diesen Audits sollen für die LPA-Fragen die relevanten kundenspezifischen Anforderungen mit aufgenommen werden.
9.2.2.3 Prozessaudits in der Produktion	Die Organisation muss alle Produktionsprozesse im Laufe von jeweils drei Kalenderjahren auditieren, um deren Wirksamkeit und Effizienz zu ermitteln, wobei kundenspezifische Anforderungen zu Prozessauditansätzen berücksichtigt werden müssen. Wenn hierzu keine Anforderungen des Kunden vorliegen, muss die Organisation den anzuwendenden Auditansatz selbst festlegen. In jedem einzelnen Auditplan muss jeder Produktionsprozess in allen Schichten, in denen der Prozess abläuft, auditiert werden – und zwar einschließlich einer angemessenen Stichprobe von Schichtübergaben. Prozessaudits in der Produktion müssen die Auditierung der wirksamen Anwendung und Umsetzung von prozessbezogenen Risikoanalysen (wie FMEA), Produktionslenkungsplänen und dazugehörenden Dokumenten einschließen.	Das Layered Process Audit ist ein Prozess- oder Arbeitsplatzaudit und eignet sich sehr gut, alle Produktionsprozesse über alle Schichten inkl. der Schichtübergaben in angemessenen Stichproben zu auditieren. Ein funktionierendes LPA-Audit orientiert sich mit seinen dynamischen Fragen an den Ergebnissen und Risiken des Prozesses und würde damit auch die Forderungen der IATF 16949 unterstützen. Es gibt Unternehmen, die ihr LPA nur temporär in Produktionsprozessen einsetzen und nach einigen Wochen den Bereich oder Prozess wechseln. Diese Vorgehensweise würde sich sehr gut eignen, innerhalb von drei Jahren in allen Produktionsprozessen ein LPA als Prozessaudit durchgeführt zu haben. Die IATF 16949 fordert, dass mit dem Prozessaudit die Wirksamkeit und Effizienz ermittelt werden sollen. Eine Wirksamkeit hat etwas mit dem Verhältnis Ist/Soll oder erreichte Ergebnisse zu geplanten Ergebnissen zu tun. Ein direktes Ergebnis für die Wirksamkeit ergibt sich aus der Anzahl und dem Verhältnis der roten, gelben und grünen Bewertungen. Es wird die Wirksamkeit der Umsetzung überprüft. Wenn die Wirksamkeit sich auf das Prozessergebnis bezieht, bedarf es einer separaten Vorgehensweise, die zum Layered Process Audit passt und als Review betrachtet werden kann. Die Effizienz eines Prozesses hat sehr viel mit seiner Wirtschaftlichkeit (Verhältnis Input zu Output) zu tun. Layered Process Audit kann nicht wirklich die Effizienz eines Prozesses feststellen. Auch hier würde sich besser das Layered Process Review eignen. Im Zusammenspiel zwischen dem Layered Process Audit und dem Layered Process Review können die Wirksamkeit und Effizienz der Prozesse bewertet werden.

Tabelle 7.4 *Fortsetzung*

Kapitel IATF 16949	Zusätzliche Forderungen zu der ISO 9001	Bedeutung und Umsetzung im Layered Process Audit
9.2.2.4 Produktaudit	Die Organisation muss Produktaudits gemäß kundenspezifischer Anforderungen zu Auditansätzen in geeigneten Abschnitten der Produktion und des Lieferprozesses durchführen, um die Erfüllung der vorgegebenen Anforderungen zu überprüfen. Kundenspezifische Anforderungen zu Produktauditart/-variante müssen berücksichtigt werden. Wenn hierzu keine Anforderungen des Kunden vorliegen, muss die Organisation den anzuwendenden Ansatz selbst festlegen.	Diese zusätzliche Anforderung hat keinen direkten Einfluss auf Layered Process Audit, da dieses als Produktaudit noch nicht eingesetzt wird. Es liegen dazu noch keine Erfahrungen vor.
9.3.2.1 Eingaben für die Managementbewertung – Ergänzung	Eingaben für die Managementbewertung müssen Folgendes umfassen: a) Kosten infolge der Nichterfüllung von Qualitätsanforderungen (interne und externe Fehlerkosten), b) Ergebnisse aus der Bewertung von Leistungsindikatoren zur Wirksamkeit der Prozesse, c) Ergebnisse aus der Bewertung von Leistungsindikatoren zur Effizienz der Prozesse, d) Produktkonformität, e) Ergebnisse der Herstellbarkeitsbewertungen für Änderungen an vorhandenen Betriebsabläufen, für neue Anlagen und Einrichtungen oder neue Produkte (siehe Abschnitt 7.1.3.1), f) Kundenzufriedenheit (siehe ISO 9001:2015, Abschnitt 9.1.2), g) Bewertung der instandhaltungsbezogenen Leistungsindikatoren gegenüber den Instandhaltungs- und Wartungszielen, h) Leistungsindikatoren zu Kulanz und Gewährleistung – sofern zutreffend, i) Überprüfung der Kundenbewertungen (engl.: scorecards) – sofern zutreffend, j) durch Risikoanalysen (wie FMEA) ermittelte potenzielle Feldausfälle, k) tatsächliche Feldausfälle und deren Auswirkung auf die Sicherheit oder Umwelt.	Die Ergebnisse von LPA zeigen sehr gut die Wirksamkeit der Prozesse bzw. deren Umsetzung auf und unterstützen damit direkt den Punkt b) und indirekt den Punkt c). Über ein durchgeführtes Layered Process Review werden beide Punkte sehr gut unterstützt.

Tabelle 7.4 *Fortsetzung*

Kapitel IATF 16949	Zusätzliche Forderungen zu der ISO 9001	Bedeutung und Umsetzung im Layered Process Audit
10.2.3 Problemlösung	Die Organisation muss über einen dokumentierten Prozess zur Problemlösung verfügen, der Folgendes beinhaltet: a) festgelegte Vorgehensweisen und Lösungsansätze für die unterschiedlichen Arten von Problemen und deren Tragweite (z. B. Neuentwicklung von Produkten, Probleme in der aktuellen Fertigung, Feldbeanstandungen, Auditfeststellungen), b) Eingrenzung und Aussonderung fehlerhafter oder fehlerverdächtiger Produkte und damit verbundene Sofortmaßnahmen, die für die Steuerung nicht konformer Ergebnisse notwendig sind (siehe ISO 9001:2015, Abschnitt 8.7), c) Ursachenanalyse, angewendete Methode(n), Auswertung und Ergebnisse, d) Umsetzung systemischer Korrekturmaßnahmen, einschließlich einer Berücksichtigung der Auswirkungen auf ähnliche Prozesse oder Produkte, e) Bewertung der Wirksamkeit der umgesetzten Korrekturmaßnahmen, f) Überprüfung und – wenn notwendig – Aktualisierung der betreffenden dokumentierten Informationen (z. B. Prozess-FMEA, Produktionslenkungsplan). Wenn ein Kunde bestimmte Vorgehensweisen, Techniken oder Methoden zur Problemlösung vorgibt, muss die Organisation diese anwenden, sofern keine anderslautenden Freigaben des Kunden vorliegen.	Eingeführte LPA-Systeme zeigen drei unterschiedliche Phasen in der Einführung. Phase 1: Ordnung schaffen Phase 2: Prozess verbessern Phase 3: Neues Wissen aufbauen In allen drei Phasen findet die Problemlösung durch die Führungskräfte in unterschiedlichen Tiefen und Wirkungen statt. Phase 3 benötigt immer mehr die Anwendung von Problemlösungstechniken, um die auftauchenden Probleme mit unbekannten Ursachen zu lösen.

Aus den Forderungen der IATF 16949 entstehen für Layered Process Audit einige unterschiedliche Forderungen, die über die entsprechenden Prozesse oder Prozessbeschreibungen im Unternehmen umgesetzt werden müssen.

Eine sehr konkrete Forderung ist der Punkt „Kompetenzen von internen Auditoren". Daraus entsteht die Anforderung alle LPA-Auditoren in die Liste der qualifizierten Auditoren aufzunehmen. Bei der Qualifikation der LPA-Auditoren sollten in der Einweisung der prozessorientierte Ansatz und die risikobasierte Denkweise integriert werden. Relevante Kenntnisse der IATF 16949, entsprechende Methoden zur Prozessverbesserung und der Auditablauf sollten in die LPA-Prozessbeschreibung und diese für die Einweisung der LPA-Auditoren verwendet werden.

Wichtig ist auch, dass die entsprechend geeignete Qualifikation des Trainers belegt wird.

Für die Anforderung an die Prozessaudits sollte im LPA-Vorgehen das Layered Process Review ein fester Bestandteil sein und damit kann auch die Ermittlung der Wirksamkeit und Effizienz erfüllt werden.

Die Anforderungen der IATF 16949 an interne Audits lassen sich mit LPA erfüllen. Durch die Layered Process Reviews kann auch die Wirksamkeit und Effizienz der Prozesse ermittelt werden.

7.3.3 Customer Specific Requirements

Zusätzlich zu den Anforderungen der IATF 16949 gibt es sogenannte kundenspezifische Anforderungen (Customer Specific Requirements), die Automobilhersteller an das Qualitätsmanagementsystem ihrer Lieferanten zusätzlich stellen. Eine eindeutige Forderung der IATF 16949 ist die Erfüllung dieser Anforderungen.

Auf der Seite *http://www.iatfglobaloversight.org/oem-requirements/customer-specific-requirements* finden sich diese Anforderungen.

Folgende Automobilhersteller fordern explizit Layered Process Audit von ihren Lieferanten :

General Motors

9.2.2.3 Manufacturing process audit

The organization shall incorporate an internal layered process audit process to assess compliance to standardized processes, to identify opportunities for continuous improvement, and to provide coaching opportunities. The layered process audit is led by Management who are competent to conduct the audits. The process shall include:

1. A schedule including frequency of audits and locations of planned audits.
2. Audit layers must be used and include different levels of employees, including top management.
3. Customer complaints or rejections trigger a layered audit on the process that was cause of the issue.
4. All departments within the organization.
5. All findings are recorded and measured for improvement.
6. Findings that cannot be corrected during the audit shall move to an action plan for monitoring to closure.
7. Records of audits shall be maintained.
8. Layered audit questions shall be reviewed periodically and changed if needed to focus on the organization's weaknesses.

Peugeot SA (PSA Group)

9.2.2.3 Manufacturing process audit

The supplier must conduct Layered Process Audits (LPA), the aim of which is to ensure consistent application and execution of standards. LPA are to be performed by Operational Managers.

LPA shall be implemented for all operational areas (manufacturing, logistic, maintenance). All shifts shall be audited.

All management level should be involved (from team leader to top management) but at least the management of operational teams shall be involved (ex: in manufacturing area, from shift/team leader to manufacturing leader).

Note: no specific auditor qualification is required to perform LPA but LPA performers shall be trained and qualified.

Fiat Chrysler

9.2.2.3 Manufacturing process audit Layered Process Audits

Organizations supplying production parts or components to FCA US shall conduct Layered Process Audits (LPA) on all elements of manufacturing and assembly lines that produce production parts or components for FCA US.

These shall include both Process Control Audits (PCA) and Error Proofing Verification (EPV) audits.

Organizations shall provide evidence of compliance to the following requirements:

- Audit process shall involve multiple levels of site management, from line supervisor up to the highest level of senior management normally present at the organization site.
- A member of site senior management shall conduct process control audits at least once per week. All members of site senior management shall conduct process control audits on a regular basis.
- Delegation of this activity will not be accepted with the exception of extenuating circumstances.
- The organization shall have a documented audit structure with auditor level and frequency of inspection.
- PCAs shall be conducted at least once per shift for build techniques and craftsmanship related processes.
- EPV audits shall be conducted at least once per shift, preferably at the start of shift. Compliance charts shall be completed once per quarter and maintained for the life of the program. The following metrics shall be included:
  - Audit completion by all auditing layers.
  - By-item percentage conformance by area.
- Reaction plans shall be in place to immediately resolve all non-conformances.

> The organization shall show evidence of immediate corrective action, containment (as required), and root cause analysis (as required).
>
> A separate communication procedure is required to address reoccurring non-conformances. Specific areas of focus shall include the following:
>
> - Resolution of non-conformances
> - Escalation of issue for management review
> - Lessons learned
>
> Layered process audits are not required for specific materials, parts or assemblies produced on such an infrequent or irregular basis that it would prohibit establishing a regular, weekly audit schedule.
>
> - Such infrequently or irregularly produced materials, parts or assemblies shall be subject, at a minimum, to a process audit at start-up and shutdown of each production run.
> - Organizations shall evaluate and document the applicability of this exception for each material, part or assembly under consideration based upon the production schedule for all customers.
> - The evaluation document shall be maintained as an organization-controlled record (7.5.3.2.1); reviewed annually and updated as required.
>
> Organizations shall use CQI-8: Layered Process Audits Guideline, 2nd Edition to establish a Layered Process Audit program.

7.3.4 Anforderungen der ISO 19011

Die zweite wesentliche Norm für das interne Audit ist die DIN EN ISO 19011:2011. Sie ist ein Leitfaden für Audits von Qualitätsmanagement- und/oder Umweltmanagementsystemen. Als Leitfaden hat sie keinen fordernden Charakter, sondern sie soll eine Hilfestellung für den interessierten Leser geben:

„Diese Internationale Norm enthält keine Anforderungen, sondern gibt Anleitungen zum Leiten und Lenken eines Auditprogramms, zum Planen und Durchführen eines Audits des Managementsystems sowie zur Kompetenz und Bewertung eines Auditors sowie eines Auditteams." (DIN EN ISO 19011:2011-12 – Einleitung; Seite 5)

> Der „Leitfaden zur Auditierung von Managementsystemen" DIN EN ISO 19011 wird derzeit vom ISO Projektkomitee PC 302 revidiert (technical revision).
>
> Nach ISO Projektplan ist vorgesehen, die neue Norm im April 2018 zu veröffentlichen.
>
> Zielsetzung der Überarbeitung ist die Aktualisierung und Berücksichtigung der seit 2011 erschienenen neuen Managementsystemstandards.

> Der Leitfaden soll alle Organisationen ansprechen und auch von kleinen und mittleren Unternehmen (KMUs) anwendbar sein. Der Fokus auf first und second party Audits (interne und Lieferantenaudits) bleibt erhalten.
>
> Als Basis für die Überarbeitung dient die aktuelle Version der ISO 19011. Die Struktur und wesentliche Inhalte bleiben nach derzeitigem Stand weitgehend erhalten.
>
> Begriffe und Definitionen werden unter Bezugnahme auf ISO 9000 2015 aktualisiert, ergänzt bzw. an neu eingeführte Begriffe aus der Managementsystemnormung angepasst (z. B. Verwendung von dokumentierter Information).
>
> Im Kapitel Auditprinzipien wird ein neues Prinzip „Risk-based approach" eingeführt – ein Auditansatz, der Risiken und Chancen berücksichtigt.
>
> Diese Risiken- und Chancenbetrachtung zieht sich durch den gesamten Leitfaden, in der Diskussion ist derzeit noch der Umfang der Bezugnahme auf diese Themen. Dies gilt ebenfalls für die Betrachtung des Kontextes der Organisation, die in verschiedenen Kapiteln ergänzend aufgenommen wurde.
>
> Das Kapitel Auditprogramm wurde restrukturiert. Die zu betrachtenden Randbedingungen für die Erstellung des Auditprogramms werden erweitert um die Betrachtung des Kontextes der Organisation, der identifizierten Risiken und Chancen und der Organisationsziele. Die Verbindung zur strategischen Ausrichtung der Organisation wird hergestellt und der Auditprogrammzielkatalog wird erweitert.
>
> Die Empfehlungen zur Kompetenz der Auditoren referenzieren stringenter auf Kompetenz anstelle von Wissen und Fertigkeiten. Die Beispiele für disziplinspezifisches Wissen und Fertigkeiten im Anhang sind im aktuellen Entwurf gestrichen, sollen aber evtl. wieder aktualisiert aufgenommen werden.
>
> Im Anhang mit ergänzenden Erläuterungen werden Hinweise auf prozessorientiertes Auditieren, Umgang mit Chancen und Risiken beim Auditieren und Lebenszyklusbetrachtungen gegeben.
>
> Quelle: Thomas Votsmeier Stellv.Obmann und Vertreter DIN des NA 147-00-07 GA-Gemeinschaftsarbeitsausschuss NQSZ/NAGUS/ NIA/NAL Audits
>
> Leiter Normung / Internationale Kooperationen bei Deutsche Gesellschaft für Qualität e. V.

Bei der 2. Auflage dieses LPA-Leitfadens lag die neue ISO 19011:2018 noch nicht vor. Deshalb beziehen sich die weiteren Ausarbeitungen auf die bis nächstes Jahr noch gültige ISO 19011:2011. Für interessierte Leser ist nach Herausgabe der neuen ISO 19011 eine aktualisierte Tabelle mit den Beziehungen zwischen ISO 19011 und LPA beim Verfasser abrufbar.

Die DIN EN ISO 19011:2011 taucht nicht, wie viele vermuten, als mitgeltendes Dokument in der DIN ISO 9001 auf. Es gibt in der DIN EN ISO 9001:2015 nur einen einzigen normativen Verweis und der bezieht sich auf die ISO 9000:

„2 Normative Verweisungen

Die folgenden Dokumente, die in diesem Dokument teilweise oder als Ganzes zitiert werden, sind für die Anwendung dieses Dokuments erforderlich. Bei datierten Verweisungen gilt nur die in Bezug genommene Ausgabe. Bei undatierten Verweisungen gilt die letzte Ausgabe des in Bezug genommenen Dokuments (einschließlich aller Änderungen)." (ISO 9000:2015, Quality management systems – Fundamentals and vocabulary)

Die ISO 19011 findet sich an zwei wesentlichen Stellen in der ISO 9001: Zum einen taucht sie ganz vorne und hinten im informativen nationalen Anhang (NA) bzw. in den Literaturhinweisen auf und sie findet sich noch als Anmerkung direkt nach dem Absatz 9.2.2 Internes Audit mit der Formulierung „Anmerkung siehe ISO 19011 zur Orientierung".

Die ISO 9001 definiert Anmerkungen wie folgt: *„Als „ANMERKUNG" gekennzeichnete Informationen dienen als Anleitung zum Verständnis oder zur Erläuterung der zugehörigen Anforderung."* (DIN EN ISO 9001:2015-12 – Einleitung 0.1 Allgemeines)

Interpretation Anforderungen aus der ISO 19011

Dies bedeutet, dass die Inhalte der DIN EN ISO 19011:2011 in einem Zertifizierungsaudit nach DIN EN ISO 9001:2015 nicht verpflichtend und damit nicht zertifizierungsrelevant sind. Es gibt also keine normative Forderung nach der DIN EN ISO 9001:2015, dass die internen Auditoren eines Qualitätsmanagementsystems nach DIN EN ISO 9001:2015 nach den Inhalten der DIN EN ISO 19011:2011-12 qualifiziert sein müssen.

Die DIN EN ISO 19011:2011 ist ein umfassender Leitfaden für die Auditierung von Managementsystemen. Sie ist ausgerichtet auf die Durchführung von internen (first party audits) und externen Audits, auch in kleinen und mittleren Organisationen. Bei den externen Audits liegt der Schwerpunkt auf den Lieferantenaudits (second party audit). Für die Zertifizierungsaudits (third party audits) ist die ISO 17021, „Konformitätsbewertung – Anforderungen an Stellen, die Managementsysteme auditieren und zertifizieren", relevant.

Im Sinne eines Leitfadens ist es möglich, die Inhalte oder auch Teile davon für Layered Process Audit anzuwenden. Zur Unterstützung für die Einführung von Layered Process Audit und auch für die gegebenenfalls notwendige Diskussion und Argumentation mit externen Auditoren können die einzelnen relevanten Vorschläge des Leitfadens für Layered Process Audit identifiziert und dann übertragen werden. Nachfolgende Kapitel aus der ISO 19011 sollten berücksichtigt werden:

- 4 Auditprinzipien
- 5 Leiten und Lenken eines Auditprogramms
- 6 Durchführung eines Audits
- 7 Kompetenzen und Bewertungen von Auditoren

In Tabelle 7.5 bis Tabelle 7.8 werden die relevanten Anleitungen aus den einzelnen Kapiteln identifiziert, der Normeneintrag wird kopiert und die Erfüllung durch LPA formuliert. Nicht relevante Audittätigkeiten werden in den Tabellen nicht aufgelistet. Tabelle 7.5 zeigt, wie Anleitungen aus dem Kapitel 4 „Auditprinzipien" der DIN EN ISO 19011 mit Layered Process Audit umgesetzt und erfüllt werden können. Tabelle 7.6 zeigt dies für Kapitel 5 „Leiten und Lenken eines Auditprogramms", Tabelle 7.7 für Kapitel 6 „Durchführung eines Audits" und Tabelle 7.8 für Kapitel 7 „Kompetenzen und Bewertung von Auditoren".

Tabelle 7.5 Anleitungen der DIN EN ISO 19011:2011-2012 – Kapitel 4 Auditprinzipien

Anleitungen der ISO 19011	Umsetzung mit Layered Process Audit
4. Auditprinzipien Die Einhaltung dieser Prinzipien ist eine Voraussetzung, um Auditschlussfolgerungen zu liefern, die relevant und ausreichend sind und die die Auditoren befähigen, unabhängig voneinander zu ähnlichen Schlussfolgerungen unter ähnlichen Umständen zu gelangen.	Die Struktur des LPA ist mit seinen geschlossenen Fragen und Prüfnachweisen so aufgebaut, dass unabhängige Auditoren zu gleichen Ergebnissen kommen würden.
4a) Integrität: die Grundlage des Berufsbilds	Gilt für LPA-Auditoren
4b) Sachliche Darstellung: die Pflicht, wahrheitsgemäß und genau zu berichten	Gilt für LPA-Auditoren und wird über die konkreten Prozessaudits mit klaren Fragen und Visualisierung unterstützt
4c) Angemessene berufliche Sorgfalt: Anwendung von Sorgfalt und Urteilsvermögen beim Auditieren	Gilt für LPA-Auditoren
4d) Vertraulichkeit: Sicherheit von Informationen	Gilt für LPA-Auditoren
4e) Unabhängigkeit: die Grundlage für die Unparteilichkeit des Audits sowie für die Objektivität der Auditschlussfolgerungen	In der ISO 19011 wird auf Seite 7 unter 3.1 Audit beschrieben, dass sich die in der Definition angesprochene Unabhängigkeit dadurch nachweisen lässt, dass keine Vorurteile oder Interessenkonflikte vorliegen. Genau darauf muss im LPA geachtet werden, wenn durch den Vorgesetzten ein Mitarbeiter auditiert wird. Zusätzlich werden über die Visualisierung der Ergebnisse und die Durchführung von weiteren hierarchischen Audits beim Vorgesetzten und Basis-Audits beim Mitarbeiter Vorurteile oder Interessenskonflikte verhindert.
4f) Vorgehensweise, die auf Nachweisen beruht: die rationelle Methode, um zu zuverlässigen und nachvollziehbaren Auditschlussfolgerungen in einem systematischen Auditprozess zu gelangen	Die Layered-Process-Audit-Vorgehensweise baut auf nachweisbaren Vorgaben auf. Die Auditnachweise sind wie in der ISO 19011 gefordert verifizierbar.

Tabelle 7.6 Anleitungen der DIN EN ISO 19011:2011-2012 – Kapitel 5 Leiten und Lenken eines Auditprogramms

Anleitungen der ISO 19011	Umsetzung mit Layered Process Audit
5. Leiten und Lenken eines Auditprogramms Eine Organisation, die Audits durchführen muss, sollte ein Auditprogramm erstellen. Das Auditprogramm sollte Informationen und Ressourcen einschließen, die erforderlich sind, um die Audits innerhalb des festgelegten Zeitrahmens wirksam und effizient zu organisieren und durchzuführen. Es kann auch einschließen:	Vor der Umsetzung der LPA muss eine Layer-Struktur mit den unterschiedlichen Auditformen und den Frequenzen für die Audits bis auf die Funktionen festgelegt werden. Dies entspricht einem Auditprogramm.
▪ Ziele für das Auditprogramm sowie für die einzelnen Audits	LPA zielt auf die Umsetzung der Standards. In den LPA-Checklisten werden die Standards ausgewählt, die für die Erreichung des LPA-Ziels relevant sind.
▪ Umfang/Anzahl/Arten/Dauer/Standorte/Zeitplan der Audits	Wird detailliert über die Layer-Struktur mit den unterschiedlichen Auditformen und den Frequenzen für die Audits bis auf die Funktionen festgelegt
▪ Verfahren für Auditprogramme	Findet sich in LPA-Vorgehensweise, Layern, Auditarten, Frequenzen, Fragen und Visualisierung
▪ Auditkriterien	Sind im LPA, um die Umsetzung der Standards zu erreichen
▪ Auditmethoden	Sind im LPA nach ISO 19011 Tabelle B1: Checklisten und Fragebögen ausfüllen unter Beteiligung der zu auditierenden Organisation Beobachtung der durchgeführten Arbeit
▪ Auswahl des Auditteams	Ist im LPA die Führungsmannschaft des betroffenen Bereichs mit Unterstützung des LPA-Koordinators
▪ Erforderliche Ressourcen	Durch die kurzen Audits und die Beteiligung von vielen Auditoren wird der erforderliche Aufwand auf viele Schultern verteilt und es erfolgt der tägliche Nachweis über die Umsetzung.
▪ Prozesse zum Umgang mit Vertraulichkeit, Informationssicherheit, Arbeitsschutz sowie weitere ähnliche Aspekte	Durch das Audit durch die direkten Führungskräfte sind diese Prozesse den Auditoren bekannt.
Die Umsetzung des Auditprogramms sollte überwacht und gemessen werden, um sicherzustellen, dass seine Ziele erreicht worden sind. Das Auditprogramm sollte überprüft werden, um mögliche Verbesserungen zu identifizieren.	Die Visualisierung der LPA-Audits zeigt täglich die Umsetzung der Audits und die Ergebnisse aus den einzelnen Audits. Durch die Layer-Struktur und die übergeordneten Audits befindet sich das Auditprogramm in einer ständigen Überprüfung.

Tabelle 7.6 *Fortsetzung*

Anleitungen der ISO 19011	Umsetzung mit Layered Process Audit
5.3.2 Kompetenz der Person, die das Auditprogramm leitet und lenkt Wissen und Kenntnisse in den folgenden Bereichen aufweisen: • Auditprinzipien, -verfahren und -methoden • Managementsystemnormen und Bezugsdokumente • Tätigkeiten, Produkte und Prozesse der zu auditierenden Organisation • anwendbare rechtliche und andere Anforderungen in Bezug auf die Tätigkeiten und Produkte der zu auditierenden Organisation • wo zutreffend, Kunden und Lieferanten der zu auditierenden Organisation sowie andere interessierte Parteien	Das LPA-Programm wird durch den LPA-Koordinator geleitet. Sehr häufig ist es der Qualitätsmanagementbeauftragte, der über die Kompetenzen bezüglich der normativen Anforderungen, Produkte, Prozesse, Lieferanten und Kunden verfügt.

Tabelle 7.7 Anleitungen der DIN EN ISO 19011:2011-2012 – Kapitel 6 Durchführung eines Audits

Anleitungen der ISO 19011	Umsetzung mit Layered Process Audit
6. Durchführung eines Audits 6.2.1 Allgemeines Wenn ein Audit veranlasst wird, bleibt die Verantwortlichkeit zur Durchführung des Audits so lange beim zugeordneten Auditteamleiter, bis das Audit abgeschlossen ist.	Der LPA-Auditor ist die Führungskraft und diese ist in der Verantwortung, das Audit durchzuführen. Die Durchführung des Audits wird über die Visualisierung transparent und unterstützt.
6.3.2 Vorbereiten des Auditplans Der Auditplan sollte Folgendes umfassen oder sich darauf beziehen:	Der Auditplan im LPA umfasst die LPA-Struktur, die Layer mit den Frequenzen, die LPA-Checklisten und die LPA-Visualisierung.
• die Auditziele	Werden über die Auswahl der Fragen sowie die Frequenz der Audits abgedeckt
• den Auditumfang, einschließlich der Ermittlung der Organisations- und Funktionseinheiten sowie auch der zu auditierenden Prozesse	Wird über die Layer mit ihren Funktionen und Prozessen abgedeckt
• die Auditkriterien sowie jegliche Referenzdokumente	Sind die Fragen mit den unterschiedlichen Nachweisen
• die Standorte, Termine, zu erwartende Auditzeiten sowie Dauer der durchzuführenden Audittätigkeiten, einschließlich Besprechungen mit der obersten Leitung der zu auditierenden Organisation	Frequenzen sind vorgegeben und die Audits erfolgen an den geschlossenen Fragen der Checklisten.
• die verwendeten Auditmethoden einschließlich des Umfangs, innerhalb dessen die Auditstichproben erforderlich sind, um hinreichende Auditnachweise zu erzielen, sowie die Gestaltung des Probenahmeplans, soweit zutreffend	Auditmethoden Beobachtung und Prüfung werden über die Struktur und Fragen vorgegeben.

Tabelle 7.7 *Fortsetzung*

Anleitungen der ISO 19011	Umsetzung mit Layered Process Audit
▪ die Rollen und Verantwortlichkeiten der Auditteammitglieder sowie von Betreuern und Beobachtern	Die Rollen sind definiert für LPA-Koordinator, Auditoren der unterschiedlichen Layer und die Auditierten auf den unterschiedlichen Layern.
▪ die Verteilung entsprechender Ressourcen für kritische Auditbereiche	Die Audits sind auf Layer 1 in ihrer Frequenz und mit damit notwendigen Ressourcen vorgegeben. Eine Konzentration von Ressourcen findet gegebenenfalls bei Basis-Audits durch übergeordnete Führungskräfte statt.
6.5.1 Erstellen des Auditberichts Der Auditbericht sollte eine vollständige, genaue, kurz gefasste und klare Aufzeichnung des Audits liefern.	Der Auditbericht ist die ausgefüllte Checkliste, die je nach ihrer Art noch ausgewertet und in einer LPA-Visualisierung dargestellt wird. Sowohl Auditumfang, Termin, Ort, Auditfeststellungen und Erfüllung der Auditkriterien sind darin dokumentiert.
6.5.2 Verteilen des Auditberichts Der Auditbericht sollte innerhalb eines vereinbarten Zeitraums herausgegeben werden.	Die Protokollierung des Audits auf LPA-Checkliste und Visualisierung erfolgt unmittelbar im Anschluss des Audits und eine weitere Verteilung ist nicht mehr notwendig.
6.7 Durchführen von Auditfolgemaßnahmen Die Schlussfolgerungen aus dem Audit können in Abhängigkeit der Auditziele die Notwendigkeit von Korrekturen, oder von Korrektur-, Vorbeugungs- oder Verbesserungsmaßnahmen aufzeigen. Solche Maßnahmen werden gewöhnlich von der auditierten Organisation entschieden und innerhalb eines vereinbarten Zeitrahmens durchgeführt. Die auditierte Organisation sollte die Person, die das Auditprogramm leitet und lenkt, sowie das Auditteam über den Stand dieser Maßnahmen informieren. Der Abschluss dieser Maßnahmen sowie deren Wirksamkeit sollten überprüft werden. Diese Überprüfung kann Bestandteil eines nachfolgenden Audits sein.	Wenn es im Layered Process Audit zu einer Abweichung kommt, wird versucht, diese sofort zu beheben (gelbe Bewertung). Falls dies nicht funktioniert (rote Bewertung), muss sofort eine Maßnahme eingeleitet und falls möglich auch definiert werden. Diese Maßnahmen werden auf der jeweiligen Maßnahmenliste öffentlich visualisiert. Die Führungskraft auf dem Layer darüber muss bei ihren LPAs die Umsetzung dieser Maßnahmen auditieren. Damit wird in engen Regelschleifen durch die jeweiligen Vorgesetzten die Abstellung der Behinderungen in den Prozessen bewertet und direkt unterstützt.

Tabelle 7.8 Anleitungen der DIN EN ISO 19011:2011-2012 – Kapitel 7 Kompetenz und Bewertung von Auditoren

Anleitungen der ISO 19011	Umsetzung mit Layered Process Audit
7. Kompetenz und Bewertung von Auditoren Vertrauen in den Auditprozess sowie in die Fähigkeit, dessen Ziele zu erreichen, hängt von der Kompetenz derjenigen Personen ab, die in die Planung und Durchführung der Audits einbezogen sind, einschließlich Auditoren und Auditteamleiter.	
Nicht jeder Auditor im Auditteam muss über dieselbe Kompetenz verfügen. Jedoch muss die Gesamtkompetenz des Auditteams ausreichend sein, um die Auditziele zu erreichen.	Das LPA-Auditteam besteht aus dem LPA-Koordinator und den einzelnen Auditoren der entsprechenden Layer, die alle Führungskräfte sind.

Tabelle 7.8 *Fortsetzung*

Anleitungen der ISO 19011	Umsetzung mit Layered Process Audit
Die Bewertung der Kompetenz des Auditors sollte nach dem Auditprogramm einschließlich der Programmverfahren geplant, umgesetzt und dokumentiert werden, um ein Ergebnis zu liefern, das objektiv, folgerichtig, angemessen und zuverlässig ist. Der Bewertungsprozess sollte die folgenden vier wesentlichen Schritte einschließen:	
▪ Ermittlung der Kompetenz des Auditpersonals, um die Erfordernisse des Auditprogramms zu erfüllen	Die notwendige Kompetenz wird je nach Layer über die Layer-Struktur eingegrenzt. Dadurch, dass die Auditoren die Führungskräfte sind, werden vermutlich die notwendigen Kompetenzen zur Umsetzung der Audits vorhanden sein.
▪ Festlegung der Bewertungskriterien	Im Audit des Führungslayers ab Layer 3 werden Vorgaben mit eigenständigen geschlossenen Fragen als Bewertungskriterien formuliert.
▪ Auswahl der entsprechenden Bewertungsmethoden aus Tabelle 2 „Mögliche Bewertungsmethoden" der DIN EN ISO 19011:2011-2012 Kapitel 7.4 „Auswählen der geeigneten Bewertungsmethode für Auditoren"	Aus diesen möglichen Bewertungsmethoden sind für das LPA ▪ Prüfen von Aufzeichnungen ▪ Befragung ▪ Beobachtung ▪ Bewertung nach dem Auditgeeignet.
▪ Durchführung der Bewertung	Die Bewertung wird über das übergeordnete hierarchische Audit durchgeführt.
7.2.2 Persönliches Verhalten Auditoren sollten über die erforderlichen Eigenschaften verfügen, die es ihnen ermöglichen, gemäß den Auditprinzipien zu handeln.	Das persönliche Verhalten der LPA-Auditoren ist nur bedingt beeinflussbar, da sie nicht als Auditoren ausgesucht worden sind, sondern das Audit zu ihnen gekommen ist. Mit dieser Situation wird man im LPA klarkommen müssen, da dies auch die tägliche Führungssituation ist.
7.2.3 Wissen und Fertigkeiten Auditoren sollten über Wissen und Fertigkeiten verfügen, die erforderlich sind, um die beabsichtigten Ziele der Audits, die sie durchführen sollen, zu erreichen. Alle Auditoren sollten über allgemeines Wissen und Fertigkeiten verfügen; und es sollte ferner erwartet werden, dass sie disziplin- und branchenspezifisches Wissen und Fertigkeiten besitzen.	Die LPA-Auditoren sind fachliche Experten des auditierten Bereichs.
7.2.3.2 Allgemeines Wissen und Fertigkeiten von Auditoren für Managementsysteme	
a) Auditprinzipien, -verfahren und -methoden: Wissen und Fertigkeiten auf diesem Gebiet befähigen den Auditor, diejenigen Prinzipien, Verfahren und Methoden anzuwenden, die für verschiedene Audits angemessen sind, und stellen sicher, dass die Audits konsequent und systematisch durchgeführt werden.	Die LPA-Auditoren werden in der Durchführung der Audits trainiert.

Tabelle 7.8 *Fortsetzung*

Anleitungen der ISO 19011	Umsetzung mit Layered Process Audit
b) Managementsystemdokumente sowie Referenzdokumente: Wissen und Fertigkeiten auf diesem Gebiet versetzen den Auditor in die Lage, den Auditumfang zu verstehen sowie die Auditkriterien anzuwenden.	Der LPA-Koordinator wird eine führende Rolle bei den Managementsystemdokumenten haben. Die Auditoren benötigen die Vorgabedokumente für die Gestaltung der LPA-Fragen.
c) Organisatorischer Kontext: Wissen und Fertigkeiten auf diesem Gebiet befähigen den Auditor, die Struktur und die Geschäfts- und Managementpraktiken der zu auditierenden Organisation zu verstehen.	Die Führungskräfte (LPA-Auditoren) kennen die Organisation, die Prozesse mit ihren Strukturen.
d) Zutreffende gesetzliche und vertragliche Anforderungen sowie weitere Anforderungen, die auf die zu auditierende Organisation anzuwenden sind: Wissen und Fertigkeiten auf diesem Gebiet befähigen den Auditor, innerhalb der Organisation zu arbeiten sowie sich deren rechtlicher und vertraglicher Anforderungen bewusst zu sein.	LPA-Auditoren haben Erfahrung in der Branche, in der sie arbeiten. Sie kennen die gesetzlichen und vertraglichen Anforderungen sowie weitere Anforderungen.
7.2.3.3 Disziplin- und branchenspezifisches Wissen und Fertigkeiten von Auditoren für Managementsysteme Auditoren sollten über disziplin- und branchenspezifisches Wissen und Fertigkeiten verfügen, die für das Auditieren der bestimmten Art von Managementsystem sowie Branche geeignet sind.	LPA-Auditoren haben Erfahrung in der Branche, in der sie arbeiten. Sie kennen die Prozesse, in denen sie das Audit durchführen, und sind dort für das Ergebnis verantwortlich.
7.2.4 Erreichen der Auditorkompetenz Wissen und Fertigkeiten für Auditoren können unter Verwendung einer Kombination aus den folgenden Elementen erworben werden:	
▪ formelle Ausbildung bzw. Schulung und Erfahrung, die zur Entwicklung von Wissen und Fertigkeiten in der Managementsystemdisziplin und der Branche, die der Auditor auditieren will, beitragen	Es gibt ein LPA-Training für jeden Auditor.
▪ Schulungsprogramme, die allgemeines Wissen und Fertigkeiten für Auditoren abdecken	Es gibt ein LPA-Training für jeden Auditor.
▪ Erfahrung in einer relevanten fachlichen, Führungs- oder beruflichen Position, die Urteilsvermögen, Entscheidungsfindung, Problemlösung und Kommunikation mit Personal in leitender Stellung, Fachleuten, Kollegen, Kunden und anderen interessierten Parteien einschließt	LPA-Auditoren sind immer Führungskräfte und ggf. gibt es unterschiedliche Nachweise über ihre Qualifikation
▪ Auditerfahrung erworben unter der Aufsicht eines Auditors in derselben Disziplin	Der LPA-Koordinator begleitet jeden neuen LPA-Auditor bei seinen ersten Audits als Abschluss der Trainings.
7.6 Erhalten und Verbessern der Kompetenz des Auditors ▪ Auditoren sowie Auditteamleiter sollten ihre Kompetenz ständig verbessern. Auditoren sollten ihre Kompetenz zum Auditieren durch regelmäßige Teilnahme an Managementsystemaudits sowie ständige berufliche Weiterbildung aufrechterhalten.	Die Ergebnisse der Audits werden regelmäßig in den Layered Process Reviews und LPA der Führungslayer besprochen und daraus kann die Weiterentwicklung der Auditkompetenz unterstützt werden.

Aus den Empfehlungen der DIN EN ISO 19011:2011-12 gibt es mehrere Punkte, die zur Verbesserung des Layered Process Audit beitragen können:

- Unabhängigkeit bedeutet im Sinne dieser Norm, dass unterschiedliche Auditoren zu ähnlichen relevanten und ausreichenden Schlussfolgerungen kommen würden. Über die ausgewählte Formulierung der Fragen und die entsprechende Transparenz über das LPA-Board kann dies erreicht werden. Damit werden auch die „sachliche Darstellung" und eine „Vorgehensweise, die auf Nachweisen beruht" unterstützt. In diesen LPA-Vorgehensweisen müssen die entsprechenden LPA-Auditoren qualifiziert sein.
- Der Überblick über die unterschiedlichen Auditformen auf den einzelnen Funktionen und Layern mit den entsprechenden Frequenzen und der formulierten Auditzielsetzung kann als LPA-Programm geschaffen werden. Der LPA-Plan findet sich dann in einer einfachen LPA-Erklärung oder Prozessbeschreibung, über die LPA-Checkliste und die LPA-Visualisierung.
- Die ausgefüllte und in die Visualisierung übertragene Auditcheckliste entspricht einem Auditbericht. Die Auswertung dieser Auditergebnisse sollte in einer geeigneten Form für das Managementreview bereitgestellt werden. Werden in dem für LPA ausgewählten Prozess Layered Process Reviews durchgeführt, sollten diese auch für das Managementreview zusammengefasst und bereitgestellt werden.
- Die Rolle und Aufgaben des LPA-Koordinators sollten klar in der LPA-Einführungsphase formuliert sein und er sollte die normativen Wissenslücken der LPA-Auditoren auffüllen. Deshalb ist es sinnvoll, den LPA-Koordinator an allen Layered Process Reviews zu beteiligen.
- Die konsequente Umsetzung der formulierten Maßnahmen und Überprüfung der Wirksamkeit für nicht umsetzbare Vorgaben sollte in den übergeordneten LPAs durch die jeweiligen Führungskräfte auf den entsprechenden Layern erfolgen. Diese Frage sollte standardmäßig auf allen LPA-Checklisten ab Layer 2 enthalten sein. Dies entspricht dem Kapitel der DIN EN ISO 19011 2011-13 6.7 Durchführen von Auditfolgemaßnahmen.
- Die Kompetenz der LPA-Auditoren sollte über eine systematische Bewertung der durchgeführten Audits anlässlich der entsprechenden LPAs eines übergeordneten Layers erfolgen. Als geeignete Bewertungsmethoden können von der DIN EN ISO 19011:2011-2012 folgende übernommen und angepasst werden:
  - Prüfen von Aufzeichnungen,
  - Befragung,
  - Beobachtung,
  - Bewertung nach dem Audit.
- Der LPA-Koordinator sollte bei der Gestaltung der LPA-Checkliste und bei der Durchführung der LPAs dafür sorgen, dass die entsprechenden Managementsys-

temdokumente verwendet werden. Bei der Erstellung und Weiterentwicklung der Prozesse des Managementsystems könnten die LPA-Fragen formuliert und aufgenommen werden.

 Aus der DIN EN ISO 19011:2011-12 können eine Reihe von guten Ideen für die Weiterentwicklung des Layered Process Audit verwendet werden, und zwar in Bezug auf
- eine klare Planung des Audits,
- die Definition der Rolle des LPA-Koordinators und die entsprechende Kompetenz des LPA-Koordinators sowie
- eine systematische Bewertung der durchgeführten Audits.

8 LPA und Prozessmanagement

8.1 Was bedeutet Prozessmanagement?

Unter Prozessmanagement versteht man das Ausrichten, Organisieren, Gestalten und Umsetzen der Unternehmensprozesse oder Geschäftsprozesse. Neben der Erfüllung von Anforderungen von Kunden, Gesetzgebern oder anderen Interessensgruppen ist das Ziel, einen größeren Erfolg für das Unternehmen zu erreichen. So können die Effektivität und die Effizienz durch die Beherrschung der Prozesse deutlich verbessert werden und Potenziale in allen Unternehmensbereichen erkannt und genutzt werden.

Zu einem guten Prozessmanagement gehört die Festlegung der Art und Weise, wie

- Prozessausrichtung,
- Prozessverantwortung,
- Prozessdokumentation,
- Prozessumsetzung und
- Prozessverbesserung

im Unternehmen erreicht und erledigt werden soll.

Das Prozessmanagement ist eine Teilmenge der Art und Weise, wie sich das Unternehmen managt (Managementsystem). Es nimmt die Prozesse in die Hand und steuert diese, um Potenziale zu nutzen und die Ergebniserbringung zu unterstützen. Es ist eine Vorgehensweise, die Übersicht schafft und einer wachsenden Komplexität entgegenwirkt. Die Prozesse des Unternehmens werden identifiziert, beschrieben und konsequent an den Anforderungen der Kunden ausgerichtet. So kann die Wertschöpfung erhöht und die Kundenzufriedenheit gesteigert werden.

Jedes Unternehmen hat Vorgehensweisen, wie es systematisch gesteuert wird, also ein Managementsystem. Dieses System ist nicht immer klar formuliert, sondern nur implizit im Verhalten und der täglichen Arbeit der Führungskräfte und Mitarbeiter erkennbar. Bei einem Managementsystem wie beispielsweise der ISO 9001 wird die Vorgehensweise explizit beschrieben, dokumentiert und für die Mitarbeiter zugänglich gemacht. Ausgereifte Systeme sind detailliert überlegt, gestaltet und formuliert. Von Vision/Ziele/Strategie ausgehend beinhalten diese über die Beschreibung, wie etwas getan wird (Prozesse), hinaus auch Festlegungen, wer etwas macht (Organisation) und was erreicht wird bzw. erreicht werden soll (Kennzahlen und Ergebnisse). Die Systeme sind eingebettet in das wahrnehmbare Verhalten der Menschen im Unternehmen (Kultur) und lassen erkennen, was das Unternehmen ausmacht und von anderen unterscheidet. Sie sind Treiber notwendiger Veränderungen und nutzen die Prozesse des Unternehmens für die nachhaltige Umsetzung.

 Ein Prozess besteht aus einer bestimmten Abfolge von Aktivitäten, die immer aus einem bestimmten Input einen bestimmten Output (Ergebnis) erzeugen.

Das Managementsystem bietet einen Rahmen für das Prozessmanagement und andere Teilsysteme, das Prozessmanagement konzentriert sich dabei auf das Organisieren, Ausrichten, Gestalten und Umsetzen der Unternehmensprozesse oder Geschäftsprozesse (Bild 8.1). Das Managementsystem ist erweiterbar und kann sich so, wie es für das Managen des Unternehmens notwendig ist, entwickeln.

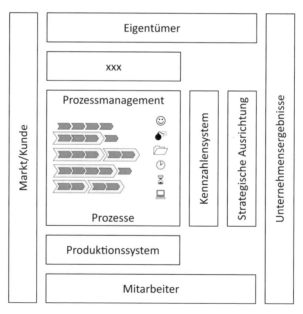

Bild 8.1 Zusammenhang zwischen Managementsystem, Prozessmanagement und Prozessen

Im Prozessmanagement sollten folgende Aufgaben geklärt, geregelt und erledigt werden:

- Ausrichtung der Prozesse auf die Unternehmensergebnisse und Strategie,
- Abgrenzung und Ordnung in einem Prozessmodell oder einer Prozesslandkarte,
- Definition von Zielsetzung und gegebenenfalls notwendiger Messbarkeit für die Prozesse,
- Vereinbarung der Zusammenarbeit von Prozessen für den Unternehmenserfolg über Bereichs- und Prozessgrenzen hinweg,
- Festlegung der unterschiedlichen Verantwortungs-, Gestaltungs- und Umsetzungsrollen bei der Führung der Prozesse und in der täglichen Arbeit mit den Prozessen,
- Gestaltung, Festlegung und Weiterentwicklung der Prozesse,
- Überprüfung der Prozessumsetzung,
- Bewertung der Wirksamkeit des Prozessmanagementsystems.

Damit werden die Prozesse in der täglichen Arbeit so vorbereitet und aufgestellt, dass die Mitarbeiter diese anwenden und die geplante Leistung für das Unternehmen erbringen. Es liegt nahe, dass Prozessmanagement und LPA sich gegenseitig ergänzen und unterstützen. Ist ein Prozessmanagement installiert, wissen die Mitarbeiter bereits, worauf es ankommt. Ein erfahrener Prozessverantwortlicher kann die Einführung von LPA steuern und übergeordnete Zielsetzungen einfließen lassen. Zudem können vorhandene Dokumentationen bei der Erstellung der LPA-Checklisten genutzt werden.

Jedes Unternehmen ist in einem Netz von Interessengruppen wie Kunden, Mitarbeiter, Lieferanten oder Gesellschaft eingebunden und muss versuchen, allen einigermaßen gerecht zu werden. Diese Interessensgruppen initiieren oder wirken in unterschiedlicher Stärke auf bestimmte Vorgaben ein. Beispielsweise gibt es bestimmte gesetzliche Anforderungen, die umgesetzt werden müssen, oder Anforderungen einer Norm, spezielle Kundenanforderungen etc., die sich direkt auf Vorgaben auswirken. Interessengruppen beeinflussen also über die Vorgaben die Prozessgestaltung und damit die LPA-Checklisten (Bild 8.2 und Bild 8.3). Können vorhandene Prozessdokumentationen oder dokumentierte Vorgaben zur Erstellung der LPA-Checkliste genutzt werden, ist es sinnvoll, sich diese Zusammenhänge bewusst zu machen.

8 LPA und Prozessmanagement

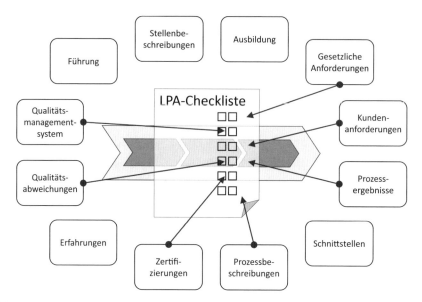

Bild 8.2 Unterschiedliche Interessensgruppen beeinflussen Vorgaben (Beispiel)

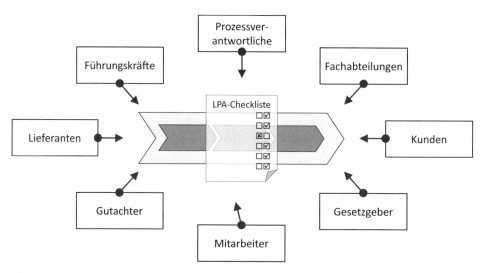

Bild 8.3 Unterschiedliche Vorgaben beeinflussen Prozesse (Beispiel)

8.2 LPA ohne vorhandenes Prozessmanagement einführen

LPA lässt sich auch ohne vorhandenes Prozessmanagement einführen. Auch Prozesse müssen nicht im Vorfeld beschrieben sein. Die LPA-Checklisten sollten die notwendigen Standards enthalten, um die geplanten und gewünschten Ergebnisse des Prozesses zu erreichen. Diese Inhalte können unabhängig von Prozessbeschreibungen oder dokumentiertem Prozessmanagement erarbeitet werden. Bild 8.4 zeigt, wie mit Hilfe der übergeordneten Layer eine prinzipielle Sortierung, Strukturierung und Einforderung von wichtigen Prozessvorgaben über den jeweiligen Vorgesetzten des darüber geordneten Layer erfolgen kann.

Wird LPA konsequent über alle für das Unternehmen wichtigen Prozesse eingeführt, entsteht über die Zeit eine Sammlung aller elementar wichtigen Vorgaben aus Sicht der Führungskräfte und damit eine rudimentäre Beschreibung aller wichtigen Unternehmensprozesse. Die LPA-Checklisten der übergeordneten Layer (Layer 2 bis 3) beziehen sich auch auf Aufgaben der Führungskräfte und nicht nur auf das Abfragen von Standards der Prozesse. Dadurch wird durch die LPA-Checklisten auch eine Form von Stellenbeschreibung für Führungskräfte definiert. Bild 8.5 zeigt, wie prinzipiell die LPA-Checklisten mit ihren Fragen über alle Layer und Prozesse eine Prozess- und Aufgabenbeschreibung ergeben.

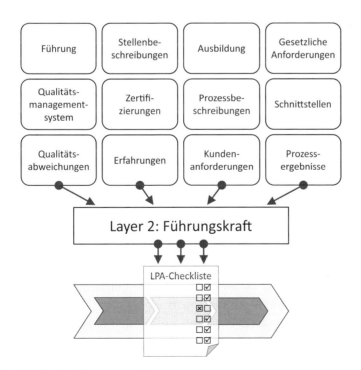

Bild 8.4 Kanalisation der Prozessvorgaben

In dem Beispiel beschreiben die Fragen der LPA-Checklisten für die Teamleiter einen Teil ihrer Aufgaben. Das Gleiche passiert bei den LPA-Checklisten für den Projektleiter. Die Inhalte der Checklisten könnten eine erste Aufgabenbeschreibung für diese Funktionen sein. Würden diese Aufgaben- und Prozessbeschreibungen schon bestehen, könnte man die Pfeile umdrehen und die LPA-Checklisten würden u. a. durch die Aufgaben- und Prozessbeschreibungen gefüllt werden.

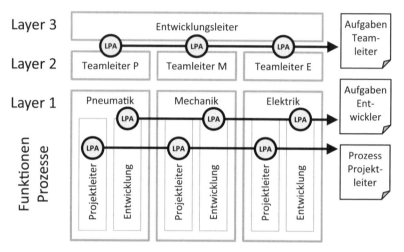

Bild 8.5 Prozess- und Aufgabenbeschreibungen aus LPA-Checklisten

 Vorhandene Aufgabenbeschreibungen können für die Gestaltung von LPA-Checklisten herangezogen werden.

8.3 LPA mit unterschiedlich gelebten Prozessmanagementsystemen

Viele Unternehmen haben zwar ein Prozessmanagementsystem eingeführt, doch dessen Bedeutung kann für das Unternehmen und seine Mitarbeiter sehr unterschiedlich sein. Die gesamte Palette von „ist nur auf dem Papier vorhanden" bis „bestimmt alle Aktivitäten" ist vorhanden. Da die Einführung von LPA von diesen unterschiedlichen Graden beeinflusst wird, ist es sinnvoll, die unterschiedlichen Prozessmanagementsysteme zu kategorisieren. Dabei bieten sich drei unterschiedliche Reifegrade oder auch Bedeutungstiefen an:

- Es gibt Systeme, die in ihrer Beschreibung vollständig sind, es aber nie geschafft haben, zum führenden System für die Gestaltung, Weiterentwicklung und Umsetzung der Prozesse zu werden. Häufig findet sich in solchen Unternehmen die Überzeugung, dass diese Systeme tatsächlich dafür da sind, die notwendigen Kundenzulassungen und Zertifizierungen zu erreichen, und nicht, um die täglichen Prozesse im Unternehmen in eine veränderte und verbesserte Umsetzung zu bringen. Teilweise haben die Mitarbeiter bei diesen Systemen keine Möglichkeit, sich aktiv zu beteiligen. Es sind Systeme, die Weiterentwicklungen und Veränderungen stark einschränken und von wenigen verwaltet werden (Tabelle 8.1, „Verwaltung").
- Eine ernsthafte Bedeutung kann Prozessmanagement bekommen, wenn die Unternehmensführung daran glaubt, dass über das Managen von Prozessen das Unternehmensergebnis verbessert werden kann. Dies funktioniert in kleinen Unternehmen genauso wie in großen Konzernen mit vielen Standorten in der Welt (Tabelle 8.1, „Controlling").
- Es gibt auch viele Unternehmen, die das Managementsystem mit seinem Prozessmanagement als ein effektives Werkzeug nutzen. Unternehmerische Ziele, strategische Ausrichtungen und Kennzahlen lösen aktiv Prozessveränderungen aus, die konsequent im Unternehmen umgesetzt werden (Tabelle 8.1, „Treiber").

Tabelle 8.1 zeigt die drei unterschiedlichen Reifegrade eines Prozessmanagements mit der unterschiedlichen Umsetzung wichtiger Elemente des Prozessmanagements im Überblick. Dies reicht von dem erzwungenen und zertifizierten Qualitätsmanagementsystem nach DIN EN ISO 9001:2015 bis zu dem aktiven Managementsystem, mit dem das Unternehmen und seine Prozesse tatsächlich gesteuert und gestaltet werden.

Layered Process Audit überprüft mit seiner Vorgehensweise die Umsetzung von Vorgaben und löst die entsprechenden Maßnahmen aus, die bei einer Nichtumsetzung nötig sind. Dieses Vorgehen ist aber nur dann sinnvoll, wenn die vorgegebenen Prozessvorgaben auch die richtigen sind und der Anspruch sowie die Bereitschaft zur Umsetzung vorhanden sind. Wird Prozessmanagement lediglich als Verwaltungsinstrument eingesetzt, hilft es bei der Einführung von LPA wenig. Erst wenn Ziele, Verantwortlichkeiten und Prozesse definiert sind, kann darauf aufgebaut werden (ab Stufe „Controlling", Tabelle 8.1). Dabei ist es sinnvoll, die LPA-Fragen gemeinsam mit den jeweiligen Prozessverantwortlichen zu entwickeln.

Tabelle 8.1 Reifegrad des Prozessmanagements

Stand	„Verwaltung"	„Controlling"	„Treiber"
Prozessmodell	Angelehnt an die DIN EN ISO-9000er oder andere Systemnormen	Unterteilung nach Führungs-, Haupt und Supportprozessen	Ein Geschäftsmodell stellt das Unternehmen dar und beinhaltet die Ergebnisse und ist darauf ausgerichtet.
Prozesse	ISO-relevante Prozesse sind mit einer sehr hohen Tiefe und Anzahl von Dokumenten beschrieben.	Die Prozesse des Unternehmens sind umfangreich und „sicher" beschrieben. Es besteht der Versuch, jede Variante zu beschreiben.	Die ergebnisrelevanten Prozesse sind mit dem notwendigen Freiheitsgrad beschrieben und in ständiger Verbesserung.
Zielsetzung	Wenig vorhanden	Zielsetzungen sind definiert und haben wenig Beziehung zu den Prozessabläufen.	Zielsetzungen orientieren sich am Unternehmen und dessen Strategie und die Prozesse werden aktiv auf diese Zielsetzungen ausgerichtet.
Kennzahlen	Meistens nur formal vorhanden. Es wird nicht damit gearbeitet.	Sind vorhanden, haben aber keine Beziehung zu Ergebnissen und Strategien	Abgeleitet aus den Ergebnissen und stoßen Veränderungen an
Verantwortung	Formal für die Prozesse vorhanden. Qualitätsbereich treibt das System.	Prozessverantwortliche beobachten die Ergebnisse und reagieren bei Zielabweichungen.	Prozessgestalter übernehmen die Verantwortung für ihre Prozesse, bringen Prozesse in eine Umsetzung und setzen strategische Veränderungen in den Prozessen um.

Keine Prozessverantwortung vorhanden

Hat in einem Unternehmen das Prozessmanagement keine oder nur eine geringe Bedeutung, kann auch kein Prozessverantwortlicher (PV) zur Erstellung der LPA-Checklisten eingebunden werden (Bild 8.6). Die LPA-Checklisten werden durch die direkten Führungskräfte des darüberliegenden Layer alleine gestaltet. Sie werden die aus ihrer Sicht notwendigen und wichtigen Standards und Vorgaben für den Prozess in den LPA-Checklisten aufnehmen und in den Audits überprüfen. Diese Situation hat keinen Einfluss auf die Wirksamkeit von LPA, sondern zeigt lediglich eine nicht vorhandene übergeordnete Prozessführung.

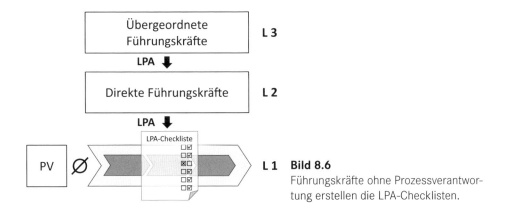

Bild 8.6
Führungskräfte ohne Prozessverantwortung erstellen die LPA-Checklisten.

Prozessverantwortung nur theoretisch vorhanden

Hat in einem Unternehmen das Prozessmanagement eine mittlere Bedeutung, gibt es einen benannten Prozessverantwortlichen. Dieser hat zwar die Gestaltung, Führung und Umsetzung der Prozesse noch nicht aktiv übernommen, bringt aber Prozesskompetenz mit und sollte bei der Erstellung der LPA-Checklisten eingebunden werden (Bild 8.7).

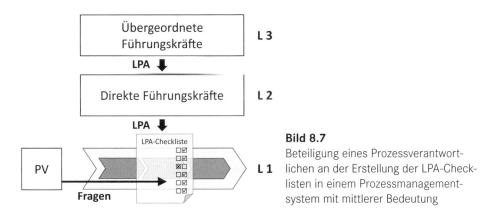

Bild 8.7
Beteiligung eines Prozessverantwortlichen an der Erstellung der LPA-Checklisten in einem Prozessmanagementsystem mit mittlerer Bedeutung

Damit wird der Prozess nicht nur von der Aufbauorganisation geführt, sondern das Prozessmanagement bekommt eine Rolle in der Ablauforganisation für die Gestaltung und Führung der Prozesse. Damit geht der Prozessverantwortliche in die Kommunikation mit den direkten Führungskräften und nimmt dort eine prozessorientierte Führungsaufgabe wahr.

Die direkten Führungskräfte und gegebenenfalls Prozessverantwortlichen von vor- und nachgelagerten Unterstützungs- (wie z. B. Instandhaltung) oder Führungsprozessen haben in dieser Situation die Möglichkeit, ihre Anforderungen und Erfahrungen in die LPA-Checklisten mit einzubringen.

Prozessverantwortung wird „gelebt"

Hat Prozessmanagement eine hohe Bedeutung in einem Unternehmen, ist der Prozessverantwortliche die führende Person bei der Gestaltung, Umsetzung und Verbesserung des Prozesses in der gesamten beteiligten Organisation und sollte daher auch eine führende Rolle bei der Erstellung der LPA-Fragen spielen (Bild 8.8).

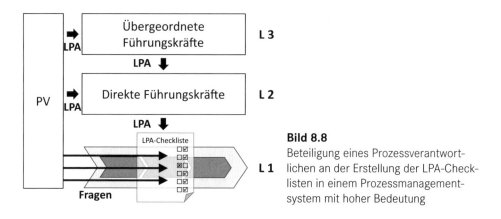

Bild 8.8
Beteiligung eines Prozessverantwortlichen an der Erstellung der LPA-Checklisten in einem Prozessmanagementsystem mit hoher Bedeutung

Die LPA-Checklisten können Fragen aus Sicht des Prozessverantwortlichen und der Führungskräfte enthalten. Je höher der Anteil der Fragen vom Prozessverantwortlichen ist, desto größer ist die Möglichkeit, die LPA-Checkliste direkt an dem Prozess im Prozessmanagementsystem als zugeordnetes Dokument anzuhängen.

Der Prozessverantwortliche führt dabei selbst LPAs auf Layer 2 und Layer 3 durch oder ist zumindest daran beteiligt. Er gibt einen Teil der Fragen für die Audits auf Layer 1 vor und überprüft deren Integration und Umsetzung auf den darüberliegenden Layern.

■ 8.4 Prozessmanagement fördern mit LPA

Layered Process Audit sorgt dafür, dass festgelegte Vorgaben in einem Prozess umgesetzt werden. Es beteiligt und unterstützt eine große Anzahl von Führungskräften auf den unterschiedlichen Layern, die Prozessvorgaben auf Umsetzung hin zu überprüfen. Mitarbeiter erkennen, dass die Prozessvorgaben im Unternehmen eine hohe Bedeutung haben, ernst gemeint sind, und dass deren Umsetzung auch beachtet und beobachtet wird. Sie bemerken, dass nicht umsetzbare Vorgaben zu Veränderungen führen oder auch andere Maßnahmen eingeleitet werden, die eine Umsetzung der Vorgaben ermöglichen. Es erfolgt eine Mitwirkung der Mitarbeiter beim Aufzeigen von Prozesspotenzialen und sie werden als Experten in dem von ihnen durchgeführten Prozess durch die Mitwirkung bei der Prozessverbesserung anerkannt.

Diese unterschiedlichen Faktoren schaffen eine Grundlage für ein Prozessmanagementsystem. Layered Process Audit unterstützt eine Kultur von prozessorientiertem Denken, Führen und Verbessern. Durch die gemeinsame Umsetzung der LPAs von Führungskräften und deren Mitarbeitern entsteht eine Beteiligung, welche das Erkennen und Heben aller prozessbezogenen Potenziale unterstützt.

> *„LPA bringt uns eine dynamische Prozesskontrolle, die nicht auf eine Person aufgebaut oder ausgerichtet ist, sondern unternehmensweit greift. Es werden die Personen oder Führungskräfte beteiligt, die sich auskennen. Durch die Staffelung der Layer ist immer einer nahe dran, der sich auskennt und weiß, was zu tun ist."*
>
> Frank Pfeuffer (Managing Director) Mazurczak Elektrowärme GmbH

8.4.1 Prozessverantwortlichen einbinden

In Unternehmen gibt es schon immer Führungskräfte, die sich mit ihren Mitarbeitern darum kümmern, dass Prozesse durch die richtige Umsetzung zum gewünschten Ergebnis führen. Im LPA sind die Führungskräfte dafür zuständig, dass die beteiligten Mitarbeiter die Prozesse so umsetzen, wie es aus ihrer Sicht richtig ist, um die notwendigen und geplanten Ergebnisse zu erbringen. Ist ein Prozessmanagementsystem implementiert, kümmert sich darum ein klar benannter Prozessverantwortlicher.

Wenn die Führungskraft und der Prozessverantwortliche in einer Person vereinigt sind, dann kann Layered Process Audit sofort mit der Führungskraft und den Mitarbeitern zum Einsatz kommen und die Vorgaben aus dem Prozessmanagement umsetzen. Wenn der Prozessverantwortliche und die Führungskraft nicht die gleiche Person sind, wird sich zusätzlich zu der Führungskraft eine weitere Person um die Gestaltung der Prozesse kümmern.

Um Kompetenzprobleme zu vermeiden, sollten die genauen Verantwortlichkeiten festgelegt und entsprechend dokumentiert werden. Zum Beispiel sollte geklärt sein, an welchen Stellen die Führungskraft die Vorgaben aus dem Prozess ändern oder diese anders umsetzen darf, wo der Prozessverantwortliche veränderte Vorgaben in dem Prozess einführen kann oder welches Mitspracherecht die Führungskräfte aus dem Bereich bekommen. Ist dies geregelt, kann es zu sehr guten Synergieeffekten kommen. Der Prozessverantwortliche ist mit den Prozessstandards vertraut, hat die Kompetenz, nach Wichtigkeit und Relevanz entscheiden zu können und somit gezielt die passenden Fragen zu den gewünschten Themen festzulegen.

Der Prozessverantwortliche kümmert sich auch darum, dass die richtigen und wichtigen Prozessvorgaben in die LPA-Checklisten integriert werden. Dadurch bekommen der betroffene Prozess und die verantwortliche Führungskraft eine Unterstützung, um die notwendigen Prozessergebnisse besser zu erreichen.

Der Einsatz eines Prozessverantwortlichen ist besonders dann sinnvoll, wenn der Prozess übergreifend in unterschiedlichen Bereichen angewendet wird und deshalb unterschiedliche Führungskräfte in ihren Bereichen für die richtige Umsetzung des Prozesses zuständig sind.

Würde in dieser Situation LPA durch die Führungskräfte eigenständig in den unterschiedlichen Bereichen für die verbesserte Umsetzung des Prozesses verwendet werden, könnte es bei diesen individuellen LPA-Checklisten zu unterschiedlichen Schwerpunkten oder auch Ausrichtungen im Unternehmen kommen (Bild 8.9). Die schwarzen Pfeile senkrecht in dem Prozess symbolisieren die Fragen und damit die Ausrichtung des Layered Process Audit.

Durch die bereichsisolierte Prozessumsetzung und LPA-Einführung können sich unterschiedliche LPA-Fragen zum gleichen Prozess entwickeln. Damit entstehen bereichsspezifische Ausrichtungen für den Prozess, die dann auch zu verschiedenen Prozessen führen. Diese Prozesse haben unterschiedliche Stärken und Potenziale und können nur noch bedingt voneinander lernen. Durch die isolierte Betrachtungsweise kann es auch zu bereichsspezifischen Verbesserungen kommen. Wenn diese nicht für alle Bereiche übernommen werden, kann auch dies zu einer Abweichung des bereichsübergreifenden Standards führen.

Ein „übergreifender" Prozessverantwortlicher verhindert solche Entwicklungen und kümmert sich darum, dass für alle Bereiche die gleichen Standards gelten und mögliche Verbesserungen in allen Bereichen eingeführt werden. Mithilfe von LPA lässt sich dies auch umsetzen, da es eine ständige Kommunikation zwischen den Beteiligten erfordert. Es bietet sich auch an, dass alle LPA-Checklisten beim Prozessverantwortlichen gesammelt und in einem Fragenpool zusammengefasst werden. Über diesen Fragenpool können Themen strukturiert und vorgegeben werden. Möglicherweise kann dies auch zu einer veränderten Zielsetzung oder zu weiteren Maßnahmen führen. Anhand der Ergebnisse aus den LPA-Durchführungen können zudem notwendige Veränderungen der Prozessvorgaben in der jeweiligen Prozessdokumentation eingearbeitet werden.

Der Prozessverantwortliche hat die Möglichkeit, jederzeit vor Ort den tatsächlichen Umsetzungsstand seines Prozesses zu erkennen und dies auch für einen persönlichen fachlichen Austausch mit den beteiligten Prozessmitarbeitern und Führungskräften zu nutzen.

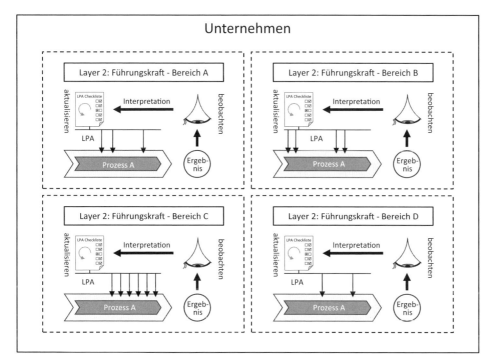

Bild 8.9 Bereichsisolierte Prozessentwicklung mit LPA

 Mithilfe von LPA kann der Prozessverantwortliche relevante Vorgaben oder Veränderungen in dem Prozess kommunizieren und deren Umsetzung einleiten sowie überprüfen. Anhand der durch die Führungskräfte erstellten LPA-Checklisten kann er die wichtigen Prozessschritte in dem Prozess wahrnehmen, verstehen und koordinieren.

8.4.2 Neue oder veränderte Prozesse einführen

In jedem Prozessmanagementsystem werden die Prozessverantwortlichen oder Prozessgestalter immer wieder vor der Aufgabe stehen, neue oder veränderte Prozesse im Unternehmen zur Umsetzung zu führen. Dazu bietet sich der Einsatz eines zeitlich begrenzten Layered Process Audit an.

Bei der Prozessgestaltung überlegen sich die beteiligten Personen, an welchen zu definierenden Vorgaben eine Umsetzung des Prozesses in den Schritten davor erkennbar sein würde. Diese sind die relevanten Prozessschritte, deren Umsetzung eine ganze Reihe von davor umgesetzten Prozessschritten bestätigt, da diese zur positiven Beantwortung der Frage notwendig waren. Bild 8.10 zeigt die Ableitung von möglichen Fragen aus einem Prozessflussdiagramm am Beispiel eines Personalbeschaffungsprozesses.

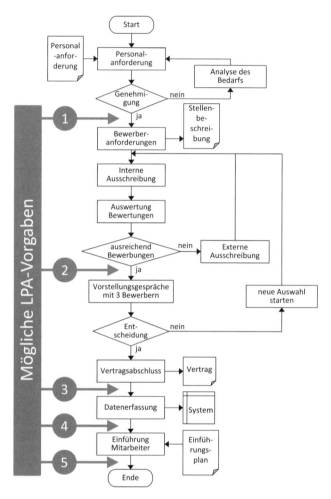

Bild 8.10 LPA-Vorgaben im Prozess „Personalbeschaffung"

Die Vorgehensweise ist bei einem neuen oder überarbeiteten Prozess prinzipiell die gleiche. Der Prozessverantwortliche muss die Stellen oder Prozessschritte im Prozess suchen und finden, an denen er an einer positiven Bewertung erkennen kann, dass die notwendigen Prozesstätigkeiten davor mit einer hohen Wahrscheinlichkeit durchgeführt worden sind. Im Prozessbeispiel von Bild 8.10 könnte mit den folgenden fünf Fragen eine Prozessumsetzung in der Personalbeschaffung bewertet werden:

- Wurde die Personalanforderung genehmigt?
- Wurden ausreichend interne und externe Bewerbungen bewertet?

- Wurde der Vertrag ordnungsgemäß abgeschlossen?
- Wurden die Daten im System aufgenommen?
- Wurde der Mitarbeiter nach dem Einführungsplan eingearbeitet?

Die Durchführung, Häufigkeit und Visualisierung der Audits hängt dabei von der Organisation, der Anzahl der Mitarbeiter und der Häufigkeit der Personalbeschaffung ab.

Die LPA-Einführungsphase für einen überarbeiteten oder neuen Prozess sollte zeitlich geplant werden und definieren, wann die LPA-Einführungsphase abgeschlossen ist, und entsprechende Erfolgskriterien bestimmen. Mögliche Kriterien dafür könnten sein:

- Wurden alle Mitarbeiter mit einem Layered Process Audit erreicht (100 % der Mitarbeiter haben an einem LPA in diesem Prozess teilgenommen)?
- Wurden alle nicht umsetzbaren Standards oder Behinderungen in der Umsetzung über geeignete Maßnahmen abgestellt (Anteil der umgesetzten Maßnahmen 100 % und keine roten Bewertungen)?
- Werden die Standards so wie geplant umgesetzt? (Anteil der grünen Bewertungen > z. B. 95 %)?
- Wurde die Prozessdokumentation auf die Veränderungen hin angepasst?

Bild 8.11 zeigt ein Formular für die Einführung von neuen oder überarbeiteten Prozessen mit Layered Process Audit ebenfalls am Beispiel des Prozesses der Personalbeschaffung. Die Checkliste besteht aus folgenden Inhalten:

- **Prozess:**

  Benennung des Prozesses aus der Struktur des Prozessmanagementsystems

- **Neu:**

  Der in der Checkliste aufgeführte Prozess wurde neu gestaltet. Dadurch ist ein höherer Erklärungsbedarf für den Bereich vorhanden, in dem der Prozess eingeführt werden soll.

- **Änderung:**

  Der in der Checkliste aufgeführte Prozess wurde in bestimmten Teilen verändert und diese veränderten Prozessschritte oder Vorgehensweisen sollen in dem ausgewählten Bereich eingeführt werden.

- **Dokumente:**

  Wo finden sich die Beschreibungen oder Erklärungen des Prozesses im Unternehmen? Es können hier auch die mitgeltenden Unterlagen aufgelistet werden. Sollten sie in der ersten Dokumentation schon referenziert sein, ist dies an dieser Stelle auch aus Platzgründen nicht mehr notwendig.

- **Prozessverantwortlicher:**

  Nennung der im Prozessmanagement festgelegten verantwortlichen Person, die für die Gestaltung, Umsetzung und Verbesserung des Prozesses zuständig ist.

- **Abteilung (Abt.)**

  Welcher Abteilung ist der Prozessverantwortliche zugeordnet?

- **Funktion:**

  Welche Funktion oder auch Führungsaufgabe übt der Prozessverantwortliche in dieser Abteilung oder in diesem Bereich aus?

- **Telefon:**

  Telefonnummer für Rückfragen oder Informationen.

- **E-Mail:**

  E-Mail-Adresse für Rückfragen oder Informationen.

- **Bereich:**

  Nennung des Bereichs, in dem der Prozess umgesetzt werden soll oder schon umgesetzt wird, und dessen Umsetzung dort mit einem LPA überprüft werden soll.

- **Arbeitsplätze (AP):**

  Wie viele unterschiedliche Arbeitsplätze oder auch Funktionen gibt es in dem Bereich, in dem der ausgewählte Prozess durchgeführt werden soll? Diese Anzahl hat einen Einfluss auf die Häufigkeit, in der das Layered Process Audit durchgeführt werden soll.

- **Mitarbeiter (MA):**

  Wie viele Mitarbeiter arbeiten in dem Bereich, in dem der ausgewählte Prozess durchgeführt werden soll? Diese Anzahl hat einen Einfluss auf die Häufigkeit, mit der das Layered Process Audit durchgeführt werden soll.

- **Häufigkeit des Prozesses:**

  Hat der Prozess eine hohe Taktung oder Häufigkeit? Wird er oft angewendet? Ist es ein Routineprozess oder findet er nur selten statt? Diese Anzahl hat Einfluss auf die Häufigkeit, in der das Layered Process Audit durchgeführt werden soll.

- **Schichtbetrieb:**

  Wird der Prozess im Schichtbetrieb durchgeführt und wenn ja, in wie vielen Schichten wird der Prozess umgesetzt? Dies hat einen hohen Einfluss auf die Art und Weise, wie LPA durchgeführt werden kann.

- **Fluktuation:**

  Wechseln die Mitarbeiter in dem Bereich aus unterschiedlichen Gründen häufig, ergibt sich eine andere Strategie für die Prozesseinführung, als wenn die Mitarbeiter über einen längeren Zeitraum den Prozess umsetzen und damit auch mehr Routine bekommen.

- **LPA-Erfahrung:**

  Gibt es in dem Bereich und bei den Mitarbeitern schon Erfahrungen mit Layered Process Audit, auf denen bei dieser Einführung aufgebaut werden kann?

8.4 Prozessmanagement fördern mit LPA

Checkliste für die Prozesseinführung mit Unterstützung durch Layered Process Audit

Prozess	Neu	Änderung	Dokumente	Abt.	Funktion	Telefon	E-Mail
Personalbeschaffung	☒	☐	VA P – 0243 A	HR	Leiter HR	0163 – 893 34 32 234	f.schlitter@aroganit.de

Bereich			Prozessverantwortlicher	Häufigkeit des Prozesses	Fluktuation	LPA-Erfahrung	LPA-Board/Visualisierung
Zentrale – gewerbliche Mitarbeiter			Hr. Franz Schlitter	Schichtbetrieb	nein	keine im Bereich	keines im Bereich

Dauer	Art des Audits	Frequenz	Art der LPA-Checkliste			LPA-Auditor	LPA durch PV	Prozesstraining	LPA-Training
12 Wochen	Hierarchisch	1/Woche	AP	MA	1-2 Beschaffung/Tag	Teamleiter	Ja – alle 2 Wochen	Ja – vor LPA	Ja – mit Prozesstraining
			10	10	Mit zeitlichen Ergebnisverlauf				

Kriterien für erfolgreichen Abschluss der LPA-Einführung (wird durch PV vorgegeben)

alle Mitarbeiter erreicht?	☐	Prozess umgesetzt (grün)?	☐	Maßnahmen abgeschlossen?	☐	Dokumentation angepasst?	☐

Nr.	LPA-Fragen für den Prozess	Zielsetzung der Frage im Prozess
1	Wurde die Personalanforderung genehmigt?	Begründung und Analyse in der Personalanforderung verbessern
2	Wurden ausreichend interne und externe Bewerbungen bewertet?	Interne Bewerber systematischer abfragen und berücksichtigen
3	Wurde der Vertrag ordnungsgemäß abgeschlossen?	Standardverträge für Berufsgruppen anwenden
4	Wurden die Daten im System aufgenommen?	Konsequente Systempflege durchführen
5	Wurde der Mitarbeiter nach dem Einführungsplan eingearbeitet?	Erstellung der Einarbeitungsplan verbessern

Datum, Ort	LPA-Koordinator	Prozessverantwortlicher	Leiter des betroffenen Bereiches

Bild 8.11 LPA-Checkliste für die Prozesseinführung

- **LPA-Board/Visualisierung:**

    Gibt oder gab es in dem Bereich ein LPA-Board oder eine andere LPA-Visualisierung, auf die zugegriffen werden kann?

- **Dauer:**

    Wie lange soll die Prozesseinführung mit LPA begleitet werden, bis anhand der festgelegten Erfolgskriterien die LPA-Begleitung beendet werden und der Prozess in den Regelbetrieb gehen kann?

- **Art des Audits:**

    Welche Arten von Audits sind in dem Prozess angebracht? Es stehen das hierarchische LPA, das Basis-LPA, das Reverse LPA und das Level LPA zur Verfügung. Hauptsächlich wird das hierarchische Audit oder wenn die Führungskraft im Prozess mitarbeitet das Reverse Audit angewandt. Der Prozessverantwortliche kann die Umsetzung mit einem Basis-Audit aus seinem Layer zusätzlich überprüfen.

- **Frequenz:**

    Wie oft soll pro Zeiteinheit das Audit stattfinden? Diese Zahl orientiert sich stark an der zeitlichen Wiederholung des Prozesses, ob im Schichtbetrieb gearbeitet wird, wie viele Arbeitsplätze und Mitarbeiter betroffen sind und wie kritisch die Prozessschritte oder Veränderungen sind.

- **Art der LPA-Checkliste:**

    - LPA-Checkliste **mit** zeitlicher Ergebnisdarstellung:

        Diese Checkliste beinhaltet die Ergebnisprotokollierung aus allen Audits, bis die Seite voll ist. Damit wird gleichzeitig eine Visualisierung im Bereich hergestellt. Der Nachteil dieser Checkliste ist, dass kein Platz für die Protokollierung des tatsächlichen Zustands, der durchgeführten Sofortmaßnahmen und der notwendigen Abstellmaßnahmen vorhanden ist.

    - LPA-Checkliste **ohne** zeitliche Ergebnisdarstellung:

        In jedem Audit wird eine Checkliste vollständig gefüllt und das Gesamtergebnis des Audits wird auf eine zusätzlich notwendige Ergebnisdarstellung über die Zeit an dem LPA-Board übertragen. Wenn viele Mitarbeiter und vielleicht auch unterschiedliche Schichten an der Umsetzung des Prozesses beteiligt sind, empfiehlt es sich, diese Checkliste zu verwenden.

- **LPA-Auditor:**

    Welche Führungskraft in dem Bereich soll die LPAs durchführen? Es wird mit einer hohen Wahrscheinlichkeit ein Auditor aus Layer 2 sein. Im Schichtbetrieb können es auch mehrere Auditoren sein. Wenn es eine Führungskraft gibt, die selbst im Prozess mitarbeitet, bietet sich Reverse LPA an und die Führungskraft wird in regelmäßigen Abständen durch Mitarbeiter im Prozess auditiert.

- **LPA durch Prozessverantwortlichen (PV):**

  Der Prozessverantwortliche kann und sollte auch in regelmäßigen Abständen ein Basis-LPA durchführen und damit noch besser verstehen, wie sich „sein" Prozess in der Umsetzung verhält. Diese Audits sollen genauso zeitlich geplant werden und deshalb sollte die geplante Frequenz für dieses Basis-LPA vorgegeben werden. Sollte der Prozess auch Vorgaben auf den darüberliegenden Layern 2 und Layer 3 machen, ist auch die Durchführung von hierarchischen Audits durch den Prozessverantwortlichen auf diesem Layer möglich.

- **Prozesstraining:**

  Je umfangreicher die Änderungen in dem überarbeiteten Prozess sind oder wenn es sich um einen neu gestalteten Prozess handelt, ist die Durchführung eines geeigneten Prozesstrainings vor dem Start des Layered Process Audit sinnvoll.

- **LPA-Training:**

  In den Bereichen ohne LPA-Erfahrung sollte den Führungskräften und Mitarbeitern die Methode Layered Process Audit erklärt und gegebenenfalls geübt werden. Wichtig ist zu erreichen, dass die beteiligten Mitarbeiter gemeinsam die Punkte finden, die eine Umsetzung des veränderten oder neuen Prozesses verhindern. Das LPA Training war gut, wenn die Teilnehmer verstanden haben, „Rot ist gut".

- **Kriterien für den erfolgreichen Abschluss der LPA-Einführung (wird durch den PV vorgegeben):**

  Es gibt einen geplanten Zeitraum für die LPA-Einführung. Der Prozessverantwortliche kann mit dem LPA-Koordinator und dem Leiter des betroffenen Bereichs entscheiden, ob die Zeit als Kriterium für die erfolgreiche Einführung des geänderten oder neuen Prozesses ausreicht oder ob eines oder mehrere der folgenden vier Kriterien als Vorgabe für notwendige Erfolgskriterien mit aufgenommen werden.

- **Alle Mitarbeiter erreicht?**

  Dieses Kriterium ist erfüllt, wenn alle Mitarbeiter mindestens einmal in einem LPA zu dem ausgewählten Prozess beteiligt waren.

- **Prozess umgesetzt (grün)?**

  Dieses Kriterium ist erfüllt, wenn in den LPA-Bewertungen nur noch grüne Ergebnisse auftauchen. Grün zeigt an, dass alle Anforderungen bereits vor der Durchführung der LPAs erfüllt wurden. Es wäre auch vorstellbar, dass ein gewisser Anteil von gelben Bewertungen zulässig ist. Gelb gibt es als Bewertung, wenn der Prozess oder ein Unterpunkt gemeinsam mit der Führungskraft im Audit umgesetzt und damit korrigiert worden ist. Rot gibt es als Bewertung, wenn der Prozess nicht umsetzbar ist. In diesem Fall müssen Maßnahmen definiert werden.

- **Maßnahmen abgeschlossen?**

  Für alle LPAs, in denen ein Teil des Prozesses durch die Mitarbeiter und Führungskräfte nicht umsetzbar ist, müssen geeignete Maßnahmen definiert und umgesetzt werden. Dieses Kriterium ist erfüllt, wenn alle Maßnahmen abgeschlossen sind und keine roten Bewertungen in den LPAs mehr auftauchen.

- **Dokumentation angepasst?**

  Dieses Kriterium ist erfüllt, wenn alle notwendigen und vielleicht auch schon durchgeführten Prozessveränderungen in der Prozessdokumentation im Bereich und in der Vorgabedokumentation aus dem Prozessmanagement umgesetzt sind.

- **Nr.:**

  Laufende Nummer der LPA-Frage.

- **LPA-Fragen für den Prozess:**

  LPA-Fragen, die auf wichtige veränderte oder neu gestaltete Prozess hinweisen und deren Umsetzung im LPA überprüft wird.

- **Zielsetzung der Frage im Prozess:**

  Erklärt die eigentliche Zielsetzung der LPA-Frage und gibt den beteiligten Führungskräften und Mitarbeitern die Sicherheit, warum die Umsetzung der ausgewählten Vorgabe von hoher Bedeutung für die Prozessleistung, das Prozessergebnis und das Unternehmen ist.

- **Datum, Ort:**

  Datum und Ort der Vereinbarung.

- **LPA-Koordinator:**

  Kümmert sich im Unternehmen übergreifend um den LPA-Prozess und koordiniert die Einführung und Umsetzung von Layered Process Audit. Er soll bei der Einführung unterstützen und sollte deshalb über die Inhalte der Checkliste Bescheid wissen und den Prozessverantwortlichen und Leiter des betroffenen Bereichs fachlich unterstützen.

- **Prozessverantwortlicher:**

  Verantwortlich für den ausgewählten Prozess im Sinne des Prozessmanagements im Unternehmen.

- **Leiter des betroffenen Bereichs:**

  Leiter des betroffenen Bereichs, in dem der veränderte oder neue Prozess eingeführt werden soll, und der deshalb seine Zustimmung zu der LPA-Begleitung geben soll. Prozessverantwortlicher und Leiter des betroffenen Bereichs können die gleiche Person sein. Dies ist vor allem dann der Fall, wenn der Prozess nur in einem Bereich umgesetzt wird und keine abteilungs- oder bereichsübergreifende Bedeutung hat.

Diese Checkliste kann von allen Prozessverantwortlichen parallel zur Erstellung oder Überarbeitung eines Prozesses verwendet werden. Es werden damit alle wichtigen Eckpunkte für die systematische Einführung des neuen oder überarbeiteten Prozesses geklärt. Sinnvollerweise wird diese Checkliste für jeden Bereich, in dem der Prozess eingeführt wird, separat ausgefüllt und vereinbart. Gemeinsam mit dem LPA-Koordinator, dem Prozessverantwortlichen und dem Leiter des Bereichs werden dann die jeweiligen Maßnahmen zur Prozesseinführung mit LPA begonnen und umgesetzt.

8.4.3 Prozesse über unterschiedliche Standorte steuern

Eine der Herausforderungen bei einem Prozessmanagementsystem über mehrere Standorte ist die Regelung der Gestaltungsverantwortung für die Prozesse. Werden von einer Zentrale aus die Prozesse für die Welt bis in das letzte Detail geregelt und die Standorte müssen diese Prozesse umsetzen oder kann jeder Standort seine Prozesse so gestalten und umsetzen, wie es für diesen am besten ist? Die Wirklichkeit liegt irgendwo dazwischen und das Ausmaß der Standardisierung und damit der gemeinsamen Detaillierung der Vorgaben ist sinnvollerweise für jeden Prozess und manchmal auch Standort separat zu betrachten.

In der Regel wird es eine Struktur mit Prozessmodell, Prozessen sowie Dokumentationsebenen und -vorlagen geben, die einen zentralen Anteil haben und den Standorten die notwendigen Freiheiten zum Gestalten und Anpassen lassen. Häufig haben die Standorte die unternehmerische Verantwortung und benötigen deshalb gestalterische Möglichkeiten bei den Prozessen, um für diese Ergebnisverantwortung übernehmen zu können. Bei der Definition von prozessbezogener Verantwortung und der Dokumentationsstruktur sind Anspruch an und Durchsetzungsmöglichkeit von Standardisierung sowie Übernahme von Ergebnisverantwortung wesentliche Einflussgrößen.

Bild 8.12 zeigt die Dokumentationsstruktur für ein internationales Prozessmanagementsystem. Das Prozessmodell gibt die Struktur vor und dient als Inhaltsverzeichnis für das Business Process Manual (BPM). Dieses beinhaltet die grundsätzlichen Inhalte eines jeden Prozesses. Falls nötig, werden in Common International Processes (CIP) detailliertere, für alle Standorte gültige Regeln vorgegeben. Auf Standortebene können über Local Operational Processes (LOP) die Prozesse, wenn nötig, weiter detailliert werden.

Das Business Process Manual ist das zentrale Dokument. Alle Prozesse sind dort auf einer international gültigen „Flughöhe" definiert. Das Unternehmen hält die Vorgaben und die Dokumentation schmal und definiert auf internationaler Ebene in den Common International Processes nur dort mehr, wo es auch notwendig ist, um die Strategie des Unternehmens zu unterstützen.

Auf Ebene der Standorte wird bewusst die Möglichkeit geschaffen, notwendige standortspezifische Prozesse selbst definieren zu können oder Common International Processes in der Beschreibung zu ergänzen. In dieser Systematik kann der Standort mit seinen Local Operational Processes internationale Vorgaben wie die Common International Processes nicht „aushebeln".

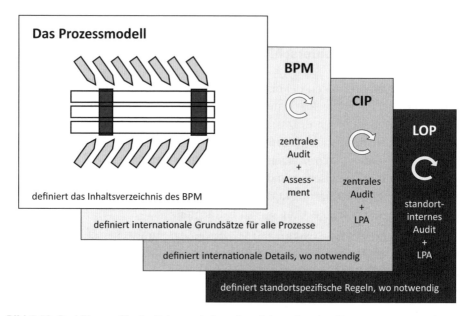

Bild 8.12 Drei Ebenen für die Dokumentation eines internationalen Prozessmanagementsystems

Sowohl CIPs als auch LOPs werden operativ an den Standorten umgesetzt. In beiden Fällen lässt sich mit Layered Process Audit die Umsetzung der Prozesse unterstützen.

Bei den internationalen Prozessen, den CIPs, kann der LPA-Fragenpool zentral gepflegt und den Standorten zur Verfügung gestellt werden. Bei den lokalen Prozessen, den LOPs, wird der Fragenpool am Standort gepflegt und gegebenenfalls mit anderen Standorten in einem Benchmarking ausgetauscht. Wird an einem Standort ein internationaler Prozess (CIP) mit lokalen Besonderheiten (LOP) umgesetzt, kann auch eine Checkliste aus beiden Vorgaben mit Fragen gefüllt werden.

Bild 8.13 zeigt ein anderes standortübergreifendes Prozessmanagementsystem mit einem Corporate Management Manual, welches weltweit die Anleitung für das Management ist. Verantwortlich für das Corporate Management Manual ist die Geschäftsführung. Die zentralen Prozesssponsoren definieren für jeden Prozess ein „Extract". Das *Extract* beinhaltet die maximal reduzierten Inhalte des Prozesses, die in jedem Standort umgesetzt, in die jeweilige Landessprache übersetzt und im Local Process Manual dokumentiert werden müssen.

8.4 Prozessmanagement fördern mit LPA

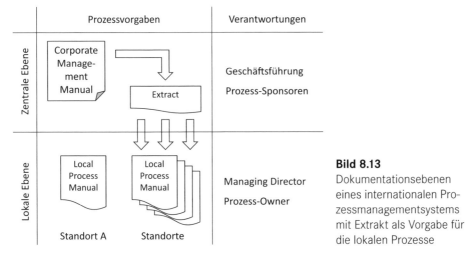

Bild 8.13 Dokumentationsebenen eines internationalen Prozessmanagementsystems mit Extrakt als Vorgabe für die lokalen Prozesse

Es gibt weltweit für bestimmte Prozesse Standards, die auf ein weltweit gültiges *Extract* pro Prozess reduziert werden. Um der unternehmerischen Verantwortung auf lokaler Ebene gerecht zu werden, wird auf eine detaillierte Beschreibung von Prozessen verzichtet. Jeder Standort erstellt ein eigenes Local Process Manual, in dem die Prozesse so gestaltet werden, wie sie für diesen am besten sind. Einzige Voraussetzung ist, dass die weltweit gültigen Standards mit den definierten Prozessen nachweislich umgesetzt werden. Im *Extract* finden sich die wichtigsten Vorgaben und damit die Fragen für Layered Process Audit. Mithilfe von Layered Process Audit kann die Umsetzung des *Extract* in allen Standorten des Unternehmens trainiert, unterstützt und überprüft werden.

Eine Herausforderung bei der Gestaltung von standortübergreifenden LPA-Checklisten kann ein Konflikt zwischen den LPA-relevanten Führungskräften aus den unterschiedlichen Standorten und den eingesetzten Prozessverantwortlichen aus der Ablauforganisation sein. Ursache hierfür können beispielsweise Zielkonflikte von Standort (z.B. individuelle Lösung für den Kunden) und Zentrale (z.B. Standardisierung von Komponenten) sein. Bei der Durchführung von standortübergreifenden LPAs ist darauf zu achten, dass nur vereinbarte Standards eingefordert werden. Die Lösung von Zielkonflikten und das damit verbundene kreative Ringen der beteiligten Führungskräfte um die beste Lösung sollten bereits bei der Erstellung der LPA-Checklisten erfolgen.

Beide Beispiele für internationale Prozessmanagementsysteme haben sowohl eine zentrale standortübergreifende als auch eine lokal geklärte Prozessverantwortung, auf der Layered Process Audit aufsetzen kann. Je mehr Standorte den gemeinsamen Prozess mit LPA steuern wollen, desto wichtiger wird ein funktionierendes und gelebtes Prozessmanagement. Standortübergreifende LPA-Checklisten sind nur dann wirksam möglich, wenn es auch eine standortübergreifende Prozessverantwortung gibt und diese Layered Process Audit unterstützt.

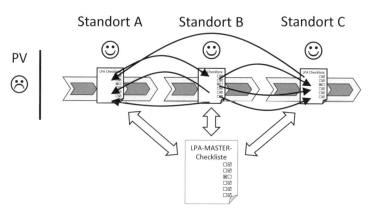

Bild 8.14 Austausch von Details aus LPA-Checklisten über die Standorte ohne den Prozessverantwortlichen

Bei einer nicht geklärten Prozessverantwortung über unterschiedliche Standorte hinweg kann über gemeinsame LPA-Checklisten im Sinne einer Mastercheckliste die Umsetzung von gemeinsamen Standards erreicht werden. Jeder einzelne Standort hat einen bestimmten allgemein gültigen Fragenkatalog, in dem er neue Fragen oder auch Fragenänderungen vornehmen bzw. eintragen kann. Die Überprüfung, ob diese so aufgenommen werden sollten, die Koordination und Sicherstellung des Austauschs der LPA-Fragen könnte – wenn kein Prozessverantwortlicher bestimmt wurde – auch beispielsweise vom Qualitätsmanager übernommen werden. Es ist auch möglich, Systeme zur automatisierten Bereitstellung wie z. B. über eine Sharepoint- oder Wiki-Plattform zu nutzen. Bild 8.14 zeigt, wie ohne übergeordnete Prozessverantwortung (PV) die standortrelevanten Personen einen Austausch über die LPA-Checklisten durchführen und diese Ergebnisse in eine Mastercheckliste münden.

Durch das Einpflegen von wichtigen Veränderungen im Prozess, die Weiterentwicklung der Standards und das Kommunizieren der Mastercheckliste über die Standorte entstehen gemeinsam gelebte Standards, die lediglich die gemeinsame LPA-Checkliste benötigen. Verdichtet wird die Umsetzung der Standards auf die vor Ort befindliche Visualisierung und die LPA-Checkliste mit ihren formulierten Standards, die auf gemeinsame Vorgabedokumente, wie zum Beispiel Prüf-, Verfahrens- oder Arbeitsanweisungen, zurückgreift.

Bei dieser Form der Pflege der LPA-Checklisten besteht allerdings die Gefahr, dass ein übergeordnetes Prozessmanagementverständnis verloren geht. Daher sollten wenn möglich die Koordination und die Pflege der gemeinsamen Mastercheckliste über einen zentralen Prozessverantwortlichen erfolgen (Bild 8.15). Dieser sollte alle positiven Erfahrungen im zentralen Managementsystem über die LPA-Mastercheckliste sammeln und Veränderungen permanent in die Vorgabedokumentation des Managementsystems übernehmen. Die Fragen in der LPA-Checkliste können damit einfacher auf die unternehmerische Zielsetzung des Prozesses ausgerichtet werden und die einzelnen Standortinteressen können zu einem gewissen Teil gemeinsam genutzt werden. Es ist jederzeit möglich, in der LPA-Mastercheckliste einen Teil von Fragen individuell durch die Standorte gestalten zu lassen.

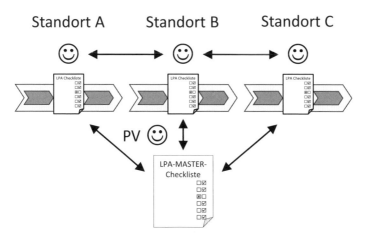

Bild 8.15 Koordination und Pflege der gemeinsamen LPA-Mastercheckliste durch einen Prozessverantwortlichen

Der Prozessverantwortliche erfährt durch diese zentrale Stellung, was an „seinem" Prozess und dem daraus entstehenden Prozessergebnis oder Produkt funktioniert und was noch verbessert werden muss. Zudem hat er die Chance, übergreifende Anforderungen und Erfahrungen für die Verbesserung des Prozesses und seiner Ergebnisse an allen Standorten einzuführen. Er kann auch die LPA-Checklisten mit deren Fragen dafür nutzen, um zu erkennen, wo bekannte Problemfelder in der Umsetzung abgestellt sind.

Über diese Rolle, die der Prozessverantwortliche durch Layered Process Audit bekommt, bestehen neue Möglichkeiten, die Wirksamkeit der Prozesse in einer einfachen Art und Weise zu überprüfen. Der Prozessverantwortliche kann beispielsweise mit den betroffenen Führungskräften aus den unterschiedlichen Standorten in regelmäßigen Abständen ein **Layered Process Review** durchführen, um übergreifend zu auditieren, notwendige Ausrichtungen und Weiterentwicklungen zu erkennen und die entsprechenden Maßnahmen einzuleiten.

Voraussetzung, um effektive und effiziente Prozesse zu erreichen, ist aber die Bereitstellung der notwendigen Informationen und Anforderungen. Werden nur die LPA-Ergebnisse genutzt, greift ein standortübergreifendes Review zu kurz.

 Je weiter LPA auf unterschiedliche Standorte ausgebreitet werden soll, umso wichtiger wird das Prozessmanagement.

9 Beispiel: LPA-Einführung in der Kunststoffindustrie

Ein internationales Unternehmen mit neun Produktionsstandorten und 3300 Mitarbeitern stellt Kunststoffprofile für die Herstellung von Fenstern her. Diese Profile werden aus einem Kunststoff-Granulatgemisch auf Extrudern mit einer Außenkontur und innenliegenden Hohlräumen mit einer sehr hohen Genauigkeit im Zehntelmillimeterbereich produziert. Ein Extruder ist ein Schneckenförderer, der unter hohen Drücken und Temperaturen Kunststoffgranulat schmilzt, verdichtet und durch eine Form drückt. Dadurch entstehen Endlosstangen, die auf eine Standardlänge abgesägt werden.

Aufgrund der ausgeprägten Kundenorientierung in dem Unternehmen wurde eine umfassende Qualitätsoffensive in allen Werken gestartet. Zielsetzung dabei war, die Kundenzufriedenheit zu steigern und die vorhandene Reklamationsrate deutlich zu senken. Die in Bild 9.1 dargestellten Symbole wurden dabei an vielen Stellen für die Kommunikation im Unternehmen verwendet (KUZU = Kundenzufriedenheit, REKLA = Reklamationsrate).

Bild 9.1
Zielsetzung der Qualitätsoffensive

„Eines der wichtigsten Ziele der Einführung des Layered Process Audits war, eine Verlässlichkeit der Prozessstandards zu erreichen. Dies wurde voll erreicht. LPA hat uns geholfen, dass die vorhandenen Standards konsequent eingehalten werden und die ungeeigneten Vorgaben verändert wurden.

Über die systematischen Audits und die Transparenz der Ergebnisse entstand ein positiver Veränderungswille bei vielen Beteiligten. Viele Behinderungen im Fertigungsprozess wurden konsequent beseitigt und in der Folge hat sich unsere OEE (Overall Equipment Effectiveness) verbessert."

Friedrich Marquardt (Leiter Corporate Quality Management) profine group

9.1 Zielsetzung und Überblick

Die Einführung der Methode Layered Process Audit wurde von einem Vorstand des Unternehmens gewünscht. Er hatte selbst damit positive Erfahrungen bei einem Zulieferer in der Automobilindustrie gesammelt. LPA sollte in allen Kernprozessen des Unternehmens zum Einsatz kommen. Aus den Zielsetzungen der Qualitätsoffensive wurde für Layered Prozess Audit die Zielsetzung

- Reduzierung der internen Ausschüsse und
- Reduzierung der Kundenreklamationen wegen fehlerhafte Profile

abgeleitet und eine Fokussierung auf die entsprechenden Prozesse und Standards begonnen. Die LPA-Einführung wurde im Frühjahr 2011 gemeinsam mit dem Betriebsrat konzipiert und von Herbst 2011 bis Frühjahr 2012 in einem Pilotbereich LPA getestet und weiterentwickelt. In den Folgejahren wurde LPA konsequent in allen Fertigungsbereichen ausgerollt und ist in der Zwischenzeit zum Standard geworden.

„Einer der ersten Erfolge aus der LPA-Einführung im Pilotbereich war, einen Überblick über die dort vorhandenen täglichen Standards zu bekommen und vor allem über die tatsächliche Umsetzung.

Mit der weiteren LPA-Umsetzung haben sich viele bereichsübergreifenden Dinge verbessert. Beispiele sind die Dispo, Logistik oder Instandhaltung. Es wurde die Abarbeitung konsequent abgefragt.

Jeder versteht die Methode. In der Zwischenzeit wurde LPA auf das ganze Unternehmen ausgeweitet und man muss unterschiedliche Unterstützung bringen.

Wichtig ist, dass es sich nicht totläuft. Deshalb sollte man die Fragen variieren, Themenschwerpunkte wechseln oder auch die Erfolge gut darstellen.

Es hat sich eine signifikante Verbesserung in der Produktivität ergeben. Daran hatten natürlich auch andere Maßnahmen einen Einfluss, aber LPA war auf alle Fälle auch beteiligt."

Helmut Neurohr (Qualitätsleiter) profine GmbH

In der für das Pilotprojekt ausgewählten Fertigungshalle stehen 53 Extruder und ca. 100 Mitarbeiter arbeiten dort in einem Vier-Schicht-Betrieb. Über einen Zeitraum von ca. sechs Monaten wurden unter intensiver Beteiligung der Führungskräfte und Mitarbeiter aus dem Fertigungsbereich, LPA-Koordinatoren aus dem Qualitätsmanagement sowie Mitarbeiter des Betriebsrats die entsprechenden Vorgehensweisen einschließlich der Gestaltung der Visualisierung und LPA-Checklisten konzipiert, abgestimmt, freigegeben und eingeführt. An einem zentralen Kommunikationspunkt in der Fertigungshalle wurde eine Wand bzw. das LPA-Board mit den Informationen für und aus der LPA-Umsetzung installiert (Bild 9.2).

Der linke Teil des LPA-Boards enthält die unterschiedlichen LPA-Checklisten, Visualisierungen und Auswertungen für alle Layer. Im rechten Teil befinden sich zwei Briefkästen für die ausgefüllten LPA-Checklisten und eine spezielle Maßnahmenverfolgung durch die Betriebstechnik. Dieser Maßnahmenüberblick wurde gemeinsam von dem Leiter der Betriebstechnik und den Mitarbeitern an der Anlage installiert, nachdem erkannt worden war, dass sehr viele der notwendigen Abstellmaßnahmen durch die Betriebstechnik erledigt werden müssen.

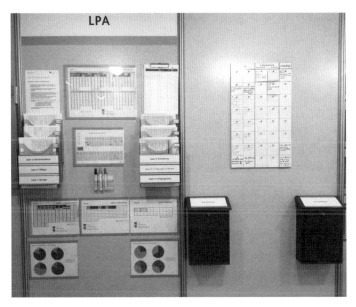

Bild 9.2 Foto des LPA-Boards im Fertigungsbereich mit dem Maßnahmenplan der Betriebstechnik

Im linken Bereich der LPA-Visualisierung (Bild 9.3) sind folgende LPA-Elemente dargestellt:

1. Regeln zur Durchführung von LPA und Anwendung der Auditbögen
2. Ergebnisse aus den unterschiedlichen Audits auf Layer 1 bei Maschinenführer, Ableger und Springer in Früh-, Spät- und Nachtschicht
3. Maßnahmenplan für nicht umsetzbare Prozessvorgehen aus allen LPAs
4. Bereitgestellte LPA-Checklisten für die unterschiedlichen Funktionen auf Layer 1 für Maschinenführer, Ableger und Springer
5. Maschinenplan und Stichprobensystem für die Auswahl der LPA auf Layer 1

Bild 9.3
Überblick über das LPA-Board mit seinen unterschiedlichen Elementen

6. Bereitgestellte Checklisten für Layer 2 „Koordinator", Layer 3 „Fertigungskoordinator", Layer 4 „Fertigungsleiter"
7. Wasserfeste Stifte für das Eintragen der Auditergebnisse in den Farben Grün, Gelb und Rot
8. Visualisierung der Ergebnisse für die Audits bei dem Koordinator auf Layer 2
9. Visualisierung der Ergebnisse für die Audits bei dem Fertigungskoordinator auf Layer 3
10. Visualisierung der Ergebnisse für die Audits bei dem Fertigungsleiter auf Layer 4
11. Unterschiedliche Auswertungen über die Bewertungen der unterschiedlichen Fragen in den unterschiedlichen Schichten

Um deutlicher die Inhalte in der Schwarz-Weiß-Darstellung im Buch erkennen zu können, wurde die LPA-Visualisierung aus Bild 9.2 nachgezeichnet (Bild 9.4).

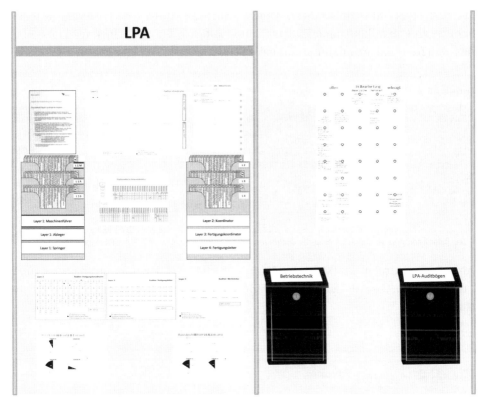

Bild 9.4 Zeichnung des LPA-Boards im Fertigungsbereich mit dem Maßnahmenplan der Betriebstechnik

■ 9.2 Layer, Frequenz und Beteiligte

In jeder Schicht gibt es als Führungskraft einen Koordinator. Dieser Koordinator ist vergleichbar mit einem Schichtleiter. Er hat u. a. die Aufgabe, in seiner Schicht jeweils ein Layered Process Audit bei dem Maschinenführer, eines bei dem Ableger und eines bei dem Springer durchzuführen. Der Maschinenführer bedient mehrere Extruder mit mehreren Strängen und ist weisungsbefugt gegenüber Springer und Ableger. Aufgabe des Springers ist es, an unterschiedlichen Extrudern, vor allem bei Störungen an den Maschinen, zu unterstützen. Der Ableger muss die abgelängten Profile von den Extrudern in Kassetten nach einer Legeanweisung ablegen, die Kassetten mit den Labeln kennzeichnen und kleinere Prüftätigkeiten durchführen sowie leere Kassetten zuführen und die vollen abtransportieren. Es wird im Vier-Schicht-Betrieb gearbeitet.

Die drei LPAs (Maschinenführer, Ableger, Springer) auf Layer 1 werden in jeder Schicht an einem laufenden Extruder durchgeführt. Für die Führungs-LPAs wurden weitere drei Layer definiert (Tabelle 9.1).

Tabelle 9.1 LPA-Frequenzen je Layer

Layer	Frequenz	Auditierter	Auditor
1	1/Schicht	Maschinenführer	Koordinator
1	1/Schicht	Ableger	Koordinator
1	1/Schicht	Springer	Koordinator
2	1 jede Schicht/Woche	Koordinator*	Fertigungskoordinator
3	1/Woche	Fertigungskoordinator	Fertigungsleiter
4	1/Monat	Fertigungsleiter	Werkleiter

* Der Koordinator ist der Funktion eines Schichtleiters ähnlich und hat nichts mit dem LPA-Koordinator zu tun.

An einem zentralen Punkt in der Halle befindet sich der Kommunikations- und Infopunkt. Dort wurde auch das LPA-Board mit den beschriebenen Inhalten installiert.

■ 9.3 Layer 1

Der Koordinator auditiert Maschinenführer, Ableger und Springer. Die Audits werden dabei einzeln mit der jeweiligen Funktion durchgeführt. Der Koordinator kann über Reihenfolge und Zeitpunkt im Rahmen seiner Schicht frei entscheiden. Die Audits sollten allerdings zu Zeitpunkten durchgeführt werden, an denen die meiste Aussagekraft zu erwarten ist.

Als Erstes geht der Koordinator zu dem Maschinenplan am LPA-Board und wählt einen aus seiner Sicht geeigneten Extruder als Stichprobe für das LPA aus. Die wichtigsten Kriterien sind, dass die Produktion auf dem Extruder läuft und an dem Extruder mit der Schicht noch kein LPA durch einen Koordinator in dem aktuellen Monat durchgeführt worden ist. Bild 9.5 zeigt den Maschinenplan für den Fertigungsbereich A mit insgesamt 53 Extrudern. Der für die Audits in den einzelnen Schichten ausgewählte Extruder wird mit einem Kreuz markiert.

Zu jedem Extruder gibt es auf dem Maschinenplan eine Spalte mit fünf Zeilen: vier Zeilen für die Nummer der ersten bis vierten Schicht und die fünfte Zeile für die Maschinennummer. Der Koordinator markiert die aktuelle Schicht an dem von ihm ausgewählten Extruder. Absicht des Stichprobensystems ist, dass jedes Team über einen absehbaren Zeitraum in einem LPA beteiligt wird.

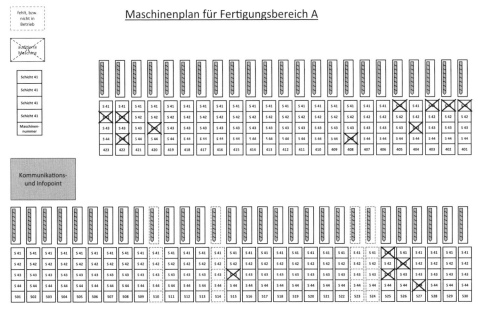

Bild 9.5 Maschinenplan und Stichprobensystem für Extruder und LPA

Wenn auf dem Maschinenplan in allen Schichten LPAs durchgeführt worden sind, wird der Maschinenplan durch einen neuen Plan ersetzt und wieder von vorne begonnen. Der Plan ist hinter einer Plexiglasscheibe angebracht und einfach zu entnehmen.

Als Nächstes nimmt der Koordinator aus den bereitgelegten LPA-Checklisten (Bild 9.6) für Layer 1 die Checklisten für den Maschinenführer, den Ableger und den Springer.

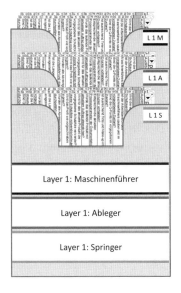

Bild 9.6
LPA-Checklisten für die Funktionen Maschinenführer, Ableger, Springer auf Layer 1

Die Checklisten wurden durch Produktion und Qualitätssicherung vorbereitet und mit dem Betriebsrat abgestimmt. Sie sind öffentlich ausgelegt und jeder Mitarbeiter in dem Bereich kann, darf und soll sehen, welche Fragen auf den LPA-Checklisten stehen. Die LPA-Checklisten sind mit einer Standardsoftware erstellt, auf Standardpapier mit einem Standarddrucker ausgedruckt. Fragen können daher leicht verändert werden. Aktualisierte Checklisten können also sofort zur Verfügung stehen.

Das Auditergebnis ist nicht nur eine Momentaufnahme, sondern hat gegebenenfalls eine Aussagekraft über einen längeren Zeitraum. Wenn der Koordinator zum Beispiel sieht, dass der Maschinenführer seine persönliche Schutzausrüstung trägt, muss er nicht mehr extra die Frage stellen, sondern kann diese sofort auf Grün setzen.

 In das LPA dürfen, sollen und müssen alle Erkenntnisse mit einfließen, die der Koordinator im Rahmen seiner gesamten Schicht mitbekommen oder beobachtet hat. Für das Auditergebnis ist also nicht nur der kurze Zeitraum des Audits relevant.

Jede Frage, die erfüllt oder umgesetzt ist, bekommt den Eintrag ja. Sollte eine Maßnahme nicht umgesetzt sein, hat der Koordinator die Verpflichtung, die nicht umgesetzte Vorgabe sofort mit dem auditierten Maschinenführer, Ableger oder Springer umzusetzen. Wenn dies erledigt ist, notiert der Koordinator in der LPA-Checkliste den Grund der Abweichung und die umgesetzte Sofortmaßnahme. Wenn es für den Koordinator und den auditierten Maschinenführer, Ableger oder Springer nicht möglich ist, die Vorgabe umzusetzen, notiert der Koordinator die Ursache aus seiner Sicht und muss auf dem LPA-Board eine entsprechende Abstellmaßnahme einleiten.

Bild 9.7, Bild 9.8 und Bild 9.9 zeigen die LPA-Checklisten mit ihren Fragen für den Springer, den Ableger und den Maschinenführer auf Layer 1. Damit wird jeweils in jeder Schicht ein Audit durchgeführt.

Nach Durchführung des Audits überträgt der Koordinator die Ergebnisse aus der LPA-Checkliste auf die jeweilige Visualisierung und markiert die Ergebnisse mit den wasserfesten Stiften in Grün, Gelb oder Rot. Es ist nur möglich, ein verdichtetes Ergebnis in die Ergebnisdarstellung zu übertragen. Das heißt, sobald eine Maßnahme nicht umgesetzt werden kann, wird die Farbe Rot zugewiesen, unabhängig davon, welche weiteren Bewertungen in der Checkliste vorhanden sind. Sind alle Maßnahmen umsetzbar, aber mindestens eine Maßnahme wurde erst gemeinsam umgesetzt, wird die Farbe Gelb zugewiesen, wurden alle Maßnahmen auf Anhieb umgesetzt, wird die Farbe Grün zugewiesen (Prinzip Kartenspiel: Rot „sticht" Gelb und Gelb „sticht" Grün).

9.3 Layer 1

proAudit LPA Fertigungsbereich B

Auditbogen Layer 1 M | Auditor: | Datum: | Maschine: | Schicht: | Uhrzeit:

Prüfpunkte	Ja	Nein	Grund der Abweichung	Sofortmaßnahme erfolgt Ja	Sofortmaßnahme erfolgt Nein	Bemerkung
Wird die vorgeschriebene persönliche Schutzausrüstung getragen?	○	○		○	○	
Ist der Arbeitsbereich des Maschinenführers sauber und im vorgegebenen Zustand?	○	○		○	○	
Sind die Q-Points im vorgegebenen Zustand?	○	○		○	○	
Ist ausreichend Tinte und Make-up im Drucker vorhanden?	○	○		○	○	
Entsprechen die aktuellen Prozessparameter der Dokumentation?	○	○		○	○	
Wurde das laufende Produkt mit aktuellem Auftrag abgeglichen?	○	○		○	○	
Wird für das aktuelle Produkt die vorgegebene Schutzfolie verwendet? (keine Schutzfolie notwendig bedeutet)	○	○		○	○	
Wird das Profil wie vorgeschrieben signiert?	○	○		○	○	
Wurden alle Abreinigungsintervalle durchgeführt und dokumentiert?	○	○		○	○	
Ist die Längenerfassung richtig eingestellt?	○	○		○	○	
Wurden die Ausschusslängen wie vorgegeben markiert (rot, grün)?	○	○		○	○	
Ist die Regelkarte nach Vorgabe dokumentiert?	○	○		○	○	
Sind Qualitätsprüfungen nach Vorgabe durchgeführt worden und liegen Muster	○	○		○	○	

Bild 9.7 LPA-Checkliste für den Springer auf Layer 1

proAudit LPA Fertigungsbereich B

Auditbogen Layer 1 A | Auditor: | Datum: | Maschine: | Schicht: | Uhrzeit:

Prüfpunkte	Ja	Nein	Grund der Abweichung	Sofortmaßnahme erfolgt Ja	Sofortmaßnahme erfolgt Nein	Bemerkung
Ist der Arbeitsbereich des Ablegers sauber und im vorgegebenen Zustand?	○	○		○	○	
Wird die vorgeschriebene persönliche Schutzausrüstung getragen?	○	○		○	○	
Sind an der Linie Reserverollen Schutzfolie vorhanden?	○	○		○	○	
Ist das vorgegebene Verpackungsmaterial an der Extrusionslinie vorrätig?	○	○		○	○	
Ist die vorgegebene Schutzfolie auf dem aktuellen Produkt?	○	○		○	○	
Ist die aktuelle Kassette nach Legeanweisung verpackt?	○	○		○	○	
Ist der Ausschuss nach Vorgabe entsorgt?	○	○		○	○	
Wurden die gekennzeichneten Ausschusslängen entsorgt?	○	○		○	○	
Wurden die vollen Kassetten wie vorgegeben mit Druckluft ausgeblasen?	○	○		○	○	
Wurde das Produktetikett wie Vorgegeben angebracht?	○	○		○	○	
Sind die Prüflehren für das aktuelle Produkt an der Extrusionslinie	○	○		○	○	
Wurden die vorgegebenen Prüfungen durchgeführt?	○	○		○	○	
Wurde die Oberflächenqualität kontrolliert?	○	○		○	○	
Wurde das Profil mit anextrudierter PCE-Dichtung auf Fadenbildung kontrolliert?	○	○		○	○	

Bild 9.8 LPA-Checkliste für den Ableger auf Layer 1

proAudit LPA Fertigungsbereich B			Maschine:		Schicht:		
Auditbogen Layer 1 S	Auditor:		Datum:		Uhrzeit:		
Prüfpunkte	Ja	Nein	Grund der Abweichung	Sofortmaßnahme erfolgt		Bemerkung	
				Ja	Nein		
Ist der zugeteilte Bereich sauber und im vorgegebenen Zustand?	○	○		○	○		
Wurde die Anlage nach dem Abstellen/Umrüsten sauber und im vorgegebenen Zustand dem	○	○		○	○		
Sind die Hilfsmittel am dafür vorgesehenen Platz?	○	○		○	○		
Wurden die Checklisten (Werkzeugwagenliste und Rüsten-Anfahren) nach Vorgabe ausgefüllt?	○	○		○	○		
Ist der nächste Auftrag bekannt?	○	○		○	○		
Wurden die BDE-Daten aktualisiert?	○	○		○	○		
Wurde das abgebaute Werkzeug dem Koordinator komplett übergeben?	○	○		○	○		
Entspricht der technische Zustand der Anlagen der Vorgabe?	○	○		○	○		
Sind bekannte technische Defekte an der Extrusionslinie weitergeleitet worden (bzw. keine Defekte vorhanden)?	○	○		○	○		
Sind aktuelle Fahrparameter überprüft und dokumentiert worden?	○	○		○	○		
Sind Metergewicht und aktuelle Extrusionsgeschwindigkeit überprüft	○	○		○	○		
Sind Qualitätsprüfungen nach Vorgabe durchgeführt und kontrolliert?	○	○		○	○		
Wurden Abstellmuster (Schubmuster) inklusive Abstich bereit gestellt?	○	○		○	○		

Bild 9.9 LPA-Checkliste für den Maschinenführer auf Layer 1

Bild 9.10 zeigt die Visualisierung der LPA-Ergebnisse für die Funktionen Springer, Maschinenbediener und Ableger in Layer 1, aufgeteilt in Früh-, Spät- und Nachtschicht für zwei Monate. Diese Visualisierung ist dabei wie folgt aufgebaut:

- Die obere Reihe ist für die Bewertungen für den Monat März und die untere Reihe für die Bewertung im Monat April vorgesehen. Wenn der Monat April vorbei ist, muss ein neues Blatt genommen werden.
- In der Reihe des Monats finden sich drei Aufteilungen für die drei Schichten Frühschicht, Spätschicht, Nachtschicht.
- In jeder Schicht gibt es wiederum die maximal möglichen 31 Tage eines Monats.
- Jeder Tag ist unterteilt in drei Zeilen mit der vertikalen Beschriftung S, M, A. Diese drei Zeilen sind dafür vorgesehen, die Bewertung aus dem Audit des Koordinators für den Springer (S), den Maschinenführer (M) und den Ableger (A) einzutragen.

Die Bewertung am 1. März für den Springer in der Frühschicht ist rot (im Bild dunkelgrau). Das bedeutet, mindestens eine Frage von der LPA-Checkliste (siehe Bild 9.7) war nicht umgesetzt und konnte im Audit auch nicht umgesetzt werden. In der gleichen Schicht und am gleichen Extruder wurde festgestellt, dass der Maschinenführer mindestens eine Vorgabe nicht umgesetzt hat, und dies wurde im Audit gemeinsam mit dem Koordinator nachgeholt. Deshalb gab es hier die gelbe Bewertung (hellgrau). Beim Ableger waren alle Vorgaben korrekt umgesetzt und deshalb erfolgte dort die grüne Bewertung (weiß).

Beim nächsten Audit in der Spätschicht war alles in Ordnung und jede der drei Funktionen erhielt eine grüne Bewertung. Alle Vorgaben waren im Audit umgesetzt.

In der Frühschicht des nächsten Tages war beim Springer wieder eine rote Bewertung zu finden. Eine Verknüpfung zu dem Ergebnis vom Vortag war nicht möglich und es gab hier auch keine Aussage dazu, um welche Frage es sich bei dieser roten Bewertung handelte. Auffällig ist auch, dass am 6. März in der Spätschicht keine LPAs durchgeführt worden waren. In der Nachtschicht am 6. März und in der Frühschicht am 7. März wurden wieder LPAs in allen Funktionen gemacht.

Die öffentliche Visualisierung schafft Transparenz über die tatsächliche Prozessumsetzung in den LPA-Stichproben und ist ein Indikator für die grundsätzliche Umsetzung im Unternehmen. Diese Transparenz hat auch einen positiven Einfluss auf alle Mitarbeiter, die die Visualisierung verstehen und wissen, dass die Umsetzung der Vorgaben immer ernster genommen wird.

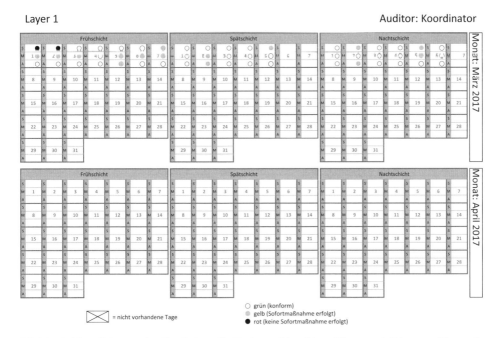

Bild 9.10 Visualisierung der Ergebnisse für Springer, Maschinenführer und Ableger auf Layer 1

9.4 Nicht erfüllte Vorgabe

Wenn der Koordinator in seinem Audit eine nicht erfüllbare Vorgabe gefunden hat, muss für jede nicht erfüllbare Vorgabe eine Maßnahme im Maßnahmenplan eingetragen werden (Bild 9.11). In dem Maßnahmenplan wird das aufgetretene Problem mit Datum und Identifizierung von Layer und Funktion kurz beschrieben. Für eine detaillierte Erklärung ist Platz auf der LPA-Checkliste, entweder vorne in den Spalten oder auf der Rückseite.

Qualitätsmanagement – pro Audit			LPA	Maßnahmenplan			
Datum	Layer	Problembeschreibung	Weitergeleitet an LPA E-Mail	Maßnahme	Verantwortlicher	Ergebnis/ Wirksamkeitsnachweis/ erledigt	Status
29.02. 419	1 S	Kasettenausschub defekt Besan fehlt	☐ ja ☐ nein	Info an BT		☐ ja ☐ nein	⊕
06.03. 526	1 S	PCE-Trichter Hahn defekt und Verkleinerung fehlt	☐ ja ☐ nein	Info an BT	BT	☐ ja ☐ nein	⊕
			☐ ja ☐ nein			☐ ja ☐ nein	⊕
			☐ ja ☐ nein			☐ ja ☐ nein	⊕
			☐ ja ☐ nein			☐ ja ☐ nein	⊕
			☐ ja ☐ nein			☐ ja ☐ nein	⊕
			☐ ja ☐ nein			☐ ja ☐ nein	⊕
			☐ ja ☐ nein			☐ ja ☐ nein	⊕
			☐ ja ☐ nein			☐ ja ☐ nein	⊕
			☐ ja ☐ nein			☐ ja ☐ nein	⊕

Bild 9.11 Maßnahmenplan für die nicht umsetzbaren Fragen

Da die Beteiligten des Audits das Problem nicht lösen konnten, liegt die Ursache möglicherweise in einem anderen Bereich. Beispielsweise könnte eine Produktionsanweisung durch die Arbeitsvorbereitung nicht erstellt worden sein und diese fehlt jetzt in der Fertigung. Durch die fehlende Produktionsanweisung kann ein bestimmter Prozess nicht exakt nach der Anweisung umgesetzt werden. Der LPA-Auditor und ein Mitarbeiter aus der Fertigung sind auch nicht in der Lage, eine konkrete Maßnahme zu definieren, damit die Produktionsanweisung erstellt wird und die Vorgabe wieder umsetzbar ist. Der Koordinator schickt nun eine Standard-E-Mail über die rot bewertete Abweichung an Fertigungsleiter und Qualitätsleiter, die sich weiter um die Abstellung dieser Aufgabe kümmern. Ist dem Koordinator die Lösung des Problems bekannt, sollte er dies auch entsprechend kommunizieren, gelöst wird das Problem allerdings an anderer Stelle. Der Koordinator hat damit seine Aufgabe, eine Maßnahme einzuleiten, abgeschlossen. Nun ist der Qualitätsleiter verantwortlich für Koordination und Verfolgung der Maßnahmen. Über das Ergebnis der Abarbeitung wird dann im Rahmen des regelmäßigen Produktion-Reviews-Meetings berichtet.

Die letzten beiden Spalten im Maßnahmenplan sind für die nächsthöheren Layer vorgesehen. Diese Führungskräfte haben die Aufgabe, in ihren Layered Process Audits die Abarbeitung der Maßnahmen zu überprüfen und zu unterstützen.

■ 9.5 Layer 2, 3 und 4

Die Führungskräfte in dem betroffenen Fertigungsbereich sind bis zur Werksleiterebene an den LPAs beteiligt. Der grundsätzliche Ablauf ist ähnlich. Sie holen sich am LPA-Board ihre jeweilige Checkliste, führen das Audit durch und dokumentieren am LPA-Board die Ergebnisse. Sollten sie auch eine Vorgabe haben, die nicht umsetzbar ist, müssen sie am Maßnahmenplan eine entsprechende Maßnahme dokumentieren.

Eine zusätzliche Aufgabe haben diese übergeordneten Audits noch. Sie überprüfen grundsätzlich, ob alle LPAs durchgeführt worden sind, ob die roten Bewertungen zu entsprechenden Maßnahmen auf dem Maßnahmenplan geführt haben, ob die Maßnahmen sich in einer Umsetzung befinden, schon umgesetzt sind oder gar für sie selbst einen Arbeitsauftrag darstellen.

Bild 9.12 zeigt die in einfachen Schubfächern in Papierform bereitgestellten LPA-Checklisten für die Führungsaufgaben auf Layer 2 für den Koordinator, auf Layer 3 für den Fertigungskoordinator und auf Layer 4 für den Fertigungsleiter. Auf Layer 2 gibt es vier Koordinatoren, in jeder Schicht einen. Der LPA-Auditor ist der Fertigungsleiter. Jeder Koordinator soll wöchentlich auditiert werden. Der Fertigungskoordinator muss also vier Audits in der Woche durchführen und in jeder Schicht den Koordinator einmal pro Woche auditieren.

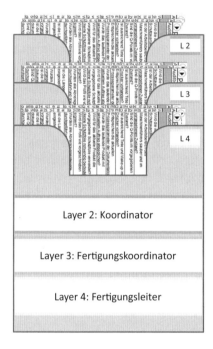

Bild 9.12
LPA-Checklisten für die Führungsfunktionen auf Layer 1, Layer 2, Layer 3 und Layer 4

Der Fertigungskoordinator führt einmal pro Woche in jeder Schicht ein Audit der Führungsaufgaben bei einem Koordinator durch (Bild 9.13) und überträgt die Ergebnisse auf die entsprechende Visualisierung. Bild 9.14 stellt die entsprechende wöchentliche Visualisierung dar.

9.5 Layer 2, 3 und 4

▶ proAudit LPA Fertigungsbereich B					Schicht:		
Auditbogen Layer 2	Auditor:			Datum:		Uhrzeit:	
Prüfpunkte	Ja	Nein	Grund der Abweichung		Sofortmaßnahme erfolgt		Bemerkung
					Ja	Nein	
Wurden die monatlichen Sicherheitskurzgespräche (des Vormonats) durchgeführt?	○	○			○	○	
Sind die Rüstwagen vollständig?	○	○			○	○	
Wurde die Schichtübergabe durchgeführt?	○	○			○	○	
Wurde der Sperrplatz kontrolliert und gegebenenfalls geräumt?	○	○			○	○	
Wurde der Fertigungsrundgang bei der Schichtübergabe durchgeführt?	○	○			○	○	
Sind Buchungen im BDE in der Gesamtsumme richtig gebucht und zugeordnet?	○	○			○	○	
Wurde die Personalstärke nach vorgegebenem Maschinen-Bediener-Verhältnis eingeteilt?	○	○			○	○	
Wurde der Kurzpausennachweis nach Vorgabe eingehalten und dokumentiert?	○	○			○	○	
Ist die Fertigungsplanung in der vorgegebenen Reihenfolge eingehalten worden?	○	○			○	○	
Sind die Werkzeuge (Kalibrierung) im vorgegebenen Zustand?	○	○			○	○	
Wurde die Anfahrzeit nach Vorgabe (max. 2h) eingehalten?	○	○			○	○	
Wurden proAudit auf den unteren Layern durchgeführt?	○	○			○	○	
Wurde die Checkliste Rüsten-Anfahren ausgefüllt?	○	○			○	○	
Ist das Regal für die Rückstellmuster auf aktuellem Stand?	○	○			○	○	
Werden die Mischungen wie vorgegeben an den Anlagen eingesetzt?	○	○			○	○	
Werden die vorgegebenen Abzugsgeschwindigkeiten nicht unterschritten?	○	○			○	○	

Bild 9.13 LPA-Checkliste für den Koordinator auf Layer 2

Layer 2   Auditor: Fertigungskoordinator

○ grün (konform)
◐ gelb (Sofortmaßnahme erfolgt)
● rot (keine Sofortmaßnahme erfolgt)
  → Bemerkung auf Actionboard eintragen

Jahr: 2017

Bild 9.14 Visualisierung der Ergebnisse für die Koordinatoren in jeder Schicht auf Layer 2

Bild 9.15 zeigt die LPA-Checkliste mit ihren Fragen für den Fertigungskoordinator auf Layer 3. Damit führt der Fertigungsleiter einmal pro Woche ein Audit bei einem Fertigungskoordinator durch. Bild 9.16 veranschaulicht die entsprechende wöchentliche Visualisierung.

▶ proAudit LPA Fertigungsbereich B						
Auditbogen Layer 3	Auditor:		Datum:		Uhrzeit:	
Prüfpunkte	Ja	Nein	Grund der Abweichung	Sofortmaßnahme erfolgt Ja	Sofortmaßnahme erfolgt Nein	Bemerkung
Ist der Arbeitsbereich des Fertigungskoordinators sauber und im vorgegebenen Zustand?	○	○		○	○	
Wurden die Qualitätsprobleme weitergegeben?	○	○		○	○	
Wurden die Checklisten "Rüsten-Anfahren" wie vorgegeben dokumentiert und archiviert?	○	○		○	○	
Wurden die Prozessparameter und deren Dokumentation überprüft?	○	○		○	○	
Wurde der monatliche Urlaubsplan überprüft und freigegeben?	○	○		○	○	
Wurden die Maßnahmenterminierungspläne nach Zeitplan umgesetzt?	○	○		○	○	
Wurden KPI und Produktionsvorgaben eingehalten?	○	○		○	○	
Wurden Produktionsstörungen erfasst und Maßnahmen eingeleitet?	○	○		○	○	
Wurde proAudit auf den unteren Layern durchgeführt?	○	○		○	○	
Wurden Maßnahmen zum Entgegenwirken der TOP 5 Reklamationen eingeleitet?	○	○		○	○	
Wurden erforderliche Maßnahmen zur Verbesserung der Qualität eingeleitet?	○	○		○	○	

Bild 9.15 LPA-Checkliste für den Fertigungskoordinator auf Layer 3

Layer 3   **Auditor: Fertigungsleiter**

KW 1 ✕	KW 2 ●	KW 3 ○	KW 4 ○	KW 5 ●	KW 6 ○	KW 7 ●	KW 8	KW 9	KW 10	KW 11	KW 12
KW 13	KW 14	KW 15	KW 16	KW 17	KW 18	KW 19	KW 20	KW 21	KW 22	KW 23	KW 24
KW 25	KW 26	KW 27	KW 28	KW 29	KW 30	KW 31	KW 32	KW 33	KW 34	KW 35	KW 36
KW 37	KW 38	KW 39	KW 40	KW 41	KW 42	KW 43	KW 44	KW 45	KW 46	KW 47	KW 48
KW 49	KW 50	KW 51	KW 52								

Jahr: 2017

○ grün (konform)
◐ gelb (Sofortmaßnahme erfolgt)
● rot (keine Sofortmaßnahme erfolgt)
→ Bemerkung auf Actionboard eintragen

Bild 9.16 Visualisierung der Ergebnisse für den Fertigungskoordinator auf Layer 3

Der Werksleiter auditiert den Fertigungsleiter im monatlichen Rhythmus und nutzt hierfür den „Auditbogen Layer 4 Fertigungsleiter" aus Bild 9.17. Der Werksleiter als oberster Layer hat selbst keinen Auditbogen und wird nicht auditiert. Bild 9.18 zeigt die entsprechende Visualisierung der LPA-Ergebnisse.

proAudit LPA Fertigungsbereich B							
Auditbogen Layer 4	Auditor:			Datum:		Uhrzeit:	
Prüfpunkte	Ja	Nein	Grund der Abweichung	Sofortmaßnahme erfolgt		Bemerkung	
				Ja	Nein		
Ist der Arbeitsbereich des Fertigungsleiters sauber und im vorgegebenen Zustand?	○	○		○	○		
Wurde die Arbeitssicherheit eingehalten und dokumentiert?	○	○		○	○		
Wurden Schulungsintervalle durchgeführt und dokumentiert?	○	○		○	○		
Wurde die aktuelle Urlaubsplanung erfasst und dokumentiert?	○	○		○	○		
Wurde die aktuelle Personalplanung erfasst und dokumentiert?	○	○		○	○		
Sind alle Daten am Infopoint erfasst und aktuell?	○	○		○	○		
Wurden aktuelle KPI dokumentiert und veröffentlicht?	○	○		○	○		
Wurden die Kurzpausen eingehalten und dokumentiert?	○	○		○	○		
Wurden die Maßnahmenterminierungspläne nach Zeitplan erledigt?	○	○		○	○		
Wurde die Wirkung der Maßnahmen in den Maßnahmenterminierungsplänen dokumentiert?	○	○		○	○		
Wurden Wartungs- und Reinigungsintervalle für die PCE-Düsen eingehalten und dokumentiert?	○	○		○	○		
Wurden die Reinigungsintervalle der Entgasung eingehalten und dokumentiert?	○	○		○	○		
Wurde proAudit auf den unteren Layern durchgeführt?	○	○		○	○		

Bild 9.17 LPA-Checkliste für den Fertigungsleiter auf Layer 4

Layer 4   **Auditor: Werksleiter**

Januar ●	Februar ○	März	April	Mai	Juni
Juli	August	September	Oktober	November	Dezember

Jahr: 2017

○ grün (konform)
◐ gelb (Sofortmaßnahme erfolgt)
● rot (keine Sofortmaßnahme erfolgt)
  → Bemerkung auf Actionboard eintragen

Bild 9.18 Visualisierung der Ergebnisse für den Fertigungsleiter auf Layer 4

■ 9.6 Maßnahmenverfolgung

Nach der Durchführung der Audits und dem Übertragen der Ergebnisse in die jeweilige Visualisierung am LPA-Board werden die ausgefüllten LPA-Checklisten in zwei bereitgestellte Briefkästen gesteckt:

- Briefkasten mit der Aufschrift „Betriebstechnik" (Bild 9.19):

  Hier werden alle Checklisten gesammelt, die eine Frage beinhalten, welche mit Rot bewertet wird, wobei die Ursache dafür die Betriebstechnik ist. Zusätzlich wird immer für jede rote Abweichung eine Maßnahme am Maßnahmenplan notiert. Dieser Briefkasten wurde zusätzlich angebracht, da sich herausstellte, dass häufig bei einer nicht umsetzbaren Vorgabe die Betriebstechnik für Veränderungen am Extruder und Werkzeug notwendig war. Mit diesem Briefkasten spart man sich den Umweg über die Qualitätssicherung.

Bild 9.19
Briefkasten für alle LPA-Checklisten mit Maßnahmen für die Betriebstechnik

- Briefkasten mit der Aufschrift „Auditbögen" (Bild 9.20):

  Hier werden alle anderen LPA-Checklisten gesammelt.

Bild 9.20
Briefkasten für die ausgefüllten LPA-Checklisten aus allen Layern

Der Qualitätsleiter leert täglich den Briefkasten „Auditbögen", überprüft die Anzahl der durchgeführten Audits und den gegebenenfalls notwendigen Eintrag in dem Maßnahmenplan und unterstützt, koordiniert und verfolgt die Abarbeitung der Maßnahmen.

Beim Briefkasten „Betriebstechnik" treffen sich täglich zu Arbeitsbeginn der Fertigungskoordinator und der Meister der Betriebstechnik, um die Checklisten aus diesem Briefkasten durchzusehen. Sie analysieren die aufgetretenen Probleme der drei vergangenen Schichten. Die Themen, die eine Umsetzung einer Vorgabe verhindert haben, und die notwendigen Maßnahmen werden auf separate Kärtchen aus Kunststoff geschrieben. Der Meister der Betriebstechnik ordnet die einzelnen Kärtchen dann einem bestimmten Bereich zu und hängt die Kärtchen an einen Maßnahmenüberblick (Bild 9.21). Der Maßnahmenüberblick ist unterteilt in „offen", „in Bearbeitung" und „erledigt", die Kärtchen werden dabei an Haken befestigt, lassen sich also leicht entnehmen oder umhängen.

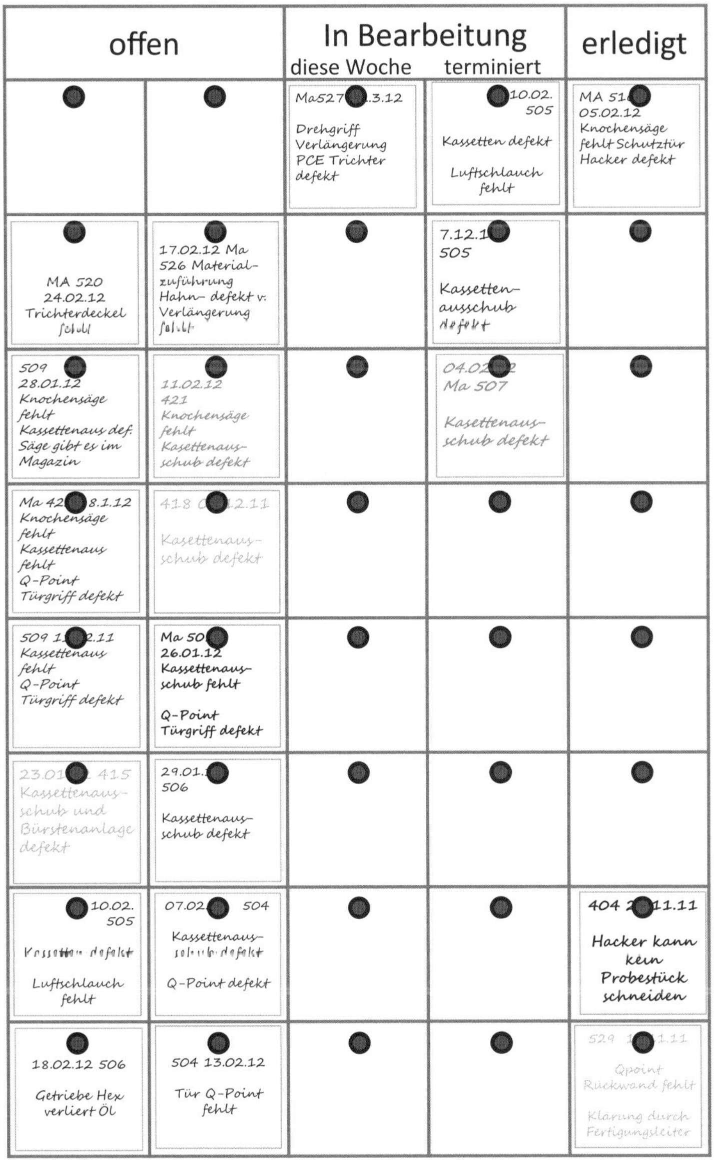

offen		In Bearbeitung diese Woche	terminiert	erledigt
		Ma527 13.3.12 Drehgriff Verlängerung PCE Trichter defekt	10.02. 505 Kassetten defekt Luftschlauch fehlt	MA 514 05.02.12 Knochensäge fehlt Schutztür Hacker defekt
MA 520 24.02.12 Trichterdeckel fehlt	17.02.12 Ma 526 Materialzuführung Hahn- defekt v. Verlängerung fehlt		7.12.11 505 Kassettenausschub defekt	
509 28.01.12 Knochensäge fehlt Kassettenaus def. Säge gibt es im Magazin	11.02.12 421 Knochensäge fehlt Kassettenausschub defekt		04.02.12 Ma 507 Kassettenausschub defekt	
Ma 423 8.1.12 Knochensäge fehlt Kassettenaus fehlt Q-Point Türgriff defekt	418 0 2.11 Kassettenausschub defekt			
509 1. 2.11 Kassettenaus fehlt Q-Point Türgriff defekt	Ma 50 26.01.12 Kassettenausschub fehlt Q-Point Türgriff defekt			
23.01 415 Kassettenausschub und Bürstenanlage defekt	29.01. 506 Kassettenausschub defekt			
10.02. 505 Kassetten defekt Luftschlauch fehlt	07.02. 504 Kassettenausschub defekt Q-Point defekt			404 2 11.11 Hacker kann kein Probestück schneiden
18.02.12 506 Getriebe Hex verliert Öl	504 13.02.12 Tür Q-Point fehlt			529 11.11 Qpoint Rückwand fehlt Klärung durch Fertigungsleiter

Bild 9.21 Maßnahmenüberblick für die Betriebstechnik

Zielsetzung bei dem morgendlichen Gespräch zwischen dem Fertigungskoordinator und dem Meister der Betriebstechnik ist es, dass möglichst jede neue notwendige Maßnahme terminiert wird. Sollten noch durch den Meister der Betriebstechnik Abklärungen für die einzelnen Maßnahmen notwendig sein, kann er die Maßnahme in den Bereich „offen" hängen und diese entweder im Laufe des Tages oder spätestens am nächsten Morgen umhängen.

Für die Mitarbeiter ergibt sich dadurch eine Transparenz über die Art und Weise, wie Behinderungen im Prozess abgestellt werden und welche positiven Konsequenzen die Bewertung Rot hat („Rot ist gut").

■ 9.7 Auswertung

Ein Mitarbeiter aus der Qualitätssicherung überträgt in der LPA-Einführungsphase täglich die ausgefüllten LPA-Checklisten in ein einfaches Auswerteprogramm und analysiert die Ergebnisse, um zusätzliche Erkenntnisse aus den durchgeführten LPAs zu gewinnen. Neben diesen Auswertungen nach dem Anteil der roten, gelben und grünen Bewertungen gibt es Auswertungen über die durchgeführten Audits und die unterschiedlichen Bewertungen je Frage. Bild 9.22 und Bild 9.23 stellen beispielhaft zwei wöchentliche Auswertungen der Layer 1 und 2 dar (A = Ableger, M = Maschinenführer, S = Springer, KW = Kalenderwoche).

Die Auswertung der LPA-Checklisten ist sehr zeitaufwendig und es ist noch nicht klar, ob diese dauerhaft fortgeführt wird.

9.7 Auswertung

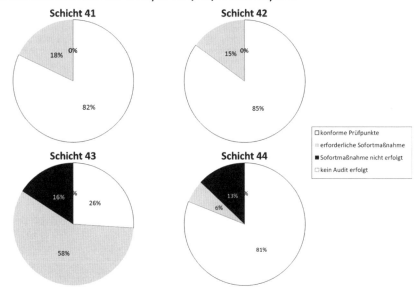

Bild 9.22 LPA-Auswertung der Layer 1 und Layer 2 aus der KW 8

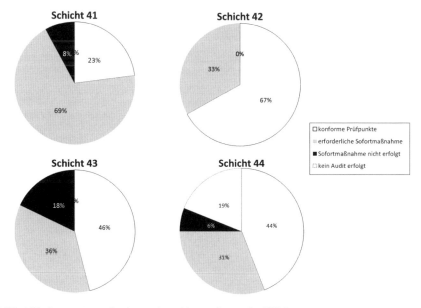

Bild 9.23 LPA-Auswertung der Layer 1 und Layer 2 aus der KW 9

10 Beispiel: LPA in einer rollenorientierten Layer-Struktur

In allen bisher beschriebenen LPA-Vorgehen und Beispielen handelt es sich meistens um bereichs- oder abteilungsinterne Prozesse mit einer klaren hierarchischen Struktur. Die notwendige Layer-Struktur hat sich stark an den aufeinander aufbauenden Führungsebenen orientiert und die Durchführung des LPA und die Führung der Prozesse waren auf eine kleine Anzahl von Führungskräften begrenzt.

In einem Produktentstehungsprozess sind meistens viele unterschiedliche Funktionen über unterschiedliche Hierarchien und Bereiche beteiligt. Manche Führungsaufgaben werden nur temporär wahrgenommen und es gibt gleichzeitig weitere Führungskräfte, die einen Einfluss auf die Umsetzung der Vorgaben durch ihre direkt zugeordneten Mitarbeiter haben. Ein solcher Prozess ist deshalb ein gutes Beispiel für eine komplexe LPA-Einführung, bei der sich die Layer-Struktur an den unterschiedlichen Rollen der Beteiligten orientieren muss und nicht auf einer hierarchischen Struktur aufbauen kann. Daher wird die LPA-Einführung bei rollenorientierter Layer-Struktur anhand eines Produktentstehungsprozesses erläutert.

 LPA im Produktentstehungsprozess überprüft die Umsetzung des Prozesses und nicht die Ergebnisse des Projekts. Es ist kein Projektreview.

Für ein besseres Verständnis der LPA-Umsetzung in diesem Fall wird zuerst der vorhandene Produktentstehungsprozess mit seinen individuellen Zielen, Vorgehensweisen und Begriffen auf den nächsten Seiten erklärt.

Als Produktentstehungsprozess wird der gesamte Prozess, von der ersten Produktidee bis zur erfolgreichen Markteinführung, verstanden. Die erste Produktidee als **Startpunkt** kann theoretisch von jeder beliebigen Stelle im und außerhalb des Unternehmens kommen. Ein definierter Produktentstehungsprozess zeigt an dieser Stelle den Mitarbeitern Vorgehensweisen, wie die Idee im Unternehmen kanalisiert und entschieden werden kann. Die erfolgreiche Markteinführung als **Endpunkt** braucht nachvollziehbare Kriterien für die Bewertung des Erfolgs. Als eine mögliche Form einer verwendbaren Bewertung der erfolgreichen Markteinführung könnte eine Befragung von vorher festgelegten Pilotkunden verwendet werden.

Nach Abschluss des Produktentstehungsprozesses geht das neue Produkt vom Projektmodus über in die Serienbetreuung durch das Produktmanagement. Als Zeitpunkt des Abschlusses könnte acht Wochen nach erfolgreicher Pilotkundenbefragung definiert werden.

Im Zusammenhang mit dem Begriff Produktentstehungsprozess tauchen in unterschiedlichen Unternehmen auch andere Begriffe wie z. B. Product-Life-Cycle Management (PLM), Produktrealisierung, Entwicklung oder Konstruktion auf. Der **Product-Life-Cycle Management Process** ist der Prozess über alle Lebensphasen eines Produkts, also von der ersten Idee bis zur Herausnahme vom Markt. Die Produktentstehung ist ein Teilprozess des PLM. **Entwicklung** kann eine Tätigkeit im PLM oder vielleicht auch eine Abteilung im Unternehmen sein. Das Gleiche gilt für die **Konstruktion**. **Produktrealisierung** wird in einigen Unternehmen als Synonym für Produktentstehung verwendet, in anderen Unternehmen als Prozess der Produktherstellung.

An dem komplexen Beispiel der Produktentstehung lässt sich zeigen, wie mit LPA die Umsetzung des Prozesses verbessert werden kann und damit bessere Prozessergebnisse erreicht werden können. Bessere Prozessergebnisse können eine erfolgreichere Markteinführung, schnellere Durchlaufzeiten (Time-to-Market), eine höhere Produktqualität (Kundenzufriedenheit) und reduzierte Nichtqualitätskosten (Ausschuss, Nacharbeit und Reklamationskosten) sein.

Wie in den vorangegangenen Beispielen gezeigt, kann LPA über Visualisierung, Checklisten und Fragen auf unterschiedliche Prozessergebnisse ausgerichtet werden. Die ausgewählten Messgrößen für die Prozessverbesserung sollten genau betrachtet werden, damit an den richtigen Prozessschritten LPA eine Verbesserung bringen kann. Bild 10.1 zeigt in einem Überblick viele unterschiedliche Start- und Endpunkte für die Time-to-Market und deren Berechnung oder Messung. Bei sechs Start- und sechs Endpunkten würden sich in der Multiplikation 36 theoretische Berechnungsmöglichkeiten ergeben. Die tatsächliche Anzahl der Start- und Endpunkte hängt vom Unternehmen ab.

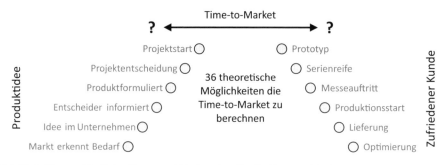

Bild 10.1 Unterschiedliche Start- und Endpunkte für die Time-to-Market

Die Kennzahl Time-to-Market lässt sich anhand der Durchlaufzeiten messen. Wesentliche Unterschiede zeigen sich in der Definition der Start- und Endpunkte. Es gibt Unternehmen, in denen die Prozesse, die der Entwicklung vorgeschaltet sind, nicht zur Time-to-Market zählen. Dazu gehört beispielsweise die Entscheidung, ob eine Produktidee realisiert wird, oder die Planung eines Projekts. Und es gibt Unternehmen, in denen der Endpunkt der Time-to-Market mit einem fertigen Prototyp erreicht ist, oder andere Unternehmen, bei denen dies erst mit einem fertig optimierten Produkt erfolgt.

Aus Kundensicht ist Time-to-Market grundsätzlich die gesamte Zeit, die benötigt wird, bis sein artikulierter Bedarf erfüllt ist. Diese Wartezeit nimmt der Kunde wahr, sie hat Einfluss auf seine Zufriedenheit.

Wenn mit LPA beispielsweise schnellere Durchlaufzeiten erreicht werden sollen, dann muss LPA in den Phasen installiert werden, die am meisten zur Verschwendung von Zeit beitragen.

■ 10.1 Phasen- und Gate-Modell

Abhängig vom Unternehmen durchläuft jedes Entwicklungsprojekt unterschiedliche Phasen zwischen der ersten Produktidee und der erfolgreichen Markteinführung. Diese Phasen sind meistens für alle Produkte des Unternehmens vergleichbar. Darstellbar ist dies anhand des Phasen- und Gate-Modells, das den generellen chronologischen Ablauf eines Entwicklungsprojekts darstellt und Entscheidungspunkte hervorhebt. Jedes Entwicklungsprojekt durchläuft dieses Phasen- und Gate-Modell, von der ersten Idee bis zum erfolgreich in den Markt eingeführten Produkt, in unterschiedlicher Tiefe und Geschwindigkeit.

Bild 10.2 zeigt ein Beispiel für ein Phasen- und Gate-Modell für einen Produktentstehungsprozess. Es beginnt mit der Bedarfsermittlung und endet mit der abgeschlossenen Optimierung des Produkts. Damit ist das Entwicklungsprojekt beendet und das Produkt wird von der Serie oder dem Produktmanagement weiter betreut.

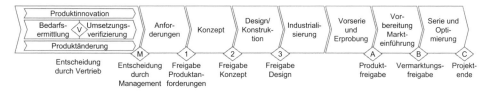

Bild 10.2 Phasen- und Gate-Modell eines Produktentstehungsprozesses

In Bild 10.2 stammen die Ideen für neue Produkte aus drei verschiedenen Kanälen: über eine systematische Bedarfsermittlung aus dem Markt, über eine gesteuerte Produktinnovation oder über notwendige Veränderungen an bestehenden Produkten. Ein Gate ist eine für die Organisation und den Projektleiter verlässliche Stelle der Entscheidung. Nur die Entwicklungsprojekte dürfen weitergehen, die auch die Anforderungen des Gates bestanden haben. Gates finden zwischen einzelnen Phasen statt und sind in Bild 10.2 als Rauten dargestellt. In dem Bild finden sich sieben Gates:

- Gate M: Das Projekt wird mit den notwendigen Ressourcen und Vorgaben gestartet. Ein geplantes Projektende ist definiert und der Projektleiter ist benannt.
- Gate 1: Die Produktanforderungen sind ermittelt und freigegeben.
- Gate 2: Ein geeignetes Produktkonzept zur Erfüllung der Kundenanforderungen ist erstellt und freigegeben.
- Gate 3: Das komplette Design des Produkts (virtueller Prototyp) ist fertiggestellt und freigegeben.
- Gate A: Alle notwendigen technischen Anlagen für die Herstellung des Produkts sind entwickelt, beschafft und die ersten Produkte sind erfolgreich hergestellt. Eine Produktfreigabe ist erfolgt.
- Gate B: Alle notwendigen Prüfungen, Zulassungen, Handbücher, Marketingkonzepte für das Produkt sind erstellt und freigegeben. Das Produkt geht in Serie und Optimierung.
- Gate C: Alle Erfahrungen aus den Kundenbefragungen und der Serienfertigung und -lieferungen sind in das Produkt eingeflossen und umgesetzt. Das Entwicklungsprojekt ist beendet und die weitere Betreuung des Produkts erfolgt durch die Serienbetreuung oder das Produktmanagement.

Ein Gate ist ein Termin mit den für diese Phase wichtigen Entscheidern, dem Auftraggeber und dem Projektleiter eines Projekts. Der Projektleiter präsentiert den aktuellen Status der Entwicklung, die Ergebnisse der vorangegangenen Phase und die Kennzahlen für das laufende Projekt. Im Gate-Termin wird entschieden, ob das Gate bestanden ist oder nicht. Wenn das Gate nicht bestanden ist, kann gegebenenfalls im Projekt nachgearbeitet werden und der Gate-Termin wird wiederholt oder das Projekt wird gestoppt. Wenn das Gate bestanden ist, darf das Projekt in die nächste Phase.

Gates geben der Organisation Sicherheit und es entstehen belastbare Entscheidungen für Projektleiter und sein Projektteam.

In der täglichen Projektarbeit und damit zwischen den Gate-Terminen steuert der Projektleiter sein Projekt mit Meilensteinen. Meilensteine weisen den Projektleiter und sein Team auf wichtige Ereignisse im Projektverlauf hin. Es sind Stellen, an denen das Projekt ins „Stolpern" kommen kann. Diese Stolpersteine werden negiert als Meilensteine im Projektplan aufgenommen und zum entsprechenden Zeitpunkt auf Erfüllung überprüft.

Gates beziehen sich auf die Organisationsebene, Meilensteine auf die Teamebene.

Mit LPA können an den unterschiedlichen Stellen im Produktentstehungsprozess die vorhandenen Vorgaben und Standards in den jeweiligen Entwicklungsprojekten systematisch überprüft und umgesetzt werden.

10.2 Rollen, Prozessbeschreibung und Templates (Formulare)

Für die Umsetzung des Produktentstehungsprozesses durch die Organisation und für die Durchführung von Layered Process Audits durch die unterschiedlichen Führungskräfte werden wiederholbare Vorgaben, Standards oder Prozessbeschreibungen benötigt.

Der Produktentstehungsprozess definiert sich zu einem großen Teil aus Vorgaben und Beschreibungen aus der Aufbau- und Ablauforganisation des Unternehmens. Zu diesen Vorgaben zählen aus der Aufbauorganisation Funktions- und Rollenbeschreibungen der unterschiedlichen Führungsaufgaben in dem Entwicklungsprozess. Zu den Vorgaben und Standards aus der Ablauforganisation zählen alle Prozessbeschreibungen und vorgegebenen Templates (Formulare). Bild 10.3 zeigt die unterschiedlichen Vorgaben, mit denen die Produktentstehung beschrieben wird. Die Ergebnisse aller Projekte in der Produktentstehung werden im Projektcockpit dokumentiert und für jeden Beteiligten transparent dargestellt. Rollenbeschreibungen, Prozessbeschreibungen und Templates sind die Grundlage für die Layered Process Audits.

Als Vorgaben entstehen für den Produktentstehungsprozess:

- **Rollenbeschreibungen**: Aufgaben, die die Führungskräfte in dem Prozess wahrnehmen müssen,
- **Prozessbeschreibungen**: Tätigkeiten in den einzelnen Phasen, die durch Führungskräfte, Projektleiter, Projektteam oder andere Mitarbeiter im Unternehmen umgesetzt werden müssen und
- **Templates**: standardisierte Vorlagen oder Formulare, die durch ihre Form Inhalte und dadurch auch bestimmte Tätigkeiten abfordern.

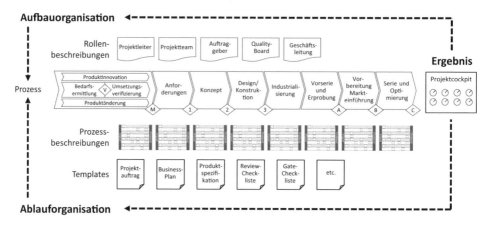

Bild 10.3 Unterschiedliche Vorgaben im Produktentstehungsprozess aus Ablauf- und Aufbauorganisation

Skalierbarkeit der Vorgaben im Produktentstehungsprozess

Die Komplexität der zu entwickelnden Produkte schwankt in jedem Unternehmen. Um nicht unterschiedliche Ausprägungen des Produktentstehungsprozesses gestalten zu müssen, wird der Produktentstehungsprozess „skalierbar" gestaltet. Das heißt, bei einem komplexen Produkt werden alle Rollen, Prozesse und Templates detailliert und bei einem einfachen Produkt nach gemeinsamen Regeln reduziert angewendet. Das Entwicklungsprojekt für die einfacheren Produkte soll durch den Produktentstehungsprozess unterstützt und nicht behindert werden.

Die **Rollen** werden im Projektauftrag definiert. Für einfachere Projekte können auch Rollen zusammengefasst werden.

Die anzuwendenden **Prozesse** werden immer zu Beginn einer Phase im Gate besprochen und festgelegt. Im Gate am Ende der Phase wird die Erfüllung bewertet.

Die **Templates** werden mit dem Projektauftrag oder auch in den Gates festgelegt und sind in sich selbst skalierbar.

10.2.1 Wer ist beteiligt?

Die unterschiedlichen Rollen in dem Produktentstehungsprozess sorgen für das organisatorische Funktionieren der Projekte und für Klarheit, wer die temporären Ansprechpartner in den Projekten sind. Sie haben mehrfachen Einfluss auf das LPA. Zum einen definiert die Rolle, dass die Person auf der Führungsebene darunter ein LPA durchführen muss. Zum anderen müssen die Tätigkeiten der Rolle durch die Führungsebene darüber ebenfalls auditiert werden. Der große Unterschied zum bisherigen LPA ist, dass die Ebenen nicht die jeweils hierarchischen Vorgesetzten sind.

Bild 10.4 zeigt, wie die Rolle des Auftraggebers ein LPA (1) beim Projektleiter über die Umsetzung seiner Projektaufgaben auslöst und wie der Auftraggeber für seine Projektaufgaben ebenfalls ein LPA (2) durch ein Mitglied des Quality Board über die Umsetzung seiner eigenen Aufgaben als Auftraggeber bekommen muss.

Ein regelmäßig durchgeführtes LPA stellt sicher, dass die beteiligten Personen ihre Rolle als Führungskraft wahrnehmen und selbst ihre geplanten Prozesse und Aufgaben durchführen. Die unterschiedlichen Aufgaben der Rollen bilden sich dabei in den jeweiligen LPA-Checklisten ab. Zentral sind dabei:

- Der **Projektleiter** (PL) ist eine temporäre Führungskraft, die über einen gewissen Zeitraum ein Projekt leitet. Er hat bestimmte Aufgaben, die vor allem mit Projektmanagement zu tun haben.
- Das **Projektteam** ist eine temporäre Arbeitsgruppe mit dem Ziel, in einer von der Aufbauorganisation losgelösten Projektorganisation eine Aufgabe in Projektform zu erfüllen. Die temporäre Führungskraft des Projektteams ist der Projektleiter. Teammitglieder sind die Experten aus den beteiligten Disziplinen im Unternehmen, die eine aktive Rolle im Projekt haben. Ihre Aufgaben sind vor allem die inhaltliche und fachliche Arbeit im Entwicklungsprojekt.
- Der **Auftraggeber** (AG) ist der emotionale Unterstützer und oftmals auch der Forderer des Projekts, da er es gestartet und auf den Weg gebracht hat. Ein gutes Produkt kann dann entstehen, wenn ein Mitarbeiter die persönliche Verantwortung dafür übernimmt. Der Auftraggeber ist die Person, die dieses Produkt am Markt haben will und daraus einen Nutzen hat. Er ist der markt- und kundenbezogene Ansprechpartner für Projektleiter und -team und ist in der Lage, die Projektergebnisse zu bewerten.
- Das **Quality Board** (Q) setzt sich zusammen aus den Verantwortlichen der Bereiche Produktmanagement, F&E, Qualität und Werkzeugbau sowie den Projektleitern, Auftraggebern und je nach Projektphase weiteren Abteilungsverantwortlichen. Sie überwachen mit dem Quality Board den Fortschritt aller Entwicklungsprojekte und unterstützen an den Stellen, wo es notwendig ist. Das Quality Board nimmt häufig an den Gate-Meetings der Entwicklungsprojekte teil, bewertet die Entwicklungsreife eines Projekts, entscheidet über die Erfüllung eines Gate und die durchzuführenden Tätigkeiten bis zum nächsten Gate.
- Die **Geschäftsleitung** entscheidet über Projektauswahl, Projektstart oder Projektstopp und wird regelmäßig in die Entscheidungen, wie z. B. in die Gates in Produktentwicklungen, mit einbezogen.

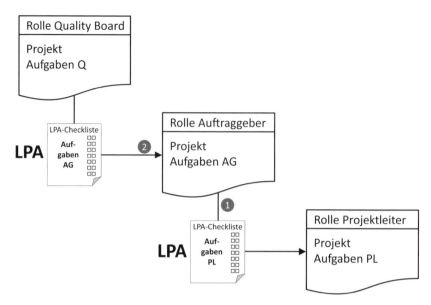

Bild 10.4 Einfluss der Rolle auf die Durchführung von LPA

10.2.2 Prozessbeschreibungen und Templates nutzen

Die beschriebenen Prozesse in dem Produktentstehungsprozess sorgen für eine fachlich und inhaltlich korrekte Entwicklung und Markteinführung eines Produkts. Entwicklungsprozesse bauen auf den Erfahrungen, auf dem Wissen des Unternehmens auf, sind somit Wissensprozesse und verändern sich über die Zeit. Zur Darstellung dieser Prozesse bieten sich Swimlanes an. Swimlanes sind Flussdiagramme und stellen die Prozesstätigkeiten als eine Art Schwimmbahn dar. Die Schwimmbahnen stehen dabei für die unterschiedlichen Bereiche oder Abteilungen im Unternehmen. Jede Phase des Produktentstehungsprozesses kann mit einer Swimlane definiert werden.

> Prozesse lassen sich als Flussdiagramme visualisieren. In Flussdiagrammen ist genau festgelegt, was in welcher Reihenfolge wie zu passieren hat. Ein Flussdiagramm lässt bewusst wenig Freiraum zu. Notwendige Veränderungen werden gesammelt und zu einem bestimmten Zeitpunkt wird das Flussdiagramm überarbeitet und der neue Prozess ist die Vorgabe für die Umsetzung.

In Bild 10.5 ist beispielhaft die Entwicklungsphase „Design/Konstruktion" als Swimlane dargestellt. Die Zeilen oder einzelnen Schwimmbahnen sind die in der Phase beteiligten Abteilungen oder Bereiche im Unternehmen. Die einzelnen grauen Kästchen sind Prozesstätigkeiten in dieser Phase und wurden über die Schwimmbahn einzelnen Abteilungen zugeordnet. Die weißen Kästchen sind Templates oder Vorlagen, die an dieser Stelle angewendet werden sollen. Die Prozesse (Kästchen) sind nicht mit Linien verbunden, um die notwendigen Freiheiten im Projekt zu unterstützen.

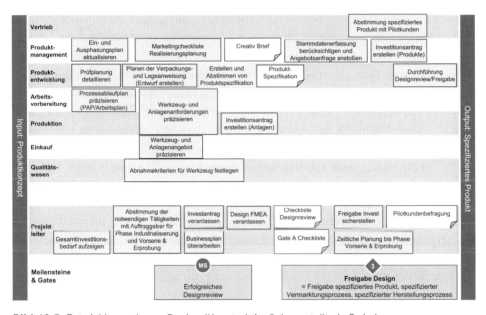

Bild 10.5 Entwicklungsphase „Design/Konstruktion" dargestellt als Swimlane

Die Inhalte in den Swimlanes zeigen die unternehmensspezifische Vorgehensweise für eine ergebnisorientierte Produktentstehung. Die standardisierten Templates (weiße Kästchen in der Swimlane) im Produktentstehungsprozess sorgen dafür, dass die Arbeit in den Projekten effizient ausgeführt wird und die Projekte untereinander vergleichbar sind. Die Vorlagen unterstützen das Projektmanagement dabei, die inhaltliche und fachliche Arbeit zu steuern. LPA hat dabei genauso die Aufgabe, die Umsetzung der Vorlagen in den Bereichen der Projektbeteiligten sicherzustellen. Im Regelfall stehen folgende Vorlagen zur Verfügung:

- Im **Projektauftrag** werden alle Informationen gesammelt, die für einen Projektstart notwendig sind. Er wird durch den Auftraggeber erstellt und dem Projektleiter vor Start des Projekts übergeben. Inhalte sind eine Kurzbeschreibung des zu entwickelnden Produkts, eine grobe zeitliche Planung mit Gates, die Projektorganisation, die kritischen Erfolgsfaktoren, das Projektbudget sowie dessen geforderte Wirtschaftlichkeit.
- Die **Gate-Checkliste** legt fest, welche Tätigkeiten aus der entsprechenden Swimlane bis zur Erreichung des nächsten Gates erfüllt werden müssen. Diese Tätig-

keiten werden durch den Projektleiter und den Auftraggeber festgelegt und durch die Entscheider im Gate für die kommende Phase freigegeben. Bei den stattfindenden Gate-Terminen wird die Checkliste der vergangenen Phase auf Erfüllung überprüft und die Checkliste für die folgende Phase freigegeben.

- Die **Review**-**Checkliste** hilft dem Projektleiter, die Meinungen und Erfahrungen zum aktuellen Entwicklungsstand aus seinem Projektteam zusammenzuführen. Ziel ist es, den aktuellen Stand der Entwicklung durch die Projektbeteiligten für ein Gate freizugeben oder gegebenenfalls notwendige Gegenmaßnahmen einzuleiten.
- Der **Business-Plan** dient dazu, die Wirtschaftlichkeit eines Entwicklungsprojekts zu überwachen. Es wird die Amortisationsdauer für ein Produkt abgeleitet und in regelmäßigen Abständen ein Abgleich zwischen Plan und Ist durchgeführt. Die Betrachtung der Amortisationsdauer ist ein wesentlicher Bestandteil eines Gate-Termins.
- Eine **skalierbare und tabellarische Produktspezifikation** wächst mit den Fortschritten im Entwicklungsprojekt und ist das zentrale Dokument der Entwicklung. Sie führt das Entwicklungsteam von der ersten Idee bis hin zur Serienreife des Produkts. Es entfällt die Trennung in Lasten- und Pflichtenheft und die Testspezifikation. Das Dokument ist tabellarisch aufgebaut und in drei Teile gegliedert: die Anforderungen an das neue Produkt, die technischen Lösungen für die Anforderungen und die Prüfung und Bewertung für die Umsetzung der technischen Lösungen.

Je nach Unternehmen und Projekt werden weitere individuelle Vorlagen und Checklisten hinzukommen.

Die einzelnen Prozesstätigkeiten in der Swimlane sind zusätzliche LPA-Fragen für das Layered Process Audit. Wenn eine Rolle nicht als eigene Schwimmbahn auftaucht, gibt es keinen zusätzlichen Input für das LPA. Im LPA wird nur nach in der Rollenbeschreibung formulierten Aufgaben gefragt.

In dem Beispiel leiten sich aus der für den Projektleiter relevanten Schwimmbahn LPA-Fragen ab, die in die LPA-Checkliste aufgenommen werden (Bild 10.6). Der Auftraggeber führt das Audit beim Projektleiter mit der LPA-Checkliste durch und überprüft damit, ob der Projektleiter seine Aufgaben, seine Prozesstätigkeiten und seine Templates im Entwicklungsprojekt umgesetzt hat.

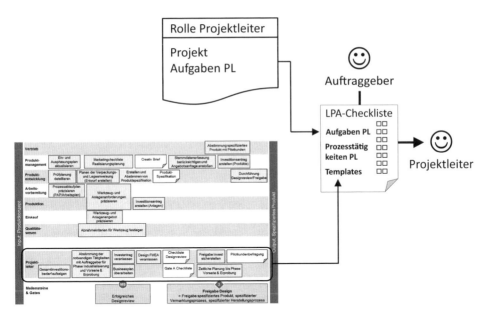

Bild 10.6 Einfluss der Prozesstätigkeiten und Templates auf die Durchführung von LPA
(PL – Projektleiter)

10.2.3 Projektcockpit: Überblick schaffen

Das Projektcockpit zeigt einen Überblick über alle Entwicklungsprojekte mit ihren Ansprechpartnern, Budgets, einer Projektbewertung durch den Projektleiter, Kennzahlen und den zeitlichen Bearbeitungsstatus. Es sorgt für Transparenz und Vergleichbarkeit für alle Entwicklungsprojekte. Die Beteiligten sollten das Projektcockpit gemeinsam füllen und nutzen und sich damit auf dem Laufenden halten. Beteiligt sind zumeist daran:

- Die **Projektleiter** tragen wöchentlich die aktuellen Kennzahlen und Termine ein und bewerten den Status ihrer Projekte.
- Die **Auftraggeber** überprüfen monatlich die Angaben zu ihren Produkten oder Entwicklungsprojekten.
- Die **Bereichsleiter** können anhand der geplanten Gates erkennen, welche Projekte zu welchem Zeitpunkt in ihrem Bereich aktiv sind.
- Das **Quality Board** unterstützt die Projektleiter bei Bedarf und reagiert bei Projekten, die in Verzug geraten. Monatlich präsentiert das Quality Board den Status der Projekte bei der Geschäftsführung.
- Die **Geschäftsführung** achtet darauf, dass das Projekt innerhalb des veranschlagten Budgets die geplanten Ergebnisse termingerecht erreicht.

Bild 10.7 zeigt ein Beispiel eines Projektcockpits mit den aktuellen Entwicklungsprojekten in den Zeilen. In der linken Hälfte werden die Projekte zugeordnet, bewertet und die aktuellen Kennzahlen festgehalten. In der rechten Hälfte finden sich für jedes Projekt auf dem Zeitstrahl (Kalenderwochen) die geplanten, verschobenen, bestandenen und nicht bestandenen Gates.

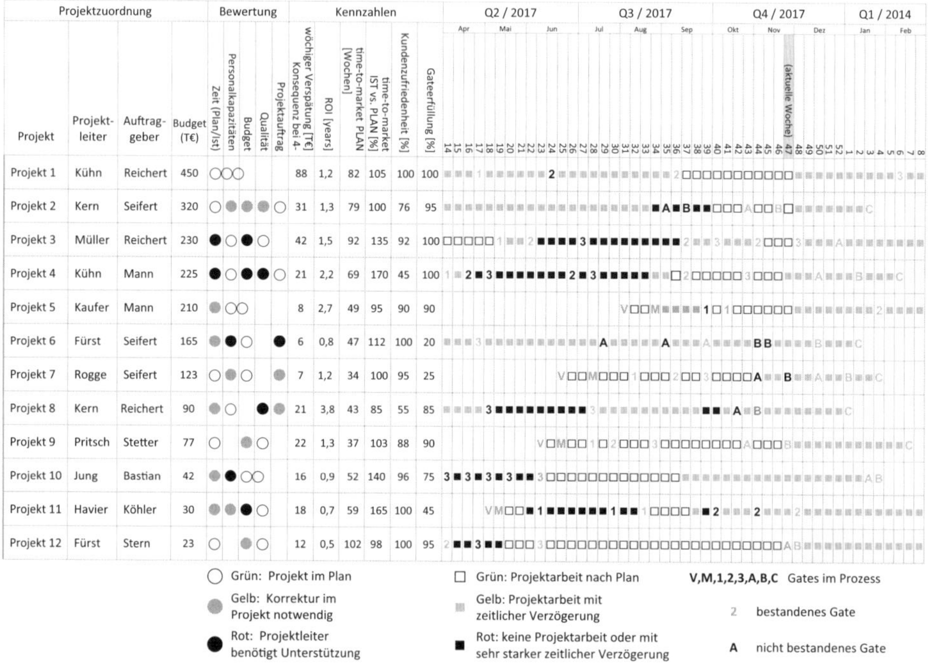

Bild 10.7 Projektcockpit für alle Entwicklungsprojekte

Das Projektcockpit kann als Excel-Dokument realisiert sowie als Ausdruck in den betroffenen Abteilungen ausgehängt werden und sollte aus folgenden Elementen bestehen:

- **Projektzuordnung:**
  - **Projekt:** Titel des Entwicklungsprojekts gegebenenfalls inklusive der internen Nummerierung
  - **Projektleiter:** Name des Projektleiters
  - **Auftraggeber:** Name des Auftraggebers
- **Budget (T€):** laut Projektauftrag geplantes Budget in Tausend-€
- **Wöchentliche Bewertung eines Entwicklungsprojekts:**
  - **Zeit (Plan/Ist):** Die Bewertung ermöglicht eine Vorausschau, ob die zeitliche Planung, wie im Projektauftrag angegeben, erfüllt wird.

- **Personalkapazitäten:** Die Bewertung bietet eine Vorausschau, ob die zur Verfügung gestellten personellen Kapazitäten für die Erfüllung der Projektergebnisse ausreichend sind.
- **Budget:** Die Bewertung gibt eine Vorausschau, ob das Projekt im Budget, wie im Projektauftrag vermerkt, bleiben wird.
- **Qualität:** Die Bewertung gibt eine Vorausschau, ob die Qualität der Projektergebnisse zur Erreichung der Produktanforderungen führt.
- **Projektauftrag:** Die Bewertung gibt an, ob ein unterschriebener Projektauftrag vorliegt.
- **Kennzahlen im Projektcockpit:**
  - **Konsequenz bei vierwöchiger Verspätung:** Diese Kennzahl gibt an, mit welchen Umsatzverlusten bei einer vierwöchigen Verspätung der Markteinführung zu rechnen ist.
  - **ROI:** Die Kennzahl Return-of-Investment (ROI) gibt an, innerhalb wie vieler Jahre die Investitionskosten amortisiert und die Projektkosten durch die Einnahmen gedeckt sind.
  - **Time-to-Market PLAN (Wochen):** Diese Kennzahl gibt an, in wie vielen Wochen die Realisierung der Produktidee bis zum zufriedenen Kunden geplant war.
  - **Time-to-Market IST vs. PLAN (%):** Die Kennzahl gibt an, wie viel Prozent die aktuell geplante Projektdauer (inkl. aller Verzögerungen) im Vergleich zur ursprünglich geplanten Projektdauer beträgt.
  - **Kundenzufriedenheit (%):** Die Kundenzufriedenheit spiegelt die Ergebnisse aus einer durchgeführten Kundenbefragung wider. 100 % bedeutet, alle Kundenanforderungen können mit dem entwickelten Projekt erfüllt werden. 0 % bedeutet, keine der Kundenanforderungen kann mit dem entwickelten Produkt erfüllt werden.
  - **Gate-Erfüllung:** Gibt den Erfüllungswert des zuletzt durchgeführten Gate wieder. 100 % bedeutet, dass alle Gate-Kriterien erfüllt wurden, 0 % bedeutet, dass keines der Gate-Kriterien erfüllt wurde.
- **Zeitlicher Verlauf:** Der zeitliche Verlauf ist bis auf Kalenderwochen detailliert. Es ist der bisherige zeitliche Verlauf der Projekte bis zur aktuellen Kalenderwoche dargestellt. Der zeitliche Verlauf in den künftigen Wochen stellt die weitere Planung in einem Entwicklungsprojekt dar.

Tabelle 10.1 gibt einen Überblick, welche Aufgaben der jeweiligen Rolle im Projektcockpit überprüft werden können. Damit hilft das Projektcockpit bei der Durchführung des Layered Process Audit. Es geht bei der Überprüfung nicht um den tatsächlichen Wert, sondern um die Erledigung der dafür notwendigen Tätigkeiten. Die entsprechenden Nachweise für die unterschiedlichen Rollen werden bei den jeweiligen Audits mit abgefragt.

Tabelle 10.1 Rollen und relevante Aufgaben im Projektcockpit

Rolle	Aufgabe	Nachweis im Projektcockpit
Projektleiter	Projektmanagement	Benannte Ansprechpartner, aktuelle Bewertung und Kennzahlen, Gate-Termine geplant, durchgeführt und bestanden
Auftraggeber	Projektplanung und Projektcontrolling	Logik der Gate-Termine und Aktualität der Daten
Bereichsleiter	Bereitstellung von Ressourcen für bestimmte Projektphasen	Gate-Termine geplant, durchgeführt und bestanden
Quality Board	Multiprojektmanagement Ressourcenbereitstellung	Bei Abweichungen in der Planung oder der Ergebniserreichung wurde durch das Quality Board reagiert.
Geschäftsführung	Ergebnisverantwortung	Projektbewertung, Kennzahlen, Status Gate-Termine, Reaktionen durch Quality Board

10.3 Auditfrequenzen, Fragen und Visualisierung

Die Layer-Struktur und die Vorgehensweise zur Durchführung der LPAs im Produktentstehungsprozess weichen von der bekannten Vorgehensweise in Bereichen wie Fertigung, Montage oder Produktion ab. Es gibt keine linearen Hierarchien, sondern bereichsübergreifende und gegebenenfalls standortübergreifende Zusammenarbeit und somit keine Layer-Struktur, die sich an den gegebenen Hierarchien orientiert. Die Layer-Struktur in der Produktentstehung orientiert sich an den unterschiedlichen Rollen der Produktentstehung (Bild 10.8).

Tabelle 10.2 zeigt unterschiedliche LPAs aus Bild 10.8 und welche Auditoren welche Rollen mit welchen Inhalten in welcher Frequenz auditieren. Die aufgelisteten Audits sind die theoretisch maximale Anzahl. In Summe ergibt sich für dieses Beispiel mit 40 Entwicklungsprojekten ein jährlicher Aufwand von ca. zwei Personenwochen oder von zwei Stunden pro Entwicklungsprojekt. Nicht mit eingerechnet sind alle Aufwände für die Entwicklung des Auditsystems, die Vorbereitung der Audits und die notwendigen Korrekturmaßnahmen aus den LPAs.

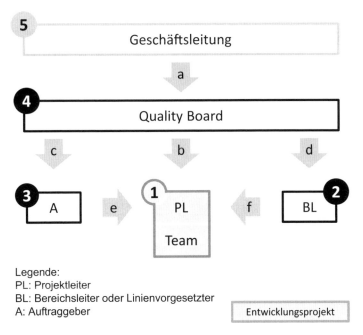

Bild 10.8 Layer-Struktur und mögliche LPAs im Produktentstehungsprozess

Tabelle 10.2 Aufwände für LPAs in einem Produktentstehungsprozess mit ca. 40 laufenden Entwicklungsprojekten und einem jährlichen Entwicklungsbudget von ca. 14 Mio. Euro.

	Auditor	Auditierter	Anzahl Auditoren und Auditierte	Inhalt	Frequenz	Visualisierung	Anzahl LPA/a	Dauer LPA in min	Aufwand in h/a für zwei Personen
a	Geschäftsleitung (jedes Mitglied der Geschäftsführung muss ca. einmal im Quartal ein Audit durchführen)	Quality Board (jedes Mitglied wird ca. zweimal jährlich auditiert)	zwei bis vier Mitglieder in der Geschäftsführung vier bis sechs Mitglieder im Quality Board	Entwicklungsstandards, Projektergebnisse und notwendige Reaktionen durch Quality Board	1/Monat	Projektcockpit	12	20	8 h

Tabelle 10.2 *Fortsetzung*

	Auditor	Auditierter	Anzahl Auditoren und Auditierte	Inhalt	Frequenz	Visualisierung	Anzahl LPA/a	Dauer LPA in min	Aufwand in h/a für zwei Personen
b	Quality Board *(jedes Mitglied des Quality Board muss ca. alle sechs Wochen ein Audit durchführen)*	Projektleiter *(jeder Projektleiter wird ca. zweimal jährlich auditiert)*	vier bis sechs Mitglieder im Quality Board ca. 25 Projektleiter	Projektmanagement, Termine und Budget	1/Woche	Projektcockpit	50	5 min	8 h
c	Quality Board *(jedes Mitglied des Quality Board muss ca. alle zwei Monate ein Audit durchführen)*	Auftraggeber *(jeder Auftraggeber wird ca. 1,5 Mal jährlich auditiert)*	vier bis sechs Mitglieder im Quality Board ca. 20 Auftraggeber	Projektauftrag, Abstimmung Arbeitspakete, Status, Kundenabstimmung, Konfliktlösung	2/Monat	Projektcockpit	24	10 min	8 h
d	Quality Board *(jedes Mitglied des Quality Board muss ca. zwei- bis dreimal im Jahr ein Audit durchführen)*	Bereichsleiter *(jeder Bereichsleiter wird ca. 1,5 Mal jährlich auditiert)*	vier bis sechs Mitglieder im Quality Board ca. sechs bis acht Bereichsleiter	Standards, Ressourcenbereitstellung, Information, Konfliktlösung, Dokumentation	1/Monat	bereichsspezifische Visualisierung	12	10 min	4 h
e	Auftraggeber *(jeder Auftraggeber muss ca. acht Audits im Jahr durchführen)*	Projektleiter *(jeder Projektleiter wird ca. viermal jährlich auditiert)*	ca. 20 Auftraggeber ca. 40 Projektleiter	Aktualität des Projektcockpits, Standards und Ergebnisse mit Kundenrelevanz	1/Quartal für jedes Projekt	Projektcockpit	160	5 min	26 h

Tabelle 10.2 *Fortsetzung*

Auditor	Auditierter	Anzahl Auditoren und Auditierte	Inhalt	Frequenz	Visualisierung	Anzahl LPA/a	Dauer LPA in min	Aufwand in h/a für zwei Personen
f	Bereichsleiter *(jeder Bereichsleiter muss ca. ein Audit im Monat durchführen)*	Projektmitarbeiter *(jeder Projektmitarbeiter wird ca. einmal jährlich auditiert)*	ca. sechs bis acht Bereichsleiter ca. drei Projektmitarbeiter/Projekt ca. 120 Projektmitarbeiter in allen Projekten durchschnittlich ca. 15 Projektmitarbeiter in jedem Bereich	bereichsspezifische Standards, Ressourcen, Konfliktlösung, Dokumentation	1/Monat	bereichsspezifische Visualisierung	120	5 min	20 h

 Der Entwicklungsprozess gewinnt mit LPA Stabilität bei geringem Aufwand.

10.3.1 Geschäftsleitung auditiert Quality Board

Die Aufgabe des Quality Board ist es, den Projektfortschritt aller Projekte zu überwachen, Konflikte in den Projekten zu klären, zu lösen und den Produktentstehungsprozess weiterzuentwickeln. Die Leistung des Quality Board zeigt sich im Projektcockpit. Durch das Audit sollen die Geschäftsführung und das Quality Board alle notwendigen Tätigkeiten sichern, die zum erfolgreichen Führen und Abschließen der Projekte notwendig sind.

Der Entwicklungsleiter als Mitglied des Quality Board hat die Aufgabe, das Projektcockpit und den Status der Entwicklungsprojekte einmal pro Monat der Geschäftsleitung vorzustellen. Das Audit erfolgt im Anschluss des Treffens. Einer der Geschäftsführer sollte dabei konsequent die LPA-Fragen nach der Präsentation abfragen. Die Ergebnisse aus dem Audit werden dann im Projektcockpit visualisiert.

Beispiele für LPA-Fragen

- Wurden alle Gates wie geplant durchgeführt?
- Sind alle Entwicklungsstandards in den Projekten eingehalten worden?
- Sind die notwendigen Reaktionen bei roter Bewertung im Projektcockpit durch das Quality Board erfolgt?

10.3.2 Quality Board auditiert Projektleiter

Aufgabe des Projektleiters ist es, ein erfolgreiches Projektmanagement durchzuführen, die geforderte Qualität des Produkts zu erreichen und alle Termine, das geplante Budget und die geplanten Ressourcen einzuhalten. Dies sollte in einem wöchentlichen Audit überprüft werden und die Ergebnisse aus den durchgeführten Audits sollten im Projektcockpit visualisiert werden.

Der Projektleiter pflegt in dem in Bild 10.7 dargestellten Beispiel jeden Freitag das Projektcockpit und bringt sein Projekt auf den aktuellen Stand, die darüberliegenden Layer sind damit entsprechend informiert. Jeden Montag führt ein Mitglied des Quality Board ein LPA durch und ruft bestimmte Projektleiter an. Dies funktioniert telefonisch problemlos, da alles im Projektcockpit dokumentiert ist, alle auf dem gleichen Informationsstand sind und die Projektleiter auf etwaige Fragen des Entwicklungsleiters vorbereitet sind.

Beispiele für LPA-Fragen

- Sind die Kennzahlen im Cockpit aktuell?
- Ist der zeitliche Verlauf im Projektcockpit aktuell?
- Werden alle Gate-Termine wie geplant durchgeführt?
- Wurde die Akzeptanz des Pilotkunden für das neue Produkt abgefragt?
- Sind die standardisierten Vorlagen wie vorgesehen verwendet?

10.3.3 Quality Board auditiert Auftraggeber

Der Auftraggeber will in der Regel den Nutzen des Projekts und den Erfolg am Markt. Er definiert dementsprechend die Anforderungen und Nutzen aus Kundensicht und muss dabei einen Großteil der Kundenabstimmung übernehmen, die offiziellen Termine klären und Kundenbefragungen durchführen. Der Auftraggeber sollte von einem der Mitglieder des Quality Board auditiert werden. In unserem

Beispiel erfolgt dies zweimal pro Monat. Die Ergebnisse aus dem LPA sollten dann im Projektcockpit visualisiert werden. Im Beispiel haben die LPA-Fragen einen allgemeinen Teil zum Projekt und einen phasenspezifischen Teil.

Beispiele für LPA-Fragen

- Wurden klar definierte und verbindliche Leistungen oder Produkte beauftragt und werden diese immer wieder abgenommen?
- Werden die Arbeitspakete bis zum nächsten Gate zwischen Auftraggeber und Projektleiter abgestimmt?
- Werden alle markt- und kundenseitigen Informationen und Anforderungen zeitnah und vollständig ins Projekt eingebracht?
- Wird sichergestellt, dass die Darstellung (Termine, Kennzahlen, Ampelbewertung) des Projekts im Projektcockpit dem tatsächlichen Projektstand entspricht?
- Wird das Projekt mit den relevanten Marktverantwortlichen abgestimmt?
- Wird zwischen Leistungsempfänger/Nutzer/Kunden und Projektleiter ausreichend kommuniziert?
- Wird der Projektleiter bei der Definition der Ressourcen und bei der Ressourcenbeschaffung (Team, Human-Ressourcen, Finanzen) unterstützt?
- Arbeitet der Auftraggeber mit dem Projektleiter aktiv zusammen?
- Werden Änderungen auf Machbarkeit und Auswirkungen (Qualität, Budget, Termin, Business-Plan) gemeinsam mit dem Projektleiter bewertet?
- Werden Konfliktsituationen aufgezeigt, bewertet und schnell geklärt?
- Wird die im Produktentstehungsprozess verankerte Kundenbefragung durchgeführt?

10.3.4 Quality Board auditiert Bereichsleiter

Der Linienvorgesetzte stellt sicher, dass der Produktentstehungsprozess in seinem Fachbereich umgesetzt wird. Er trägt die Verantwortung für die fachlich korrekte Umsetzung der Arbeitspakete. In dem Beispiel sollte jeden Monat ein Audit bei einem Bereichsleiter stattfinden und durch ein Mitglied des Quality Board erfolgen. Auch hier sollten die Auditergebnisse im Projektcockpit dokumentiert werden. Die Fragen im LPA sind dabei allgemein und nicht phasenspezifisch und leiten sich aus den Herausforderungen ab.

Beispiele für LPA-Fragen

- Wird der PLM-Prozess (PLM = Product-Life-Cycle Management) mit seinen Arbeitspaketen im Fachbereich korrekt umgesetzt?
- Werden die notwendigen Ressourcen aus dem Fachbereich dem Projekt zur Verfügung gestellt?
- Wird der Linienvorgesetzte durch das Projektmitglied aus seinem Bereich regelmäßig über das Projekt informiert?
- Unterstützt der Fachbereich bei der Lösung von Konflikten und Eskalationen?
- Wird die PLM-relevante Dokumentationspflicht im Fachbereich eingehalten?
- Werden der Fachbereich und die betroffenen Mitarbeiter über die aktuellen Entwicklungsprojekte und die Beteiligung des Fachbereichs informiert?
- Werden die wöchentlichen PLM-Prozessmeetings durchgeführt und auf der Tafel dokumentiert?

10.3.5 Auftraggeber auditiert Projektleiter

Mit diesem Audit sollen Projektleiter und Auftraggeber gemeinsam sicherstellen, dass alle notwendigen Standards im Projekt eingehalten werden. Das Audit wird im Rahmen der regelmäßigen Abstimmung zwischen Projektleiter und Auftraggeber durchgeführt und soll einmal jedes Quartal für jedes Projekt stattfinden. Auch diese Ergebnisse sollten wieder direkt im Projektcockpit dokumentiert werden.

Beispiele für LPA-Fragen

- Werden die geplanten Termine eingehalten?
- Sind die gewählten Status im Projektcockpit realistisch?
- Wurde die Gate-Checkliste eingehalten?
- Werden die Design Reviews richtig durchgeführt?

10.3.6 Bereichsleiter auditiert Projektteam

Aufgaben des Bereichsleiters sind im Regelfall die Einhaltung der bereichsspezifischen Standards und die Lieferung der für das Entwicklungsprojekt notwendigen Ergebnisse in richtiger Qualität innerhalb der richtigen Zeit. Jedes laufende Projekt im Bereich sollte in dem Beispiel einmal monatlich durch LPA auditiert werden. Der Bereichsleiter wählt ein Projekt aus und auditiert alle an dem Projekt beteiligten Mitarbeiter. Anschließend wird das Ergebnis des LPA an der Bereichsvisualisierung dokumentiert.

Beispiele für LPA-Fragen

- Werden alle zugesagten Maßnahmen an das Projekt fristgerecht erfüllt?
- Werden die relevanten Standards des Bereichs eingehalten?
- Reichen die geplanten Ressourcen für das Projekt aus?
- Werden die bereichsspezifischen Standards im Entwicklungsprozess umgesetzt?
- Werden die Fähigkeitsuntersuchungen an neuen Werkzeugen durchgeführt?

10.4 Wirksamkeit überprüfen

Die LPAs bei der Produktentstehung konzentrieren sich in erster Linie darauf, dass alle Entwicklungsprojekte nach den festgelegten Prozessen abgewickelt werden. Die Umsetzung der definierten Produktentstehung sowie die Aufgabenerfüllung der beteiligten Rollen werden abgefragt und sichergestellt. Der Fokus liegt nicht darauf, die Weiterentwicklung des Produktentstehungsprozesses zu forcieren.

10.4.1 Prinzipien der Verbesserung

In der Umsetzung der Rollen, Prozesse und Templates gibt es Wechselwirkungen und Beziehungen, die erfüllt sein müssen, damit die Produktentstehung erfolgreich ist. Diese Prinzipien sind die Verbindung zwischen den Vorgaben und Standards aus der Aufbau- und Ablauforganisation und zeigen, was einen Prozess effektiv und effizient macht. Effektiv bedeutet, die Prozessbeteiligten machen die richtigen Dinge und Prozessschritte im Projekt, ohne eine Fehlleistung in Form von unnötigen Schleifen oder Nacharbeit. Effizient bedeutet, dass die Tätigkeiten und Prozessschritte möglichst beim ersten Versuch richtig umgesetzt werden.

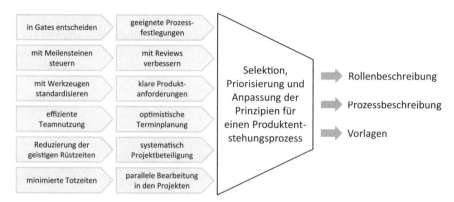

Bild 10.9 Prinzipien für eine erfolgreiche Produktentstehung

Bild 10.9 zeigt die Prinzipien, die für einen Produktentstehungsprozess je nach Unternehmen, Projekt und Herausforderung selektiert, priorisiert und angepasst in die Rollenbeschreibungen, Prozessbeschreibungen und Vorlagen einfließen. Die Prinzipien sind Gestaltungsrichtlinien für einen Produktentstehungsprozess:

- **In Gates entscheiden:** In geplanten Gates werden belastbare Entscheidungen für das Projekt und das Projektteam mit den Entscheidern herbeigeführt. Die Teams können auf diesem Fundament ihre Arbeit weiterführen und beschleunigen.
- **Mit Meilensteinen steuern:** Die bekannten Stolpersteine im Projektverlauf werden als notwendige Meilensteine für die Projektsteuerung vom Projektteam festgelegt.
- **Mit Werkzeugen standardisieren:** Erkennen und Einsetzen von geeigneten skalierbaren Standards und systematischen Werkzeugen im Produktentstehungsprozess.
- **Effiziente Teamnutzung:** Eindeutig festgelegte, transparente Aufgabenverteilung und abgestimmte Zusammenarbeit im Entwicklungsprozess verbessern die Effizienz.
- **Reduzierung der geistigen Rüstzeit:** Wenige parallele Projekte reduzieren die geistigen Rüstzeiten für die Mitarbeiter.
- **Minimierte Totzeiten:** Erkennen und Beseitigen der Totzeiten im Entwicklungsprozess reduzieren sofort die Durchlaufzeit des Entwicklungsprojekts.
- **Geeignete Prozessfestlegungen:** Die Prozesse werden in geeigneter, anpassbarer und umsetzbarer Form festgelegt und dargestellt.
- **Mit Reviews verbessern:** Reviews der Entwicklung werden an geeigneten Stellen im Entwicklungsprozess durchgeführt, um Probleme am Produkt oder im Projekt früh zu identifizieren.
- **Klare Produktanforderungen:** Produktanforderungen sind vor Projektbeginn analysiert, festgelegt und über den gesamten Entwicklungsprozess in ihren Ergebnissen transparent.

- **Optimistische Terminplanung:** Termine orientieren sich an der optimistischen Bearbeitungszeit. Risiken werden über einen globalen Projektpuffer abgesichert.
- **Systematische Projektbeteiligung:** Die notwendigen Projektbeteiligten und Ansprechpartner werden zur richtigen Zeit und im notwendigen Umfang an den Entwicklungsprojekten benannt und beteiligt.
- **Parallele Bearbeitung in den Projekten:** Parallele Bearbeitung im Projekt reduziert die Durchlaufzeit.

Prinzipien	Rollen				Prozesse									Vorlagen				
	Projektleiter	Projektteam	Auftraggeber	Quality Board	Geschäftsleitung	Bedarfsermittlung	Umsetzungsverifizierung	Anforderungen	Konzept	Design	Industrialisierung	Vorserie und Erprobung	Vorbereitung Markteinführung	Serie und Optimierung	Projektauftrag	Gate – Checkliste	Review – Checkliste	Business – Plan	Skalierbare Produktspezifikation
in Gates entscheiden	●		●		●			●	●	●	●	●	●	●	●			●	●
mit Meilensteinen steuern	●	●						●	●	●	●	●	●	●					
mit Reviews verbessern	●	●	●														●		●
geeignete Prozessfestlegungen				◐	◐	●	●	●	●	●	●	●	●	●	●				
mit Werkzeugen standardisieren							●	●	●	●	●	●	●	●	◐	◐	◐	◐	◐
klare Produktanforderungen	◐		●					●	●						●		◐	●	●
systematisch Projektbeteiligung	●	●	●												●	●	●		●
effiziente Nutzung der Teams	●	●														◐		●	●
optimistische Terminplanung	●	●	●		●			●	●	◐	◐	◐	◐	◐					
reduzierte geistige Rüstzeiten	●	●		●	●			◐	◐	◐	◐	◐	◐			●			
minimierte Totzeiten	●	●										●	◐		◐				
parallele Bearbeitung in den Projekten			●	●	●			◐	◐	◐	◐	◐	◐	◐	◐				●

● Starker Zusammenhang mit Prinzip
◐ Mäßiger Zusammenhang mit Prinzip

Bild 10.10 Zusammenhang Prinzipien mit Rollen, Prozessen und Vorlagen

Jedes dieser Prinzipien ist in einer Ausprägung in den Rollenbeschreibungen, Prozessbeschreibungen und Vorlagen verankert. Bild 10.10 veranschaulicht den Zusammenhang.

10.4.2 Verbesserungen sicherstellen

Die Leistungsfähigkeit eines Prozesses und die Umsetzung der Prinzipien sollten in regelmäßigen Abständen überprüft werden. Dafür eignen sich Layer Process Reviews, die zwischen Quality Board und Geschäftsleitung durchgeführt werden.

Das Quality Board hat die Verantwortung für den Produktentstehungsprozess und stellt sicher, dass die Ergebnisse aus den LPAs und die Kennzahlen für die Verbesserung des Produktentstehungsprozesses genutzt werden. Es führt die Audits bei Auftraggeber, Projektleiter und Bereichsleiter durch und sammelt dadurch im Laufe der Zeit viele Informationen an, wie z. B.:

- umgesetzte Fragen,
- nachträglich umgesetzte Fragen,
- nicht umsetzbare Fragen,
- notwendige Maßnahmen für die Umsetzung der Vorgabe,
- notwendige Veränderungen in den Vorgaben,
- Ergebnisse aus den Produkten am Markt,
- Fehler aus den Produkten am Markt.

Bild 10.11 zeigt die Vorgehensweise für die Bewertung der Produktentstehung im Layered Process Review. Die wöchentlichen Audits der Projektleiter, Projektteams und Auftraggeber liefern Ergebnisse, welche das Quality Board auswertet und halbjährlich der Geschäftsleitung vorstellt, um Verbesserungen an der Produktentstehung daraus abzuleiten.

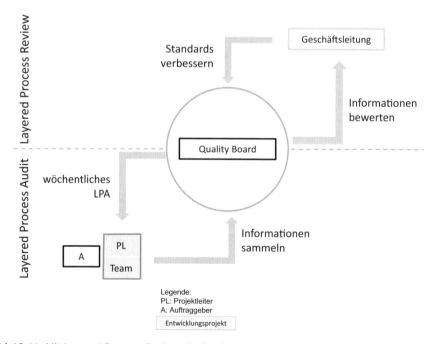

Bild 10.11 Mit Layered Process Review die Produktentstehung überprüfen

Beispiele für Fragen eines Layered Process Review

- Werden die Gates wie vorgesehen durchgeführt?
- Sind in den Projektplänen der Projekte Meilensteine eingetragen, helfen diese, die Projektteams zu steuern?
- Werden Reviews an den entscheidenden Stellen im Prozess durchgeführt?
- Entspricht das Phasen- und Gate-Modell der Realität und entspricht die Realität dem Phasen- und Gate-Modell?
- Sind die Aufgaben in den Swimlanes die richtigen Tätigkeiten?
- Sind die verwendeten Werkzeuge und Vorlagen im Prozess die richtigen?
- Wie gut können die Produktanforderungen, die der Projektorganisation bereitgestellt werden, genutzt werden?
- Wie gut funktioniert die Beteiligung in den Projekten?
- Wie oft entstehen Totzeiten in den Projekten, wie gut funktioniert die Übergabe von Arbeitspaketen?
- Werden globale Projektpuffer für eine optimistische Projektplanung genutzt?
- Werden die Prinzipien für eine erfolgreiche Produktentstehung in der Aufbau- und Ablauforganisation umgesetzt?
- Werden mit den aktuellen Ergebnissen und Leistungskennzahlen der Produktentstehung die Zielvorgaben erreicht?
- Welche Produkterfolge oder Nichterfolge wurden am Markt realisiert?
- Wie gut werden die Prozessvorgaben in den Projekten umgesetzt?
- Welche LPA-Fragen müssen geändert oder ergänzt werden?

Aus diesem Layered Process Review lassen sich Handlungsfelder ableiten, wie die Produktentstehung verbessert werden kann. Die Verbesserungen fließen zurück in die Standards für Prozesse und Rollen. LPA kann wiederum die Umsetzung der verbesserten Standards sicherstellen.

Literatur

AIAG (Hrsg.): Continuous Quality Improvement-8 (CQI-8) Layered Process Audit Guideline, Issue 1.0. Automotive Industry Action Group, Michigan 2005

AIAG (Hrsg.): Continuous Quality Improvement-8 (CQI-8) Layered Process Audit Guideline, 2nd Edition. Automotive Industry Action Group, Michigan 2014

DaimlerChrysler (Hrsg.): Layered Process Audits. http://elsmar.com/pdf_files/Layered%20Process%20Audit%20Examples/Layered%20Process%20Audit%20DCX%20Info.pdf, S. 24 – 27 (abgerufen am 13. September 2013)

DAkks (Hrsg.): *Kompetenzanforderungen für Auditoren und Zertifizierungspersonal im Bereich Qualitätsmanagementsysteme ISO 9001 (QMS) und Umweltmanagementsysteme ISO 14001 (UMS)*. Revision: 1.1/20. Februar 2013

DIN EN ISO 17021:2015: Konformitätsbewertung – Anforderungen an Stellen, die Managementsysteme auditieren und zertifizieren 2017

DIN EN ISO 17024:2012: Konformitätsbewertung – Allgemeine Anforderungen an Stellen, die Personen zertifizieren. Beuth, Berlin 2012

DIN EN ISO 19011:2011: Leitfaden zur Auditierung von Managementsystemen. Beuth, Berlin 2011

DIN EN ISO 9001:2015-11: Qualitätsmanagementsysteme – Anforderungen. Beuth, Berlin 2017

GM (Hrsg.): Quality Systems Basics Training. March 14, 2011. http://simple-quality.de/media/kunena/attachments/64/QSB.pdf (abgerufen am 11. September 2013)

IATF 16949:2016: *Qualitätsmanagementsysteme – Anforderungen an Qualitätsmanagementsysteme für die Serien- und Ersatzteilproduktion in der Automobilindustrie*. Beuth, Berlin 2017

TGA-Trägergemeinschaft für Akkreditierung: *Leitfaden zur Zertifizierung von QM-Fachpersonal*. Ausgabe 20.08.2007

Schmelzer, H. J.; Sesselmann, W.: *Geschäftsprozessmanagement in der Praxis*. 8. Auflage, Carl Hanser Verlag, München 2013

Sittsamer, M. J. (2005): Layered Process Audits. http://www.lpaadmin.com/Articles/Layered%20Process%20Audits%20Part1.pdf (abgerufen am 3. September 2013)

Toyota (Hrsg.): Environmental Report 2001. http://www.toyota.co.jp/en/environmental_rep/01/pdf/p54_61.pdf (abgerufen am 3. September 2013)

QZ-Online : Bernhard Bossert und Elmar Zeller – Gesunde Prozesse leben langer – Layered Process Audits treiben den Verbesserungsprozess an. https://www.qz-online.de/_storage/asset/1422194/storage/master/file/25005108/download/QZ_2016_07_-Gesunde-Prozesse-leben-laenger.pdf

Index

A

Absicherung 46
Abstellmaßnahme 82, 208
AIAG 95
Akzeptanz 23
Audit 111
– Arten 137
– Basis 111, 113
– Bericht 170
– Bogen 203, 217
– Checkliste 101, 173
– durchführen 67, 108, 111, 169
– Erfahrung 172
– Ergebnis 15, 208
– externes 166
– Folgemaßnahmen 170
– Formen 19, 111
– Frequenz 111, 236
– Führungskraft 138
– Häufigkeit 143
– hierarchisches 111
– Korrekturen 141
– Kriterien 168 f.
– Level 111, 116
– Methoden 168 f.
– Plan 169
– Prinzipien 167
– Programm 168
– Reverse 111, 117
– System 31, 236
– Team 168
– Umfang 169
– Wiederholung 141
– Ziele 169
Auditierung
– transparente 21

Auditor 5, 22
– Kompetenz 170
– Wissen und Fertigkeiten 171
Aufbauorganisation 26
Aufbau- und Ablauforganisation 43
– des Unternehmens 227
Aufgabenbeschreibungen 180
Aufgabenkärtchen 92
Auftraggeber 229, 233, 240, 242
Aufwand 5
Auswertung 204, 220
Automobilindustrie 95, 154
Automotive Industry Action Group (AIAG) 95

B

Basis Audits 111, 113
BDSG 28
Bereichsleiter 233, 241 f.
Bereitschaft zur Beteiligung 21
Beteiligte 205
Beteiligung
– Führungskräfte 73
– Mitarbeiter 72, 139
Betrachtungstiefe 140
Betriebsrat 21, 27, 202
Betriebsverfassungsgesetz (BetrVG) 22, 28
Bewertung 11
– Gelb 8, 93
– Grün 93
– Rot 8, 94
Bewertung des Erfolgs 223
Bewertung des Prozesses 49
Bewertung eines Entwicklungsprojekts 234
Bewertungsbeispiel 47
BPM 195

Bundesdatenschutzgesetz (BDSG) *28*
Business-Plan *232*
Business Process Manual *195*
Business Process Manual (BPM) *195*

C

Checkliste *8, 57, 90*
- dynamische *77*
- ergebnisorientierte Fragen *79*
- mit zeitlicher Ergebnisdarstellung *85*
- ohne zeitliche Ergebnisdarstellung *82*
- statische *75*
CIP *195*
Common International Processes (CIP) *195*
Continuous Quality Improvement-8 *95*
Controlling *32, 182*
Corporate Management Manual *196*
CQI-8 *95*

D

DaimlerChrysler *2*
DAkkS *147f.*
Defizite *12*
Deming Cycle *44*
Deming-Cycle-Phase
- act *46*
- check *45*
- do *44*
Deutsche Akkreditierungsstelle (DAkkS) *147*
DIN EN ISO 9001 *139, 147, 149, 151*
DIN EN ISO 17021 *147*
DIN EN ISO 17024 *147f.*
DIN EN ISO 19011 *147, 164, 166, 168*
Dokumentationsstruktur *195*
Durchführung eines Audits *5, 169*
Durchlaufzeiten *224*

E

Einführung
- Projektschritte *35*
Einführung von Layered Process Audit
- Beteiligte *35*
- Leitfragen *54*
- Meilensteine *35*
- Projektschritte *35*
- Vorteile *4*

Einhaltung von messbaren Prozessparametern *67*
Elemente einer LPA-Checkliste *83*
Endpunkt *223*
Erfahrung *65*
Erfüllung der Aufgabe *13*
Ergebnisdarstellung *208*
Ergebnisse *9, 81, 203*
Error & Mistake Proofing and Verification Audit *75*
Eskalationsstufen *101*
Extract *196*

F

Farbbewertung *71*
Farbgebung *11*
Fertigungskoordinator *213*
Fertigungsleiter *213*
first party audits *166*
Flussdiagramm *230*
Formulierung der Fragen *72*
Formulierung der LPA-Checklisten *72*
Fragen
- geschlossene *67*
- weiterentwickeln *71*
Frequenz *119, 130, 132, 192, 205*
- Audit *112*
- LPA Basis Audits *114*
Frustration *77*
Führungskraft *21, 124, 185*
- Aufgaben *22*
- Beteiligung *22*
- Motive *25*
Führungskraft als Auditor *5*
Führungslayer *108*
Führungsstruktur *26*

G

Gate *226 f., 244*
Gate-Checkliste *231*
Gate-Modell *225*
Gate-Modell eines Produktentstehungsprozesses *225*
Gate-Termin *226*
Gelb *11 ff., 208*
Gesamtbewertung *83*
Geschäftsführung *233*

Geschäftsleitung 229, 239
Gesetze 28
Gestaltungsrichtlinien 244
Gestaltungsverantwortung 31, 195
Glaubwürdigkeit 12
Grün 11, 13, 208

H

Hierarchische Audits 111
Hintergründe
- gesetzliche 27

I

Integrität 167
Interessensgruppen 177 f.
ISO/TS 16949 154

K

Kamishibai 95
Kamishibai-Audit 95
Kamishibai-Boards 97
Kamishibai Layered Process Audit 97
Kennzahlen 176
Kommunikation im Unternehmen 201
Kompetenzprobleme 185
Konformitätsbewertung 147
Kontrolle durch Führungskräfte 26
Koordinator 22, 205 f.
Korrektur 5
Kultur 176
Kundenanforderungen 177
Kundenorientierung 201
Kundenreklamationen 79, 145
Kundenzufriedenheit 175, 201, 224
Kurvenlineal 141

L

Layer 1, 119, 123
- Festlegung 126
- Gestaltung 126
- Nummerierung 124
Layered Audit Frequency 113
Layered Process Audit (LPA) 1 f.
- Ampelfarben 12
- Anforderungen von Kunden 31
- Auditor 192, 213
- Auswertung 221
- Effekte 133
- Eignung 48, 51
- einführen 17
- Elemente 5
- Experte 22
- Farbbewertungssystem 13
- Fokus 138
- Frequenz 206
- Funktionsweise 7
- Häufigkeit 130
- Kaskade 125
- Kick-off 35
- Koordinator 29, 169, 194
- Logik 125
- Masterchecklist 199
- Möglichkeiten erkennen 38
- Nutzen 5, 37
- Produktentstehungsprozess 223
- Projektschritte 35
- Prozessbeschreibung 32
- Prozesseinführungstool 45
- Prozesstätigkeiten 233
- Rollen 124
- rollenorientierte Layer-Struktur 223
- Struktur 38
- Templates 233
- Themen wechseln 41
- Training 193
- Umsetzung 17
- Visualisierung 14, 85, 204
- Vorarbeiten 20
- Werkzeuge 18
- Zielsetzung 4
Layered Process Confirmation 1
Layered-Process-Einführung 33
Layered Process Review 85, 138, 142, 247
Layer-Frequenz 107
Layer Process Reviews 245
Layer-Struktur 1, 126 f., 223
Leitfragen 54
Level Audits 111, 116
Lieferantenaudits 166
Local Operational Processes (LOP) 195
Local Process Manual 196
LOP 195
LPA-Board 8, 14 f., 85, 101 f., 143, 203

- Beispiel *103*
- Inhalte *102*

LPA-Checkliste *4 f., 8, 41, 43, 45, 70, 143, 192, 207 f.*
- Aufbau *81*
- Aufgabenbeschreibung *43*
- Beispiele *81*
- dynamische *74*
- Ergebnisse *106*
- Fragen *5*
- für Führungsaufgaben *213*
- mit zeitlicher Ergebnisdarstellung *81*
- ohne zeitliche Ergebnisdarstellung *81*
- standortübergreifend *197*
- statische *74*

LPA-Checkliste für Prozessparameter *70*
LPA-Einführung *18, 37, 201 f., 223*
- Beispiel Kunststoffindustrie *201*
- bottom-up *34*
- top-down *34*
- Zielsetzung *34*

LPA-Elemente *203*
LPA-Fragen
- prozessspezifisch *94*
- zeitabhängige *70*
- zeitunabhängige *70*

M

Managementbewertung *149*
Managementsystem *31, 175*
Markteinführung *224*
Maschinenplan *203, 206*
Maßnahmen *5*
Maßnahmenplan *15, 203, 212*
Maßnahmenüberblick *219*
Maßnahmenverfolgung *218*
Mastercheckliste *198*
Meilensteine *35, 226 f., 244*
Messbarkeit des Prozessergebnisses *35*
Mitarbeiter *21*
- Aufgaben *26*
- Beteiligung *26*
- Nutzen für *27*

Mitarbeitervertreter *21, 27*
Mitwirkung der Mitarbeiter *184*
Monotonie *77*
Motivation *23*

N

Nichtqualitätskosten *224*
Normen *147*

O

Organigramm *26, 126*
Organisation
- Aufgaben *21*
- Beteiligung *21*

Organisatorische Einheit *33*

P

Papiertheaterspiel *95*
Paragraphen *28*
PDCA-Zyklus *44*
Personalkapazitäten *235*
Phasenmodell *225*
Pilotbereich *35, 127*
Pilotkunden *223*
PLM *224*
Portfolio Eignung/Nutzen *50*
Prinzipien der Verbesserung *243*
Process Audit *1*
Process Control Audit *75*
Product-Life-Cycle Management *224*
Produkt *34*
Produktentstehung *224*
- Layered Process Review *246*
- Prinzipien *244*
- verbessern *247*

Produktentstehungsprozess *34, 223, 227*
- Gestaltungsrichtlinien *244*

Produktion-Reviews-Meeting *213*
Produktivität *39*
Produktqualität *4, 224*
Produktrealisierung *224*
Produktspezifikation *232*
Projektauftrag *231*
Projektcockpit *227, 233*
- Aufgaben *236*
- Beispiel *234*
- Elemente *234*
- Excel *234*
- Kennzahlen *235*
- Rollen *236*

Projektleiter *180, 229, 233, 240, 242*

Projektschritte 35
Projektteam 229, 242
Projektzuordnung 234
Prozess 34, 176
– unterschiedliche Standorte 195
Prozessabweichungen 32
Prozessaudit 137
Prozessauditmethode 32
Prozessausrichtung 175
Prozessbeispiel 188
Prozessbeschreibung 227, 230
Prozessdokumentation 175, 177, 186
Prozesse
– auswählen 47
– Eignung 41
Prozesseinführung 191
Prozessentwicklung
– bereichsisolierte 187
Prozessflussdiagramm 188
Prozessgestaltung 33
Prozesskennzahlen 70
Prozesslandkarte 177
Prozessmanagement 175 f.
– Aufgaben 177
– Reifegrad 182
Prozessmanagementsystem 67, 180
– international 195
– kategorisieren 180
– standortübergreifend 196
Prozessmodell 42, 177, 182
Prozessorientierte Vorarbeiten 18
Prozesspotenziale 184
Prozessrisiken 145
Prozessschritte 187
Prozessstandard 71, 132
Prozesstraining 193
Prozessumsetzung 175, 211
Prozess- und Aufgabenbeschreibung 179
Prozessverantwortliche 21, 26, 177, 185
Prozessverantwortung 175, 182 ff.
Prozessverbesserung 23, 33, 142, 175, 224
Prozessvorgaben 133, 145, 179, 181, 184
– verändern 186

Q

QM-Fachpersonal 148
Qualität 31
Qualitätsbereich 22, 31
Qualitätsexperten 71, 76
Qualitätskennzahlen 31
Qualitätsmanagement 148, 164, 202
– LPA 32
Qualitätsoffensive 201
Qualitätsstandards
– absichern 39
Qualitätsverbesserung 79
Quality Board 229, 233, 239 ff., 246

R

Reduzierung von Arbeitsunfällen 40
Regelkreise 43
Reklamationsrate 201
Ressourcen 168
Reverse Audit 111, 117, 192
Review-Checkliste 232
Rollen 227 f.
Rollenbeschreibungen 227
Rollen der Beteiligten 223
Rot 11 ff., 208
Rückverfolgbarkeit 83

S

Sachliche Darstellung 167
Schulungs- oder Trainingsmaßnahmen 143
Schulungsprogramme 172
second party audit 166
Sicherheit über Standards 9
Skalierbarkeit 228
Sofortmaßnahme 82, 208
Sollvorgaben 70
Sorgfalt 167
Standard 69
Standardisierung 195
Standards
– abfragen 39
Standortinteressen 199
Startpunkt 223
Stellenbeschreibung für Führungskräfte 179
Stichprobenauswahl 102
Stichprobensystem 203, 207
Streuung der Kurvenverläufe 141
Swimlane 230 f.
Synergieeffekte 185

T

Teamleiter *180*
Templates *227, 230*
third party audits *166*
Time-to-Market *224 f.*
Totzeiten *244*
Toyota *2*
Transparenz *4, 23, 211*
Treiber *182*

U

Überprüfung *70*
Überprüfung von Standards *138*
UMS *148*
Umsetzung *9, 135*
- überprüfen *8*
Umsetzung der Maßnahme *11*
Umsetzung der Vorgaben *140*
Umsetzung der Vorlagen *231*
Umsetzung des Auditprogramms *168*
Umsetzung eines Prozessvorgehens *67*
Umsetzungsphasen *44*
Umsetzungsverantwortung *31*
Umsetzung visualisieren *104*
Umsetzung von Standards *4*
Umwelt *40*
Umweltmanagement *164*
Unabhängigkeit *152, 167, 173*
Unternehmensorientierte Vorarbeiten *18*
Unternehmenssicht *18*
Ursachenanalyse *4*

V

Varianten
- Einführung eines LPA *33*
VDA-Prozessaudit *137*
Verbesserung *23*

Verbesserungsschleife *146*
Verbesserungsvorschläge *13*
Vertraulichkeit *167*
Verwaltung *182*
Visualisierung *5, 21, 57, 82, 90, 101, 210*
- öffentlich *211*
Visualisierung der Auditumsetzung *104*
Voraussetzungen
- fachliche *17 f.*
- menschliche *17*
- organisatorische *17, 21*
Vorbereitungen *17*
Vorbereitungszeit
- Elemente *17*
Vorgabedokumentation *67, 73, 143*
Vorgaben *178*

W

Wartung und Instandhaltung *40*
Webdings *109*
Werksleiter *217*
Wertschöpfung *175*
Wiki-Plattform *198*
Wingdings *109*
Wirksamkeit eines Prozesses *142*

Z

Zertifizierungsaudit *166*
Zertifizierungsnormen *31*
Zertifizierungspersonal *148*
Zertifizierung von QM-Fachpersonal *148*
Zielkonflikte *197*
Zielsetzung *18, 202*
Zielvorgaben *145*
Zusammenspiel Layered Process Audit und Layered Process Review *144*

Über den Autor

Elmar Zeller ist Diplomingenieur und arbeitet seit 1988 für die Steinbeis-Stiftung für Wirtschaftsförderung in Stuttgart. Dort hat er in verschiedenen Funktionen Unternehmen in unterschiedlichen Größen erfolgreich dabei begleitet, die Leistungsfähigkeit ihrer Prozesse und die Qualität ihrer Produkte zu verbessern. Seit 1998 übt er diese Tätigkeit als geschäftsführender Gesellschafter der TQU International GmbH, Neu-Ulm, aus. Er hat eine große Zahl von Fachbeiträgen veröffentlicht und ist Mitautor der Publikation „Excellence aus erster Hand – Erfahrungen für den Anwender". Zudem ist er ein gefragter Redner für unterschiedliche Themen aus dem Qualitätsbereich.

Seit fast 30 Jahren ist er Mitglied bei der Deutschen Gesellschaft für Qualität (DGQ), hat dort viele Trainings geleitet und dabei auch eine große Anzahl an DGQ-Auditoren ausgebildet. Seit März 2017 ist er im Leitungsteam des Fachkreises Audit und Assessment bei der Deutschen Gesellschaft für Qualität (DGQ)

Kontakt: elmar.zeller@tqu.com

HANSER

So können Sie Lean tatsächlich verwirklichen

Ballé, Ballé
Respekt
Die Geschichte einer gelebten Lean-Kultur
Roman
288 Seiten. E-Book inside
€ 30,–. ISBN 978-3-446-44741-7

Auch als E-Book erhältlich
€ 23,99. E-Book-ISBN 978-3-446-45310-4

Nachhaltig Erfolge sichern durch die Entwicklung der Mitarbeiter! Führen mit Respekt ist bei jedem Lean-Gedanken zentral und die Basis dafür, die tägliche Arbeit kontinuierlich zu verbessern.

In dieser Fortsetzung der Bestseller »The Goldmine« und »The Lean-Manager« muss Jane Delaney, die CEO einer Softwarefirma, erst einmal akzeptieren, dass sich der Kaizen-Gedanke bei ihren Mitarbeitern nur durchsetzen kann, wenn sie anders als bisher führt.

Michael und Freddy Ballé zeigen, wie führende Organisationen Lean praktizieren, um nachhaltigen Erfolg sicherzustellen, und zwar indem sie bewährte Werkzeuge und Techniken einsetzen, um ihre Mitarbeiter zu entwickeln.

Mehr Informationen finden Sie unter **www.hanser-fachbuch.de**

So gelingt der Unternehmenswandel!

Lederer
Veränderungsexzellenz
12 Erfolgsstrategien für den Unternehmenswandel
274 Seiten. E-Book inside
€ 35,–. ISBN 978-3-446-45135-3

Auch als E-Book erhältlich
€ 27,99. E-Book-ISBN 978-3-446-45381-4

Noch nie war Wandlungsfähigkeit für das Überleben von Unternehmen so wichtig wie heute. Digitalisierung, Globalisierung und demographische Entwicklung führen dazu, dass die Geschäftsmodelle vieler Branchen sich radikal verändern. Unternehmen, die es nicht schaffen, mit den sich rapide verändernden Märkten Schritt zu halten, bleiben auf der Strecke – Tendenz steigend.
Wie gelingt es, diesen Trend umzukehren? Dieses Werk gibt Antworten.

Es zeigt die Erfolgsfaktoren hinter den Veränderungsstrategien außergewöhnlich, erfolgreicher Unternehmen. Anhand von 12 Fallstudien gibt es einen einmaligen Einblick in die Veränderungsexzellenz heutiger Marktführer wie Bosch, edding, IBM, Kuka, XING u.a.

Mehr Informationen finden Sie unter **www.hanser-fachbuch.de**